Hamburg und Hamburgs Umgegend.

Georg Nikolaus Bärmann

Die Post-Stationen sind mit — bezeichnet

27°52'

6 geographische Meilen

OST SEE

NORD SEE

Schleswig

Schwerin

Wismar
Grevesmühlen
Rhena
Gadebusch
Gresow
Kütz
Dasow
Schönberg
Lübeck
Ratzeburg
Möllen
Trittau
Schönberg
Travemünde
Trave Fl.
Schwartau
Rejnfeld
Oldesloe
Arensburg
Wandsbeck
Hamburg
Altona

Neustadt
Arensbök
Gnissau
Neumünster
Segeberg
Uetzburg
Barmstedt
Bramstedt
Pinneberg
Wedel
Glückstadt
Elmshorn
Uetersen
Krempe
Kellinghusen
Itzehoe
Wilster
Brunsbüttel

Plön
Kutin
Preetz
Lütjenburg
Oldenburg

Kiel
Friedrichsort
Eckernförde
Hütten
Ornum

Rendsburg
Eider Fl.
Jevenstedt
Hanerau
Heide
Nordorf
Heinfelt
Süderhastedt

Schwabstedt
Friedrichstadt
Tönning
Lunden
Garding
Weringhusen
Wöhrden
Millarf

Stade
Himelpforte
Altenkirchen
Busbek
Bederkesa
Hechhausen
Darum
Nordholz
Neuhaus
Osterndorf
Freyburg
Neuwerk

Zehe

GEGEND um HAMBURG

15 Meilen in die Runde.

Wesèr Strom

Bremerförde · Staat · Bevorden · Hagen · Schaarmbeck · Osterhols · Vegesack · Bülo-Schanze · Ottersberg · Basten · Achausen · Achim · Walle · Syke · Bremen · Delmenhorst · Thedinghausen · Bassum · AU-Bruchhausen · Hoya · Rethem · Sulenburg · Drackenburg · Stöcken · Steinförde-Winhausen

Bremerlehe · Horneburg · Buxtehude · Harburg · Buchen · Bergedorf · Zollenspicke · Lauenburg · Artlenburg · Bleckede · Lüneburg · Barskamp · Büchen

Harburg · Jork · Buxtehude · Tostedt · Wilk · Scheessel · Rotenburg · Tister · Sittensen · Zeven

Sch. neverdingen · Lüneburger Heide · Wittenbrock · Riemhütte · Medingen · Bevensen · Bredeloh · Ebstorf · Elmenau Fl. · Uelzen · Bodenteich · Schwienke · Tyoen

Neukirchen · Stöphorn · Wahlsrode · Fallingbostel · Witzendorf · Münder · Schaltasol · Sprackensel · Leinhagen · Gr. Oesingen · Hankeshüttel

Hasselfede · Soltau · Sintern · Bergen · Osten · Meyerholz · Bergen · Hastenhauhausen · Ranetz · Beedenbostel · Celle

Verden · Aller Fl. · Neudorf · Osterholz · Hademdorf · Wiesen · Walshausen

Barzkow · Wittenburg · Granzin · Goldenstedt · Hagenow · Neustadt · Ludwigslust · Lübther · Lindow · Zarrentin · Boitzenburg · Neuhaus

Hitzacker · Garde · Dannenberg · Hohenzeitz · Gartow · Lüchow · Clenze · Bergen

27' 32½

...oll se Hamb.

Hamburg
und
Hamburgs Umgegend.

Ein Hand- und Hülfsbuch

für

Fremde und Einheimische,

nach den neuesten

Angaben und den zuverlässigsten Quellen

neu ausgearbeitet

von

Georg Nicolaus Bärmann,

d. Weltw. Doctor und d. fr. Künste Magister.

Mit einer Karte vom hamburgischen Gebiet und einer
Karte von der Gegend um Hamburg,
15 Meilen in die Runde.

Hamburg, 1822.
Gedruckt und verlegt bei Friedrich Hermann Nestler.

Vorwort.

Dem Fremden nützlich, dem Einheimischen nicht unwillkommen zu seyn, ist der Zweck dieses Buches.

Es wäre thörig, wenn ich versuchen wollte, irgend einen meiner geneigten Leser in den Wahn zu versetzen, dass ich die folgenden Blätter gänzlich aus eigenen Mitteln und Wahrnehmungen zusammengetragen hätte. Mir ist von Mehreren und von mir selbst schon zu reichlich vorgearbeitet worden, als dass ich hätte umhin können, folgende Werke bei der Ausarbeitung dieses Handbuchs zu benutzen:

J. L. VON HESS, Dr., Hamburg, topographisch, historisch und politisch beschrieben. 3 Thle. Hbg. Hoffmann, 1787.

J. J. RAMBACH, Dr., Versuch einer physisch-medizinischen Beschreibung von Hamburg. Hamburg, Bohn, 1801.

SCHOLZ, Hamburg und seine Umgebungen. Hamburg, Nestler, 1803.

J. F. L. MEYER, Dr. u. Domherr, Skizzen zu einem Gemälde von Hamburg. Hbg. Nestler, 1804.

G. N. BÆRMANN, Hamburgische Denkwürdigkeiten, 2 Theile. Hbg. Schulbuchhandlung, 1817—19.

G. N. BÆRMANN, Ph. Dr. & L. L. A. A. Mag., Hamburgische Chronik von Entstehung der Stadt bis auf unsere Tage. 2 Thle. Neue Aufl. Hbg. Nestler, 1822.

So besteht also mein ganzes Verdienst für dieses Hülfsbuch darin, dass ich die zerstreueten Nachrichten gesammelt oder zusammengetragen und möglichst zweckmässig geordnet habe. Möge denn auch diese meine Arbeit meinen hiesigen und auswärtigen Freunden und Gönnern, die mir schon so manchen Beweis ihres Wohlwollens gaben, willkommen seyn!

Der Verfasser.

Hamburg im März
1822.

ERSTER ABSCHNITT.

Topographische Skizze der Stadt.

Die freie Hansestadt Hamburg, die Hauptstadt des alten Nordalbinger Landes liegt im Lande Stormarn auf ihrem eigenen Grund und Böden, am nördlichen (rechten) Elbufer. Die geographische Lage der Stadt ist nach genauen Messungen 53°, 34', 32'' *nördl. Breite* und 27°, 57' oder 59', *der Länge.*

Die Grenzen der Stadt und ihres Gebiets sind: im Osten das Herzogthum *Lauenburg*, im Norden und Westen *Altona* und das holsteinische Amt *Pinneberg*, und im Süden die *Elbe*, das Amt *Wilhelmsburg* und das Amt *Harburg.*

Hamburgs Gebiet ist theils privativ, theils besitzt es selbiges mit Lübeck gemeinschaftlich. Es besteht aus zwei Aemtern, einem Städtchen, einigen Flecken und vielen Dörfern. Am weitesten erstreckt es sich gegen Osten und Süd-Osten, am beschränktesten aber ist es gegen Westen.

Zu dem privativen Gebiet gehören: 1) das Amt *Ritzebüttel,* am Ausfluss der Elbe. Der Flächen-Inhalt desselben beträgt ungefähr 1½ Quadrat-Meile, und die Zahl der Einwohner 4000. Es besteht aus den beiden Kirchspielen *Groden* und *Döse,* und enthält den nahrhaften Flecken *Ritze-*

1

büttel und den bequemen Haven *Cuxhaven.* Demselben gegenüber liegt in der Mündung der Elbe, die Insel *Neu-Werk*, auf welcher zum Besten der Schifffahrt ein Leuchtthurm (Blüse, Feuerbaake) unterhalten wird.

2) Viele Dörfer, Ländereien, Landgüter und Elbinseln, an Flächeninhalt 3 Quadrat-Meilen und ungefähr 10,000 Seelen enthaltend. Diese Besitzungen sind theils Kammergüter, theils das Eigenthum einiger hamburgischen Wohlthätigkeitsstiftungen, des St. Johannisklosters, des Hiobs- und heiligen Geist-Hospitals.

Gemeinschaftlich mit Lübeck besitzt Hamburg das Amt *Bergedorf* und die sogenannten *Vierlande*, die aus fünf Kirchspielen bestehen und an der obern Elbe liegen.

Von der Elbinsel *Finkenwerder* gehört die eine Hälfte an Hamburg und die andere an das ehemalige Braunschweig-Lüneburgische.

Die gesammte Volkszahl der Stadt Hamburg ist wegen des Ab- und Zugehens der Fremden durchaus nicht genau anzugeben. Im Durchschnitt bestimmt sich die Anzahl sämmtlicher Einwohner in Stadt und Gebiet höchstens auf 140,000.

Davon sind:

Lutheraner	105,000
Katholiken und Menoniten	5,000
Reformirte	6,000
Juden	10,000
Fremde	14,000

Hamburg enthält etwa 25,500 Feuerstellen, nemlich:

circa   8000 Häuser,
        4000 Buden,
       10000 Sähle,
        2000 Keller. *)

Die Stadt hat eine beinah eirunde Gestalt. Ihr grösster Durchmesser, so weit die innern Wälle gehn — die Vorstädte abgerechnet — beträgt etwa 80,000, der kleinste 6000 Fuss. Der Haven beim Niederbaum enthält 1,349,000; der äussere oder Rummelhaven 657,000; die Binnen Alster 2,737,600; die Wälle 20,145,000; die Marktplätze, Gassen, Kanäle, Gärten, Gebäude u. s. w. 31,989,500 Hamburger Quadratfuss, so dass der gesammte Flächeninhalt der Stadt, mit Inbegriff der Häven, des Alster-Bassins, und der Wälle 56,879,000 Quadratfuss beträgt.

Den Vestungswerken, welche aus 22 Bastionen bestehen, die nach alter Holländischer Manier mit Faussebraien versehen sind, steht jetzt durch Abtragung und Anpflanzung — wozu eine besondere Steuer bewilligt ward — eine bedeutende Verschönerung bevor.

Hamburg besteht aus der Stadt selbst und aus zweien Vorstädten. Die Eintheilung der Stadt ist verschieden. Man theilt sie

---

*) Die Arten und Unterschiede der hamburgischen Wohnungen sind weiter unten näher beschrieben.

1) In die *Alt-* und *Neustadt*. Diese Eintheilung ist nur im gemeinen Leben, als Lokalbestimmung üblich.

2) *In fünf Kirchspiele*, *Petri*, *Nicolai*, *Katharinen*, *Jacobi*, und *Michaelis*, welche bei den Zusammenkünften der Bürger eben so viele Comitien bilden. *) Die vier ersten machen die Altstadt und das letzte die Neustadt aus. Diese liegt grösstentheils höher als jene´und nimmt sowohl an Grösse, als an Volksmenge völlig den dritten Theil des Ganzen ein.

3) *In fünf Armenbezirke.* Eine Eintheilung, die von der Armenanstalt gemacht worden ist, weil die obigen zu ihrem Zwecke nicht tauglich waren.

4) *In 8 Bataillone.* Eine Eintheilung des neuerrichteten Bürgermilitärs, diese Eintheilung umfasst auch die Umgegend Hamburgs.

Die Stadt hat vier Landthore und zwei kleinere, die sowohl für Wasser- als Landthore gelten können. Jene sind das *Millern-* oder *Altonaer-* das *Damm-* *Stein-* und *Deichthor;* diese das *Brook-* und *Sandthor.* Die Gewölbe des *Millern- Damm-* und *Steinthors* sind abgetragen und die Einfahrten in die Stadt werden jetzt nach 12 Uhr des Nachts durch erst jüngst neue, in nicht üblem Geschmack errichtete Barrieren geschlossen. Bis 12 Uhr sind diese drei Thore gegen ein billiges Sperrgeld **) den Aus- und Einpassirenden geöffnet. Zu Wasser wird die

---

*) S. die 2te Abtheilung. **) S. Thorsperre.

äussere Communication durch den *Ober-* und *Niderbaum* und durch den *Alsterbaum* (Bäume nennt man hier eine Reihe in das Wasser eingerammter grosser Pfähle, die einen offenen Zwischenraum enthalten, welcher durch ein auf dem Wasser schwimmendes bewegliches Pallisadenwerk geschlossen werden kann) unterhalten.

Die beiden *Vorstädte* Hamburgs heissen der *Hamburgerberg* und die Vorstadt *St. Georg.*

Der Hamburgerberg liegt im Westen der Stadt und besteht aus einer ansehnlichen Menge Häuser, die in ziemlicher Ordnung, besonders in neuern Zeiten gebaut sind, und theils an dem niedrigen Ufer der Elbe, theils auf einer höher gelegenen sandigen Fläche etwa 400 Schritte von Hamburg entfernt liegen und sich bis dicht an Altona erstrecken, wo die Grenze durch einen kleinen Graben bestimmt ist. Die zwischen dem Altonaer- und Dammthor (bei der *Glashütte,* der *Oelmühle* und den *neuen Kirchhöfen*) liegenden Häusergruppen und einzeln stehenden Gebäude, werden zu dieser Vorstadt mitgerechnet.

In den letzteren Jahren hat sich dieselbe, ungeachtet der Brandfackel Davoust's sehr vergrössert und verschönert. Mehrere neue Strassen sind angebaut worden. Ihre Bewohner sind grösstentheils Schiffer und Schiffbauer, Handwerker und eine Menge Schenk - und Bordellwirthe, die hauptsächlich für das Bedürfniss der Matrosen sorgen, welche hier das *Summum bonum* ihres Lebensgenusses im Branntwein, beim Tanz und in den Umarmungen feiler Nymphen der niedrigsten Klasse suchen und finden.

Das nordwärts liegende Heilige - Geistfeld ist eine dürre, mit spärlichem Grase bewachsene Ebene, die in neueren Zeiten dem fremden, auch heut zu Tage dem Bürger - und Stadtmilitär von Hamburg zum Musterungsplatze dient. Noch befinden sich in dieser Vorstadt an dem Ufer der Elbe die Hanfmagazine und die Thranbrennereien. Letztere verpesten im Sommer, wenn der Thran gebrannt wird, die ganze umliegende Gegend und verbreiten weit umher einen äusserst widrigen Geruch.

Die Vorstadt St. Georg liegt im Osten der Stadt und begreift einen ansehnlichen Strich Landes, der an der einen Seite von der Alster und an der andern von der Elbe begrenzt wird. Nach der Landseite zu ist sie mit Vestungswerken umgeben, welche jetzt so wie die der Stadt selbst demolirt werden sollen, und mit breiten Stadtgraben versehen sind. Ein Theil dieser Vorstadt liegt fast in gleicher Höhe mit der Stadt und ist seit einiger Zeit stark bebauet worden. Dies ist das eigentliche St. Georg, oder wie es auch genannt wird, das *neue Werk*. Die Einwohner sind mehrentheils Gärtner und Branntweinbrenner. Letztere mästen eine grosse Menge Schweine, welcher Erwerbszweig hier einige Gegenden mit sehr üblen Gerüchen erfüllt. Ein anderer Theil dieser Vorstadt ist der *Stadt-Deich*, welcher sich eine lange Strecke weit

an den Ufern der Elbe fortschlängelt und an den
Seiten mit Häusern bebauet ist. Die eigentliche
Vorstadt St. Georg wird von dem Deiche durch ein
ansehnliches Marschland *(der Hammer-Brook)* getrennt. Dies ist beinahe immerwährend des Win-
ters und zu Anfange des Frühlings mit Wasser überflossen und würde ohne die vielen Abzugsgräben,
(in der Volkssprache *Weddrungen* genannt) welche
es in allen Richtungen durchkreuzen, gar keiner Kultur fähig seyn. Jetzt enthält es treffliches
Grasland und Gemüsegärten. Die Bewohner des
Stadtdeichs bestehen grösstentheils aus Holzhänd-
lern und Schiffbauern, worunter sich viele Kapita-
listen befinden.

Beide Vorstädte, sowohl St. Georg als der
Hamburgerberg, haben ihre Kirchen und Prediger.
Jene eine zierlich gebaute mit einem ansehnlichen
Thurm versehene Kirche; diese ein neuerbautes,
freundliches Gotteshaus ohne Glockenthurm.

Durch Hamburg oder dessen Gebiet fliessen
drei Flüsse, die *Elbe*, die *Alster* und die *Bille*. Nur
die beiden ersten berühren die Stadt selbst.

Die *Elbe* entspringt im böhmischen Riesengebirge und nimmt sowohl in ihrem Mutterlande
als auf ihrem Wege durch Ober- und Niedersachsen viele kleine und grössere Flüsse auf. Dadurch
wird sie zu einem der ansehnlichsten Ströme
Deutschlands. In der Nähe der hamburgischen
Elbinsel Ochsenwärder, etwa $1\frac{1}{2}$ Meile oberhalb
der Stadt, theilt sie sich in zwei Hauptarme, die

Süder - und *Norder* - *Elbe* genannt. Jeder von diesen vereinzelt sich in mehrere Nebenarme und bildet dadurch zahlreiche Inseln, welche unter hamburgischer oder hannöverischer Botmässigkeit stehen.

Einer von diesen Elbarmen fliesst beim Deichthor in die Stadt selbst, vertheilt sich dort in mehrere, theils natürliche, theils künstliche *Kanäle* oder *Fleete*, bildet auf diese Weise einige Inseln, giebt zu einem Theile des Stadtgrabens das Wasser her, nimmt die Alster auf und fliesst beim Haven wieder in den Hauptstrom zurück.

Die Kanäle (Fleete) laufen grösstentheils hinter den Häusern weg und sind von den Fundamenten derselben eingefasst, die entweder mit Quadersteinen ausgelegt oder mit dicken, hölzernen Bohlen bekleidet sind. Die Eigenthümer der Häuser müssen die Einfassungen *(Vorsetzen)* unterhalten, doch versteht man hier diese Art der Wasserbaukunst aus dem Grunde, dass also nur sehr selten (besonders bei den von Stein erbauten) Reparaturen nothwendig sind.

Diese Fleete haben den Vortheil, dass der Transport der Waaren bis an die Speicher der Kaufleute durch sie, vermittelst platt gebauter Fahrzeuge, *Ever* genannt, ungemein erleichtert wird.

Ausserdem leisten sie bei Feuersbrünsten die erspriesslichsten Dienste, der wichtigen Vortheile nicht zu gedenken, welche sie den mancherlei Fabriken, als Färbereien, Brauereien, Zuckersiedereien u. m. a. gewähren.

Der Theil der Norder-Elbe, welcher bei Hamburg vorbeifliesst, ist von dem Ende des Stadt-Deiches bis zum Ende des Schiffshavens ungefähr 13,800 Fuss lang und an den meisten Orten 1000 bis 1200 Fuss breit. Seine Tiefe ist sehr verschieden und nicht genau zu bestimmen, weil vom vielen Sande, den die Elbe mit sich führt, häufig Sandbänke aufgeworfen werden, welche durch Sturmfluthen oder Eisgänge jährlich ihre Lage verändern. An den meisten Stellen ist die Elbe bei Hamburg, um die gewöhnliche Zeit der Ebbe zwischen acht und zwölf Fuss tief, und nur an wenigen Orten über dreissig.

Der eigentliche Strom der Elbe ist nur schwach; eine ungleich stärkere Strömung erhält sie durch die *Ebbe* und *Fluth.* Diese Naturerscheinung ist eine der wichtigsten für Hamburg. Ihren Einfluss auf Schifffahrt und Handlung kennt Jeder und nicht minder gross ist derselbe auf die Gesundheit der Menschen.

Im Sommer erstreckt sich die Fluth bis etwa vier Meilen weiter strom-aufwärts. Bei östlichem Winde ist die Elbe am niedrigsten. Bei West-Nord-Westwinden steigt die Fluth hoch. Am höchsten steigt sie, wenn der Wind eine Zeitlang aus Südwesten gestürmt hat, das Wasser dadurch in grosser Menge aus der Nord-See vor die Mündung der Elbe getrieben worden ist und sich der Sturm nun plötzlich nach West-Nord-West wendet. Trifft dieser Zeitpunkt mit der Fluth zusammen, so dringt das Wasser mit grosser Schnelligkeit in die Elbe und aus dieser in die Fleete. Es füllt alsdann nicht nur eine Menge von Kellern in der Altstadt, sondern überschwemmt auch die niedrig gelegenen Gassen dergestalt, dass man mit Kähnen darin hin und her fährt.

Oft richten diese Sturmfluthen grosse Verwüstungen an. Das Wasser stürzt über die Deiche, oder durchbricht sie, schwemmt Häuser, Menschen und Vieh mit sich fort und verwandelt das Land in eine unabsehbare Wasserwüste. Die höchsten unter allen Sturmfluthen, deren man sich hier zu erinnern weiss, waren in den Jahren 1771 den 21. July und 1792, in der Nacht vom 10. zum 11. December. Letztere erreichte eine Höhe von 20 Fuss und 6 Zoll. Seit dieser Zeit ist hier eine Einrichtung getroffen worden, dass Signalschüsse die Bewohner von der Gefahr benachrichtigen, damit sie ihre Effecten in Sicherheit bringen können. Man verdankt diese nützliche Vorkehrung den um Hamburg in so vielen Rücksichten verdienten, verstorbenen Professor *Büsch.*

Der zweite Fluss, welcher Hamburg berührt, ist die *Alster.* Sie entsteht aus zwei kleinern, 6 bis 7 Meilen von hier, im Holsteinischen entspringenden Gewässern, der alten und neuen Alster, welche sich bei dem Orte *Hohen-Stegen* mit einander vereinigen. Durch einige Mühlenbäche erweitert sich ihr Bette immer mehr, aber erst nahe bei Hamburg erhält sie eine ansehnliche

Breite. Sie bildet hier ein grosses Bassin und nachdem sie zwischen den Vestungswerken, die ihr nur einen schmalen Durchgang gestatten, durchgeflossen ist und rechts und links den Stadtgräben Wasser mitgetheilt hat, in der Stadt ein zweites, ungleich kleineres. Beide Bassins machen, nach der Angabe des Hrn. Direktor *Reinke*, bei der Höhe des Winter-Passes *) eine Fläche von ungefähr 52 Millionen Quadrat-Fuss aus. Das äussere nennt man die Aussen- und das innere die Binnen-Alster. Den ferneren Lauf derselben hemmt ein Damm, der *Jungfernstieg;* von hier wird sie durch Siehle, Freischütten und Mühlengänge in zwei grosse Kanäle abgeleitet, welche mitten durch die Stadt fliessen und deren einer die kleine Alster heisst. Nachdem ihr Wasser noch einige Mühlen getrieben hat, vereinigt es sich theils in der Stadt selbst, theils im Haven mit der Elbe.

Die *Alster* ist ein äusserst wichtiger Fluss für Hamburg. Sie verschönert oder bildet vielmehr durch ihren silbernen Strom die reizendsten Gegenden, sie treibt die meisten unsrer Mühlen und trägt nicht wenig zur Reinigung des Havens bei. Jetzt ist sie durch Hülfe vieler *Stau-Schleusen* (Schleusen die das Wasser aufhalten) noch ziemlich weithin schiffbar; in vorigen Zeiten war sie durch einen Kanal

---

*) D. i. 61 Zoll über dem Grundbalken der Mühlen-Schütten und 14 Fuss und 2 Zoll an der Fluth-Skale. Die mittlere Höhe der Alster ist 40 Zoll.

mit der *Trave* vereinigt und es ward auf ihr eine ziemlich lebhafte Schifffahrt nach Lübeck getrieben. Jetzt kommen auf ihr nur wenige platte Fahrzeuge mit Holz und Torf, und einige kleine Frucht- und Milch - Ever an die Stadt. Zu Lustfahrten wird sie desto mehr benutzt.

Die Bille. Unter diesem Namen begreift man zwei verschiedene Flüsse. Der eigentlich so genannte entspringt hinter dem Sachsenwalde und ergiesst sich ohnweit Bergedorf in die dove Elbe. Der andere mit diesem Namen bezeichnete, sammelt sich in den nettelnburgischen Wiesen bei Bergedorf, fliesst in vielen Krümmungen durch Billwärder, nimmt noch einige Bäche und Gräben auf und wird bei dem Stadtdeiche durch Schleusen in die Elbe geleitet.

Hamburg hat zwei Häven, den *Ober -* und *Nieder - Baum.* Beide werden mit Sonnenauf- und Untergange geöffnet und geschlossen. Jener, am Einfluss der Elbe in die Stadt, dient den oberhalb der Elbe, von Berlin, Magdeburg, u. s. w. herkommenden Schiffen zum Aufenthalt. Ausserhalb desselben ist der *Holz - Haven,* der zu einer Niederlage von Bau - und anderem Nutz-Holz bestimmt ist.

Der *Nieder-Baum,* vorzugsweise der Haven genannt, ist für Hamburg höchst wichtig. Er fasst alle Schiffe, welche seewärts oder aus den Gegenden unterhalb der Stadt an der Elbe gelegen, anlangen. Man theilt ihn in den *Schiffs -* und *Rummel - Haven.* Jener erstreckt sich von dem *Block-*

Hause — einem auf Pfählen, mitten im Wasser errichteten hölzernen Gebäude, das zu einer Haven- wache und Zollbude dient — bis an die Gegend der Brooksbrücke. Er wird, wie der Ober- Baum, des Abends durch ein schwimmendes Palli- sadenwerk verschlossen.

Schiffe, die über funfzehn Fuss tief im Wasser gehen, können in selbigem nicht einlaufen, weil sie eine vor Blankenese liegende Sandbank passiren müssen, woselbst sie sich eines Theils ihrer Ladung durch sogenannte *Leichter-Fahrzeuge* erst zu entle- digen genöthigt sind. Wäre dies Hinderniss nicht, so könnte der hamburgische Haven Schiffe bis 20 Fuss tief gehend, aufnehmen.

Ehe wir eine freilich nur kurze aber möglichst genaue topographische Uebersicht des Innern von Hamburg geben, müssen wir zuvörderst unsere fremden Leser mit den verschiedenen Arten der Wohnungen und ihren üblichen Benennungen be- kannt machen. Man wohnt in Hamburg nemlich entweder auf *Sählen*, oder in *Buden*, oder in *Kel- lern*, oder in *Häusern*.

Die Sähle sind die obern Stockwerke der Häu- ser, zu welchen eine Treppe gewöhnlich von der Gasse hinaufführt. Sie haben keine weitere Verbin- dung mit dem Hause, welches seinen besondern Eingang hat. Zum Theil erstrecken sie sich drei, vier bis fünf Stockwerke hoch in die Luft, gehen vorn und hinten hinaus, haben auch unter sich keine weitere Gemeinschaft, sondern eine jede dieser Wohnnngen ist von der andern getrennt und besteht gewöbnlich aus einem Vorsaal, auf dem zugleich der Kochherd angebracht ist, einer Stube (zuweilen auch zweien, selten mehreren) und aus einer, oder zwei Kammern. Sie gehören allemal zu dem Hause, über welchem sie gebaut sind und können nicht einzeln verkauft werden.

Buden sind kleine Häuser von einem Stockwerk. Sie stehen nie an den Gassen, sondern in den Gängen und Höfen. In denselben ist selten mehr als Ein Zimmer; zuweilen eine Kammer und etwas Bodenraum. Nur Leute aus der ärmern Klasse pflegen darin zu wohnen.

Keller heissen die unterirdischen Höhlen, die gleichfalls zu den Häusern gehören, unter welchen sie liegen und können nur mit dem Hause zugleich veräussert werden. Nicht alle solche Keller sind bewohnt, sondern ein grosser Theil derselben dient zu Waarenlagern, die entweder beständig verschlossen sind, oder am Tage zum Detailhandel gebraucht werden. So giebt es Wein - Käse - Auster - Frucht- Bierkeller, — letztere hatten eine Periode wo sie sich pomphaft als *Bierhallen* ankündigten — und mehrere andere. Die Wohn - Keller, welche an volkreichen Strassen liegen, sind mehrentheils die Wohnungen der Höker, Branntwein - Wein - und Bierschenker, Wurstmacher u. s. w. Manche dieser Keller sind zugleich die Niederlagen gewisser Schiffer oder der Landleute, die täglich oder wöchentlich von den Elbinseln zur Stadt kommen und führen daher verschiedene Namen, als Buxtehuuder - Harburger - Tatenberger - Keller u. s. w. Manche dieser Keller geben einen hohen jährlichen Miethzins, der sich bisweilen auf 5 bis 600 Mark und darüber beläuft. Mehrentheils befindet sich in denselben nur Ein Zimmer. Die grosse mit Gassensteinen (Granitstücken) gepflasterte Vorflur enthält die Kochstelle, dient zu Schlafplätzen, Feuerungsbehältnissen und anderem Gebrauche. Es sind äusserst ungesunde Wohnungen, besonders in den niedrigen Gegenden der Altstadt, welche, wie gesagt, bei Ueberschwemmungen oft ganz mit Wasser angefüllt werden.

Böden, *Lager*, *Räume* und *Speicher* dienen zur Aufbewahrung der Kaufmannsgüter. Man begreift collectivisch unter diese Namen gewöhnlich die an die Kanäle grenzenden Hinterhäuser der Kaufleute, doch giebt es auch viele Speicher, die nicht an Kanälen liegen. Auch die Fabrikgebäude der Zuckerfabrikanten werden *Speicher* genannt.

Die Gassen in Hamburg führen nach ihrer Beschaffenheit verschiedene Benennungen, welche dem Ausländer ohne Erklärung auffallend seyn müssen. Es giebt ausser den grossen Gassen (hier *Strassen* genannt) noch *Gänge*, *Twieten* und *Höfe*. Unter den grossen Strassen giebt es mehrere, welche nur auf einer Seite mit Häusern bebaut sind; diese heissen *Reihen*, z. B. die holländische Reihe. *Wege* sind kurze und breite Strassen. *Huuken*, *Oorte* oder *Hörn*, deren verschiedene Namen fast dieselbe Idee ausdrücken, sind die abgestumpften Ecken, die von zwei grossen Strassen, deren Enden sich wegen irgend eines Hindernisses nicht rechtwinklich begegnen können, übrig bleiben und so krumm oder in einer ungleichen Linie gebaut sind, dass man sie weder zur einen noch zur andern Strasse rechnen kann, z. B. *Kugels-oort, Stuuve-Huuk, Steckel-Hörn*.

Gänge findet man fast nur in der Neustadt. Es sind enge, labyrinthisch gekrümmte Schlupf-Gässchen, in welchen in der Regel nur Ein, ja oft gar kein Wagen fahren kann. Sie zeichnen sich durch die kläglichsten Gebäude, durch unerträglichen Schmutz und Gestank, und durch elendes Pflaster aus, doch sind einige von etwas besserer Beschaffenheit und mit ansehnlichern Häusern bebaut.

Höfe sind die bebauten Hinterplätze der Häuser. Ihr Eingang ist von der Strasse her, gewöhnlich überbaut, oft ganz dunkel und so niedrig, dass man zu den mehrsten nur gebückt hinein gehen kann. Sie sind noch mehr als die Gänge mit Schmutz, Unrath und Gestank angefüllt und endigen sich meistens in einen *cul de sac*.

Twieten heissen die kleinern Strassen, wodurch die grossen mit einander verbunden werden und das Fortkommen in der Stadt ungemein erleichtert wird. Sie befinden sich nur in der Altstadt. Eine einzige Strasse in der Neustadt die *Fuhlentwiete*, führt diesen Namen, aber ganz unrichtig.

Das *Gassen-Pflaster* in Hamburg ist nicht das

beste, obgleich weder Fleiss noch Mühe gespart
werden, es zu vervollkommnen. Die Haupthin-
dernisse, die sich diesen Bemühungen entgegen
stellen, sind wohl der grösstentheils sumpfige Boden, besonders in der Altstadt — und das ausserordentliche Gewühl von Menschen, Lastwagen,
und anderm Fuhrwerk, das beständig die Strassen
Hamburgs anfüllt. Hierzu kommt noch das unauf-
hörliche Reinigen der Gassensteine mit Wasser,
worin die hiesigen Hausmütter (alten Schlages) ein
besondres Verdienst suchen, und welches selbst
mehrere obrigkeitliche Verordnungen nicht zu hindern vermogt haben.

Der erste Anblick von Hamburg, zu welchem
Thore man auch herein komme, ist keinesweges
einnehmend. Die Strassen (wir wollen bei dieser
hier üblichen Benennung bleiben) sind grösstentheils krumm und schmal. Es giebt deren mehrere,
wo zwei Wagen nur mit Mühe einander ausweichen
können. Die Häuser der Hamburger — einige
neuere ausgenommen — stehen an äusserer Schönheit sowohl, als an innerer Bequemlichkeit denen in
andern grossen Städten uneudlich nach; selbst die
öffentlichen Gebäude sind meistens in dem eckigen,
alt gothischen, oder dem noch widrigern holländischen Geschmack des siebenzehnten Jahrhunderts
erbaut und mit den Privathäusern ist es noch weit
schlechter bestellt; ihre Bauart enthält gewöhnlich
die gröbsten Versündigungen gegen den guten
Geschmack.

Aber bald verschwinden jene ungünstigen Eindrücke beim Anblick des regen, geschäftigen Lebens, des unaufhörlichen Gewühls thätiger betriebsamer Menschen und aller der Resultate die Erwerbfleiss und Speculationsgeist in einem handelnden Staat dem Fremden vor Augen stellen.

Wir wollen bei der allgemeinen Beschreibung von Hamburg der Eintheilung nach den Kirchspielen folgen, weil diese in den mehrsten hiesigen bürgerlichen Verhältnissen am meisten gebraucht wird. Sie sind ihrem Range und Alter nach, folgende:

Das St. Petri Kirchspiel

ist das älteste unter allen. Noch in der Mitte des dreizehnten Jahrhunderts war es das Einzige der Stadt und die jetzigen Kirchen zu St. Katharinen und Nicolai waren blosse Kapellen.

Die *St. Petri Kirche* liegt der Binnen-Alster gegen Süd-Ost. Das Kirchspiel umfasst den grössten Theil der Strassen die um die Kirche her liegen. Einige in neuern Zeiten angelegte Strassen ausgenommen, sieht man es den übrigen wegen ihrer Unregelmässigkeit und häufigen schiefen Winkel an, dass sie in uralten Zeiten ohne Plan und blos in der Absicht, um bewohnt zu werden, aufs Gerathe wohl an einander gereiht wurden. Die Ufer der Elbe und Alster waren damals bei weitem nicht so sehr beschränkt wie jetzt; die Flüsse traten oft aus ihren Grenzen und überschwemmten die umliegenden Gegenden, welche dadurch morastig und des Anbaues unfähig wurden.

An der Alster, welche damals in der Nähe der Kirche floss, zog sich ein Vestungsdamm hin, um die Einfälle der Slaven und Wenden zu verhüten, welcher der *heidnische Wall* hiess, und von dem erst im Jahre 1650 der letzte Ueberrest demolirt wurde. Das *Alsterthor*, von dem noch jetzt eine Strasse den Namen führt, ward noch später abgebrochen. Dieses und das alte *Mühlenthor*, welches am Ende der Strasse hinter dem breiten Giebel, nahe vor der Mühle (die damals ausserhalb der Stadt lag) stand, hatten den heidnischen Wall in ihrer Mitte. An der andern Seite, auf dem jetzigen *Speersoort* (St. Petersort) war das *Schulthor* und näher an der Elbe, zwischen der kleinen *Reichen Strasse* und dem *Hopfensack*, wo ausserhalb der Stadt die *Wiedeburg* lag, die vormalige Residenz der ersten Erzbischöfe, welche im Jahre 1036 von *Bezelin Alebrand* erbaut wurde, stand noch ein Thor, welches das *Hopfenthor* hiess. Das *neue Mühlenthor* stand bei der *Mühlenbrücke* und das *Hadelerthor* lag höchst wahrscheinlich an der *Zollenbrücke*.

Das Kirchspiel fasst jetzt *drei Marktplätze*, *den Platz, wo die ehemalige Dom Kirche stand, zwei Kirchen, zwei Klöster, das Gymnasium und Johanneum, das Rathhaus, die Börse, das Eimbecksche Haus, den Rathsweinkeller, das Zucht-*

haus, die Frohnerei, den alten Fleischscharren und das alte Schlachthaus, zwei Wassermühlen, verschiedene Brücken, den Jungfernstieg, den provisorischen Krankenhof, das Stadt - Schauspiel-Haus, den Kalkhof und noch mehrere öffentliche Gebäude in sich. Den zweiten Rang nach ihm nimmt

Das St. Nicolai Kirchspiel

ein. Schon im neunten Jahrhundert wird desselben als einer hamburgischen Vorstadt gedacht, obgleich es noch keine Kirche besass. Es begreift mit dem Petri Kirchspiele die mittlere Gegend von Hamburg und umfasst in einer gekrümmten Linie, was zwischen jenem und der Elbe liegt, so weit sich die Stadt nach Süden erstreckt. Im Bezirke dieses Kirchspiels lag die im Jahre 1061 vom Herzog Ordulph zu Sachsen gegen den Erzbischof Adalbert angelegte *Neueburg*, welche die Krümmung zwischen der Bohnenstrasse und der Strasse, die noch jetzt den Namen: *neue Burg* führt, ausfüllte. Sie wurde im Jahre 1164 auf Befehl des Grafen Adolph des Dritten v. Schauenburg niedergerissen und geschleift. Bald war die Stelle der geschleiften Burg wieder mit Häusern angebaut, es bildeten sich Strassen, welche die Errichtung einer Kapelle nothwendig machten, die dem heiligen Nicolaus, als dem Schutz-Patron der Seefahrer gewidmet ward. Mit der Zeit vermehrte sich der Anbau in dieser

Vorstadt so sehr, dass sie der eigentlichen Stadt an
Grösse nahe kam und an thätigen und begüterten
Einwohnern zu übertreffen anfing. Nun ward sie
die damalige hamburgische Neustadt, erhielt ihre
besondern Thore, das *alte Millernthor*, welches
zuerst bei der heiligen Geist Kirche stand, hernach
an die jetzige *Ellern-* (Millern) *Thorsbrücke* verlegt und im Jahre 1667 abgebrochen ward und das
Schaar- (oder Ancharius oder *Ufer-*) *Thor*, welches schon 1248 existirte, am Ende des *Rödings-
markts* mit einem Vertheidigungsthurm stand und
im Jahre 1665 abgebrochen ward.

Das Nicolai Kirchspiel enthält *einen Markt-
platz, eine Kirche, die Börsenhalle, das Waisenhaus, einige Armenstifte, das Admiralitätszeug-
haus, den neuen Fleischscharren und das neue
Schlachthaus, zwei Wassermühlen, das Baumhaus
und viele Brücken.* Es ist dem Umfange nach das
kleinste, aber nebst dem von Katharinen das wohl-
habendste und am bequemsten zur Handlung gelegene Kirchspiel, da es überall von Kanälen umgeben und durchschnitten ist.

Das St. Katharinen Kirchspiel

behauptet den dritten Rang. Die ersten Bewohner
desselben waren grösstentheils Brauer, Fischer und
Gewand- (Tuch) Bereiter, um derentwillen in der
Mitte des dreizehnten Jahrhunderts die Katharinen-

Kapelle errichtet wurde. Es umspannt den südlichsten Theil der Stadt und grenzt in Norden an die Nicolai - und Petri - Kirchspiele. Der schiffbarste Elbarm, der beim Ober - Baum in die Stadt dringt und beim Nieder - Baum sich wieder mit dem Hauptstrom vereinigt, theilt es in zwei Theile, die durch Brücken mit einander verbunden sind.

Von Norden her ward es zuerst angebaut, bis man allmählig weiter nach Süden hin mit dem Anbau fortrückte, und sich endlich bis auf die entgegengesetzte Seite des Elbarms ausdehnte. In dem spanischen Verfolgungskriege gegen Holland, verliessen viele reiche Holländer ihr Vaterland und zogen nach Hamburg, wo sie sich besonders in diesem Kirchspiel niederliessen und mehrere neue Gassen anlegten, die noch jetzt von ihren ursprünglichen Bewohnern den Namen führen, z. B. der *holländische Brook*, *die holländische Reihe.* In der Gegend des jetzigen Wandrahms stand ein Thor, das *Bauthor* genannt, das in der Folge abgebrochen ward.

Das Kirchspiel enthält jetzt *eine Kirche, eine Kapelle, das ehemalige Kornhaus,* jetzt *Caserne der Stadtmiliz, das englische Haus, das bardowiecksche Haus,* (Vulgo Zippel - oder Zwiebelhaus) *sehr viele Brücken*, den Hauptkanal der Elbe und die reichsten und angesehensten Handelshäuser.

Um dies Kirchspiel in den frühern Zeiten seines Anbaues gegen die Ueberschwemmungen, von welchen es oft heimgesucht ward, zu sichern, wurde der südliche Theil desselben mit einer grossen Vormauer, welche vom neuen Krahn bis an den Winserbaum reichte, eingefasst. Hierzu brauchte man die Steine der vom Herzoge Heinrich dem Löwen eingeäscherten Stadt *Bardowieck*, welche Hamburg für 300 Mark an sich gekauft hatte. Von dieser Zeit schreibt sich auch das *Zippelhaus* der bardowiecker Bauerweiber und die Freiheit ihre Gemüse und Lavendelblumen daselbst und überhaupt in der Stadt feil zu bieten. Auch führt noch eine Strasse von dieser Mauer den Namen *bei den Müüren*. Das vierte im Range ist

Das St. Jacobi Kirchspiel.

Dies Kirchspiel ward anfänglich, als Vorstadt von Gärtnern bebaut, die schon vor dem Jahre 1258 eine Kapelle zum Gottesdienst erhielten, woraus in der Folge die jetzige Jacobi Kirche entstand. Es macht die Grenze von Hamburg gegen Osten, hat die Binnen-Alster gegen Norden, das St. Petri Kirchspiel westlich, und südlich das katharinitische und einen kleinen Theil des Elb-Arms. Es ist seiner Lage wegen zum Handel weniger bequem, als die vorgenannten und schliesst deswegen auch weniger reiche Handelshäuser in sich.

Gärtner, Gastwirthe und Fuhrleute waren die ersten Bewohner desselben. Erst im funfzehnten Jahrhundert wurde es mit der Stadt vereinigt. Im

Jahre 1255 trugen die Grafen Johann und Gerhard von Holstein und Schauenburg, durch die Verschenkung des schauenburgischen Hofes, Vieles zu deren Erweiterung bei. Im Jahre 1356 gab der Papst Innozenz der sechste einen Ablassbrief für die Erbauung der Jacobi Kirche her, welcher noch auf der Kirchenbibliothek aufbewahrt wird.

Dies Kirchspiel hat meistens unregelmässige Strassen, dunkle schmale Twieten und dumpfige enge Höfe; doch giebt es an Grösse dem petrinitischen wenig nach und begreift *zwei Marktplätze, zwei Kirchen, zwei Spitäler, das Spinnhaus, den Bauhof, das Infanteriezeughaus und mehrere Stadtgebäude.*

Diese vier Kirchspiele, als die süd-östliche Hälfte der Stadt, enthalten den Theil von Hamburg, welcher im gemeinen Leben die Altstadt genannt wird. Das fünfte, oder

Das St. Michaelis Kirchspiel

enthält die kleinere Hälfte von Hamburg in Nordwest, oder die Neustadt. Es ist in seiner ganzen Ausdehnung grösser, als drei der andern zusammengenommen. In Süden wird es von der Elbe begrenzt, schliesst sich von hier bis zum Norden den Kirchspielen Nicolai und Petri an und umfasst die ganze Rundung des Walles von Norden bis an Südwest. Schon in den ältesten Zeiten besassen die

Hamburger Grundstücke auf dem Bezirk der jetzigen
Neustadt. Die niedrigen Gegenden an der Westseite des *Jungfernstiegs*, *der Bleichen*, bis hinunter
zum *Pferdeborn*, (Ross-Tränke) waren bis zum
Jahre 1256 noch von der Alster überflossen; erst
als die Hamburger in den Jahren 1306 und 1309
von den Grafen Adolph und Johann von Schauenburg, das Besitzthum dieses Flusses erhielten, fingen
sie allmälig an ihn abzudämmen und das ausge-
trocknete Bett desselben zum Anbau zu bereiten.
Im Jahre 1500 wurde in dieser Gegend der Wall
um die Altstadt errichtet, als schon mehrere Plätze
der Neustadt mit Häusern besetzt waren. Er hiess
der *Voglers - Wall* und ging vom *Rosen - Damm*
bis zum *Schaar - Thor.* Ein grosser Theil des
Kirchspiels, als der jetzige *Gänsemarkt* und die in
dessen Nähe liegenden Strassen, waren Gemüse-
Gärten. Der *alte* und *neue Steinweg* lagen vor der
Stadt, wo sie, so wie der *Schaarsteinweg*, von
einem gepflasterten Damm und von den Thoren zu
welchen sie führten, ihre Namen erhielten.

Bei dem jetzigen *Johannis - Bollwerk* befand
sich eine von dem dänischen Könige Waldemar
1216 angelegte Schanze, wodurch die Elbe ge-
sperrt, der Stadt die Zufuhr abgeschnitten und die
Handlung erschwert wurde. In der Gegend der
Strasse, die jetzt noch den Namen *Eichholz* führt,
zog sich noch 1584 ein ansehnlicher Eichenwald
über das Terrain des Hornwerks, bis zu den Thranbrennereien am Hamburgerberge hin. Im Jahre

1602 ward der Grund zu der alten *Michaelis-Kirche* am *Teielfelde* gelegt; 1608 *das Schlachthaus* vor dem *Millernthore* erbaut; 1620 der Wall um die Neustadt gezogen; aber erst im Jahre 1685 wurde das Michaelis Kirchspiel durch Rath- und Bürgerschluss für das fünfte von Hamburg erklärt.

Die Unruhen des dreissigjährigen Krieges vertrieben einen grossen Theil protestantischer Einwohner aus Oberdeutschland, welche sich häufig mit den geretteten Ueberresten ihrer Habe nach Hamburg flüchteten, wo sie als an einem weiter vom Kriegsschauplatz entfernten Orte Sicherheit und Ruhe fanden. Sie waren es, die Vieles zur Bevölkerung der Neustadt beitrugen und deren schnelle Vergrösserung beförderten.

Das St. Michaelis Kirchspiel liegt weit höher, als die übrigen und hat daher keine Kanäle, weswegen es auch zum Handel nicht so bequem ist, als diese. Die Strassen desselben sind grösstentheils weit regelmässiger und breiter, als die der Altstadt und man bemerkt, dass bei Erbauung der Häuser mehr Rücksicht auf Bequemlichkeit und architectonische Schönheit, als in jener genommen worden ist.

Eine grosse Menge labyrinthisch in einander verflochtener Gänge und Höfe und eine unzählige Menge Buden, Säule und Hütten dienen der geringern Menschenklasse zum Obdach und die haushälterische Sorgfalt in der Benutzung der kleinsten Winkel bezeugt die Volksmenge dieses Stadttheils. Innerhalb der Grenzen des Kirchspiels befinden sich *zwei Kirchen, drei Marktplätze, der Lombard, der Salon d'Apollon, die neuerbaute grosse Freimaurerloge von Hamburg, das vormalige französische Schauspielhaus,* auch wohl *Apollotheater* genannt, und mehrere *öffentliche* Gebäude.

———————

ZWEITER ABSCHNITT.

Hamburgs Regierungsverfassung.

HAMBURG führt, seitdem es mit der Auflösung der deutschen Reichsverfassung das Prädikat „kaiserlichfreie Reichsstadt" verlor, den Namen *freie Hansestadt* und überdies durch die neuesten Zeitereignisse den Namen *deutsche Bundesstadt.*

Durch den Hauptrecess vom Jahr 1712 wurden die Jahrhunderte lang Statt gefundenen Streitigkeiten zwischen dem Senat und der Bürgerschaft geschlichtet und seitdem weiss man von keinen sonderlichen Misshelligkeiten zwischen Beiden. Ruhe und Ordnung blieben ungestört und die kostspieligen, vor dem (ehemaligen) Reichskammergerichte schwebenden Prozesse zwischen beiden Behörden nahmen durch jenen Recess ein Ende.

Hamburgs eigene Bürger verwalten selbst die Regierungsangelegenheiten ihrer Stadt. Die Geschäfte dieser Verwaltung sind nothwendig zur Erhaltung älterer und zur Erwerbung neuerer sowohl genereller als individueller Staatsvortheile. Ein gewisser Theil jener Bürger hat in dieser Hinsicht besondere Pflichten, geniesst gewisser Vorrechte und führt gemeinschaftlich den Namen *Senat.*

Zu diesem Collegium gehören *vier Bürger-*

meister, *vier Syndici*, *vier und zwanzig Senatoren*, ein *Protonotar*, ein *Archivar* und *zwei Sekretäre*.

Drei Bürgermeister und *eilf* Senatoren sind *Rechtsgelehrte*, die übrigen *Kaufleute*. Die Syndici, der Protonotar, der Archivar und die Sekretäre sind ebenfalls *Rechtsgelehrte*. Die letzteren vier haben keine Stimme bei den Berathschlagungen *de Senatu*, die Syndici können ihr Gutachten geben; nur allein die Bürgermeister und die Senatoren haben eine entscheidende Stimme.

Man muss ein Alter von dreissig Jahren erreicht haben, der evangelisch-lutherischen oder katholischen oder reformirten (nach früheren Statuten nur der lutherischen) Lehre zugethan, ein hamburgischer Bürger, der Rechte und Privilegien der Stadt wohl kundig, und ein Mann von unbescholtenem Rufe seyn, um zum *Senator* erwählt werden zu können. Die Anzahl, *wie viel* nicht lutherischer Mitglieder im Senate seyn dürfen, ist unbekannt.

Jeder der sich in Diensten irgend eines Fürsten befindet, kann nicht zu Rathe erwählt werden.

Vater und Sohn, zwei Brüder, Schwiegervater und Schwiegersohn, auch zwei Schwäger können nicht zu gleicher Zeit im Rathe sitzen. Auch kann von den Senatoren eigentlich keiner Bürgermeister werden, der einem von den übrigen Bürgermeistern im zweiten Grade inclusive verwandt ist.

Die Wahl der Rathsglieder geschieht auf folgende Weise: Die Namen aller anwesenden Bürgermeister und Senatoren werden von den ausserhalb

der Versammlung sich befindenden Sekretären auf
eben so viele Zettel von gleichem Papier und gleicher Grösse geschrieben und in ein Kästchen gelegt.
In ein anderes Kästchen werden eben so viele Zettel
gelegt, von denen auf dreien oder vieren das Wort
„Vorschlag" steht. Von den zwei jüngsten Senatoren zieht einer die Zettel, welche die Namen enthalten, und der andere die übrigen so lange heraus,
bis auf diese Weise bei einer Bürgermeisterwahl
drei, bei einer Rathsherrnwahl vier Personen bestimmt worden sind, die Jemand zur Ausfüllung
der erledigten Stelle vorzuschlagen haben. Ist dies
geschehen, so thun die Herren nach der Ordnung
wie sie im Rathe sitzen, den Vorschlag; nachdem
ein Jeder von ihnen mit feierlichem Eide bezeugt
hat: „dass er ohne irgend eine andere Rücksicht,
„als auf das Beste der Stadt und durch keine Art
„von Verbindung mit der genannten Person dazu
„motivirt, denjenigen welchen er nennt, tüchtig
„zur Verwaltung der Geschäfte eines Mitgliedes
„des Senats halte und erkenne." Darauf wird im
Rathe gestimmt, ob der Vorgeschlagene zur Wahl
kommen soll oder nicht, doch müssen vorher Alle,
die bis in den dritten Grad inclusive mit ihm verwandt sind, abtreten. Findet man an dem vorgeschlagenen Individuum etwas auszusetzen, so muss
derjenige, der es vorschlug, ein anderes nennen,
und würde auch dieses verworfen, so lange damit
fortfahren, bis er auf eine Person trifft, die man für
wahlfähig hält. Eben so haben es die andern Vor-

schlagsherren zu machen. Ist man nun im Rathe
über die Männer einig, die zur Wahl kommen
sollen, so werden die drei (oder vier) Namen auf
eben so viele Zettel geschrieben und in ein verdeck-
tes Kästchen gethan, in ein andres Kästchen aber
ein Wahlzettel und *zwei* oder *drei* Nietenzettel
gelegt; beide durch einander geschüttelt und die
beiden jüngsten Senatoren ziehen jeder aus den
Kästchen so lange die Zettel heraus, bis bei dem
Namen eines der Wahlfähigen der Zettel mit dem
Worte „erwählt" gezogen ist. Dies letzte Verfahren
heisst die völlige Losung. Dieser Erwählte hat
alsdann einen feierlichen Eid abzulegen: „dass er
„der Wahl wegen, weder Geschenke noch Gaben
„gegeben, versprochen oder wissentlich durch Andre
„habe versprechen lassen, auch niemals gemeynet
„sey, unter irgend einem Scheine oder Vorwand
„Etwas dafür zu geben, weder selbst noch durch
„Andre etc."

Der neuerwählte Senator wird von zweien
seiner nächsten Verwandten aufs Rathhaus begleitet.
Hier wird er in ein Zimmer geführt, wo er alles und
jedes Metall von sich ablegt. Alsdann wird er vom
jüngsten Senator in die Session des Senats geführt,
wo er stehend den Wahleid und hierauf kniend den
Rathseid leistet. Man lieset ihm den Recess von
1633 vor, den er beschwört; zuletzt muss er noch
den Unionsrecess (d. i. die Acte der Vereinigung
des Senats mit der Bürgerschaft, welche 1710-1712,
zur Zeit der kaiserlichen Commission in Hamburg

abgefasst ward) unterschreiben und mit seinem Pet-
schaft besiegeln. Dann ertheilt der präsidirende
Bürgermeister dem jüngsten Senator den Auftrag den
Neuerwählten am folgenden Sonntag in die Kirche
und den nächsten Rathstag in die Versammlung
des Senats einzuführen.

Er erscheint an diesem Rathstage in einem
schwarzsammtenen, nach uraltem Geschmack mit
Frangen verziertem Mantel der die Arme bedeckt
(in der Volkssprache *Staltmantel* genannt) mit einem
weissen gefalteten Kragen um den Hals und wartet
vor den Schranken, bis der versammelte Senat sich
gesetzt hat. Dann wird ihm von dem präsidirenden
Bürgermeister seine Stelle angewiesen. Erst nach
etlichen Wochen (gewissermaassen der Zeit seines
Noviciats) erhält er die Erlaubniss, in völligem
Amtsornat zu erscheinen. Dieser Ornat unterscheidet sich von seiner bisherigen Tracht dadurch, dass
der Mantel Schlitzlöcher hat, durch welche er die
Arme stecken kann.

Wer zum Mitgliede des Senats erwählt worden
ist, und sich weigert, die Stelle anzunehmen, muss
die Stadt verlassen.

Nur mit Einwilligung des gesammten Senats
kann ein Mitglied desselben seine Stelle niederlegen.
In der Regel geschieht das nie. Nur zu jener Zeit
der Umwälzung unter dem Abzug und Wiedereinzug
und der abermaligen Vertreibung der Bonapart'schen
Kriegsgewalt (1813-14) hat man etliche Beispiele
davon Statt finden sehen.

Die Syndici, Sekretäre und der Archivar werden durch Stimmenmehrheit vom Senate erwählt. Die Syndici stehen auf halbjährige Loskündigung, sind also nicht permanent. Zu allen diesen drei Stellen kann sich jeder graduirte Rechtsgelehrte melden. Der Bürgermeister lies't in der Versammlung die Namen der Candidaten vor und giebt Einem seine Stimme. Eben dies geschieht von den übrigen Rathsgenossen, und nur wenn mehrere Candidaten gleiche Stimmenzahl hätten, würde durchs Loos die Wahl entschieden.

Das *Protonotariat* wird gewöhnlich durch Succession besetzt. Derjenige von den beiden Sekretären, und der Archivar, welcher am längsten seine Stelle bekleidet hat, pflegt im Entledigungsfalle das Protonotariat zu erhalten. Der Archivar muss *zehn* Jahre im Amte bleiben, ehe er seine Stelle niederlegen, oder gar in fremde Dienste treten darf. Auch soll er eigentlich eben so lange Zeit im Amte gewesen seyn, ehe er Protonotar werden kann.

Die Bürgermeister haben den Titel *Magnificenz*.

Die Senatoren werden *Wohlweise Herren* genannt.

In den Kirchen geschieht die Fürbitte für den Senat nach einer im Kirchengebete bestimmten Formel.

Nach früherer Herkömmlichkeit wurden nach dem Tode eines Mitgliedes des Senats alle gerichtliche Verhandlungen und Bürgerversammlungen

eingestellt, und zwar bei dem Tode eines Bürgermeisters auf *vierzehn*, bei dem Tode eines Raths-
herrn auf *acht* Tage. Die neuere Zeit, die wohl
der Sorge wie der Geschäfte ungleich mehr auf die
Schultern der Väter unserer Stadt legen mogte, hat
darin eine Abweichung verursacht.

Alle Eide, welche der Stadt, oder dem Senate besonders geleistet werden, nimmt der Letztere
ausschliesslich an.

Der Senat ernennt Gesandte, Consuls, Agenten, Residenten u. s. w. ohne die Bürgerschaft
hierüber zu befragen. Die hanseatischen Minister
werden von den Bürgermeistern und Senatoren der
drei Hansestädte Hamburg, Lübeck und Bremen
gemeinschaftlich ernannt, welche in diesem Geschäfte allein handeln, ohne ein anderes bürgerliches
Collegium hierüber zu befragen. In Hamburg hält
der Senat mit der Kammer blos eine Rücksprache
über die Besoldung dieser Beamten.

Der Senat vertritt bei Gevatterschaften, Gra-
tulationen oder ähnlichen Ceremonien die Stelle des
ganzen Staats.

Der Senat nimmt ankommende fremde Herr-
schaften und Minister hoher Herren an, und ihm
allein werden Kreditive und Vollmachten übergeben.
Doch wird ihr Inhalt, sobald derselbe von Wichtigkeit ist, immer der Bürgerschaft mitgetheilt.

Der Senat und dessen Deputirte haben in allen
öffentlichen Verhandlungen und Geschäften den
Vorrang vor andern Bürgern.

Nur dem Senat werden die Rechnungen der verschiedenen Staatsdepartemente vorgelegt.

Alle Briefe, Mandate, Verordnungen, Bestallungen u. s. w. werden *im Namen des Senats* ausgefertigt.

Der Senat hat das Recht, in Ehesachen, den gewöhnlichen geistlichen Gesetzen gemäss, zu dispensiren.

In Criminalsachen hat der Senat die Gewalt „an Gottes Statt" ein gesprochenes Urtheil zu schärfen; auch kann er einen Rechtsspruch mildern; kann exiliren und sicheres Geleit geben.

Der Senat ruft die Versammlung der erbgesessenen Bürgerschaft in erforderlichen Fällen zusammen.

Der Senat ertheilt Privilegien nach gewissen für diese Fälle bestimmten Verfügungen, die sich auf eine Uebereinkunft des Senats mit der Bürgerschaft gründen.

Die jüngern Senatoren haben (wenn nicht fremde Gewalt in Hamburg gebietet, wie das in neueren Zeiten leider! lange genug der Fall war) die Schlüssel der Stadtthore in Verwahrung. Uebrigens ist bei jedem Thore ein unter Stadtsiegel bewahrter Nothschlüssel, der allemal dem wachthabenden Offizier an solchem Thore vertrauet ist.

Endlich hat der Senat in jeder Kirche seine eigene Sitzreihe. (Herrnstöhlt).

Mit dem Senate gemeinschaftlich regiert die *erbgesessene Bürgerschaft* von Hamburg den Staat.

Ein erbgesessener Bürger ist jeder, der in der Stadt ein Haus besitzt, für welches er wenigstens 1000 Rthlr. Species, (eignes, nicht angeliehenes Geld) bezahlt hat.

Wer ausserhalb der Stadt wohnt, ist nur dann als erbgesessener Bürger zu betrachten, wenn er ein Haus oder liegende Gründe besitzt, worin er 2000 Rthlr. Species (eigenes) Geld bezahlte. In beiden Fällen muss er sich eigentlich zur evangelisch-lutherischen Religion bekennen, wenn er von den Vorrechten eines erbgesessenen Bürgers Gebrauch machen will. Da indessen Staatsbedienungen mancher Art in neuern Zeiten auch an verdienstliche Mitbürger reformirter Religion mit gegenseitiger Zustimmung des Senats und der Bürgerschaft gegeben werden können, und demnach wirklich gegeben worden sind; solche in höheren Staatsbedienungen stehende Mitbürger aber vermöge ihres Amtes an den Bürgerversammlungen Theil zu nehmen haben, so hat durch die veränderte Lage der Dinge auch jene Clausul eine Erweiterung erlitten.

Häuser, welche einer Frau zuständig sind, geben ihrem Gatten, und welche den Kindern gehören, ihrem Vater das Recht der Erbgesessenheit. Dies Recht verliert indess der Vater, wenn die Kinder majorenn geworden sind und es selbst nützen können.

Auch wenn ein Haus mehrern Bürgern gemeinschaftlich gehört und jeder von ihnen erweisen kann, die benannte Summe als freies Eigenthum darin zu haben, so ist ihnen hierdurch der Besitz der Erbgesessenheit zugesichert.

Keiner als ein hamburgischer Bürger kann in der Stadt wie in deren Gebiet liegende Gründe besitzen, und diejenigen Vorrechte geniessen, welche dem Bürger hierdurch gesichert werden. — Die neuere Zeit hat in einseitiger Hinsicht für die israelitischen Glaubensgenossen die tolerante Erweiterung gewährt, dass auch Juden *eigene* Häuser in der Stadt besitzen können, doch sind damit keineswegs die obenbenannten Rechte an den Bürgerconvent verbunden.

———

Hamburg hat sich *nach und nach* vergrössert (Siehe Hamb. Chronik bei F. H. Nestler, 2 Bde. in 8. Neue Auflage 1822). Ein Kirchspiel erhob sich nach dem andern; aus den Kirchspielen ward die Stadt und aus den Bewohnern derselben bildete sich das Ganze des Staates. Daher die ganze Form der innern hamburgischen Staatsverfassung, die sich in *Kirchspiele* theilt.

Als zu den Zeiten des Anbaues der Stadt in irgend einer Gegend sich Bewohner genug angesiedelt hatten, um das Bedürfniss einer Kirche zu fühlen, mussten sie bei deren nachherigen Erbauung auch die Geschäfte, die zur Unterhaltung derselben dienten, übernehmen. Man vereinigte sich zu diesem Zweck und übertrug die Besorgung derselben einzelnen Individuen. Diese Bürger wurden nachher *collectivisch* ein *Kirchencollegium* genannt.

Diese Collegien, welche die Bedürfnisse der Kirche besorgten, sind jetzt als beständige Abgeordnete der erbgesessenen Bürgerschaft anzusehen. Sie sind nicht allein Mitglieder derselben, wenn sie gleich kein Erbe in oder ausserhalb der Stadt besitzen, sondern sie *müssen* in der geforderten Versammlung der Bürgerschaft erscheinen, da es hingegen in dem Willen der Erbebesitzenden Bürger steht, die keine Kirchenangelegenheiten zu besorgen haben, zu kommen oder wegzubleiben.

Zur Verwaltung der Kirchengeschäfte eines jeden Kirchspiels sind *drei Oberalten, neun Diaconen, vier und zwanzig Subdiaconen* und *sechs Adjuncti* bestimmt.

Diese Männer haben als Fürsorger der Kirchen vorzüglich die Geldangelegenheiten derselben unter ihrer speciellen Aufsicht.

Von den drei *Oberalten* heissen die beiden ältesten, *Leichnamsgeschworne*, eine Benennung deren Ursprung sich aus den ältesten Zeiten herschreibt und welche bedeutet, dass sie ganz besondere Pflichten gegen den Leib Christi übernommen haben.

Die *Diaconi* muss man von den Predigern, welche auch Diaconi genannt werden, wohl unterscheiden. Beide führen den Namen Diaconi (Bediente, Diener) von den, obgleich sehr verschiedenen Diensten, welche sie den Kirchen leisten.

Die Diaconi, Subdiaconi und Adjuncti sammeln während des Gottesdienstes in der Kirche mit dem sogenannten *Klingelbeutel* für die Kirche. Hierin wechseln sie alle vier Wochen ab. Das gezählte Geld wird von einem der Diaconen in Gegenwart des Subdiaconus an die Kirchenvorsteher geliefert, welcher so lange er dies Geschäft besorgt, der *Gotteskastenverwalter* genannt ist. Zwei Diaconen sorgen jährlich besonders für das Bauwesen der Kirche, den Verkauf der Kirchenstände, Grabstellen u. s. w. Sie bekleiden dies Amt zwei Jahre lang und heissen dann *Juraten* (Geschworene).

Wenn ein hamburgischer Bürger zu diesen Geschäften gewählt wird, so kann er die Wahl unter keinem Vorwande ablehnen, ohne seines Bürgerrechtes und seines Hauses in der Stadt verlustig zu werden.

Die Subdiaconen werden aus den Adjuncten, die Diaconen aus den Subdiaconen und die Oberalten aus den Diaconen erwählt; doch geschieht die Wahl der Oberalten im Beiseyn zweier Mitglieder des Senats. Die Glieder dieser Collegien sind nicht sowohl als Kirchenofficianten, sondern vielmehr durch die Geschäfte wichtig, welche sie als Mitglieder des Staats zu besorgen haben.

Als solche führen die *Oberalten* mit den *Diaconen* der fünf Kirchspiele zusammengerechnet, den Namen des *Sechszigercollegiums*.

Die vier und zwanzig *Subdiaconen* machen mit diesen Sechszig zusammen, hundert und achtzig aus und bilden so das Collegium der *Hundert und Achtziger.*

Ein jedes Individuum aus diesem Collegium bleibt allemal Mitglied des Kirchspiels, in welchem es wohnhaft war, als es zum Adjunct gewählt wurde.

Die *Adjuncti*, mit denen zusammen das Collegium eigentlich zwei hundert und zehn ausmacht, wurden im Jahr 1720 zuerst gewählt und zu den Subdiaconen gerechnet, vorzüglich wohl in der Absicht, um die Zahl der versammelten Bürger auf den Conventen der Bürgerschaft, die damals selten vollständig wurden, zu ergänzen. Ihre Pflicht ist es, jedesmal in den Bürgerversammlungen zu erscheinen, wenn sie nicht durch unvermeidliche Hindernisse abgehalten werden, in welchem Falle sie, wie alle Mitglieder dieses Collegiums, es dem präsidirenden Oberalten in einem eigenhändig geschriebenen Billet anzeigen und eidlich die Wahrheit der Verhinderung versichern müssen.

Das Collegium der Oberalten besteht aus funfzehn Mitgliedern und ist eins der wichtigsten im hamburgischen Staate. Als Männer, grau geworden in der Verwaltung öffentlicher Geschäfte, sind sie der Rechte und Pflichten der Bürger und der einzelnen Collegia, der allgemeinen Verfassung des Staats und der Verhältnisse der einzelnen Theile gegen einander durchaus kundig. Sie sind gewissermaassen die Mittler zwischen dem Senat und der Bürgerschaft und können ungefähr mit den Volkstribunen der alten Römer verglichen werden.

Sie haben vor jedesmaligem Bürgerconvent dem Collegium der Sechsziger und Hundert und Achtziger den Vortrag bekannt zu machen, den der Senat thun will.

Zu diesem Entzweck versammeln sich die Oberalten vorher und unterrichten sich auf die Weise von der Sache, über welche berathschlagt werden soll, ehe sie in die grosse Versammlung der erbgesessenen Bürgerschaft treten.

Der Senat muss vor jeder Versammlung der Bürgerschaft mit den Oberalten gemeinschaftlich darüber conferiren, ob es für das gemeine Wohl nützlich und nothwendig sey, dass die Bürgerschaft zusammenberufen werde?

Die Bürgerversammlungen finden gewöhnlich Donnerstags Statt, weil an diesem Tage die wenigsten Posten abgehen und ankommen und die Kaufherren folglich durch ihre Geschäfte nicht so sehr gehindert werden, zu erscheinen. Nur in ausserordentlichen Fällen wird ein anderer Tag zur Bürgerversammlung gewählt.

Der Convent fängt des Morgens um *neun* Uhr an und darf nicht länger als bis Abends *zehn* Uhr dauern. Die Verhandlungen geschehen auf folgende Weise.

Mit dem Schlage *neun* tritt das Collegium der Oberalten, Sechsziger und Hundertachtziger aus

4*

seinem Versammlungszimmer, in schwarzer Kleidung und schwarzen Mänteln in den grossen Saal,
in welchem sich der Senat und die Bürgerschaft einfinden. Die Thüren des Rathhauses werden — ehemals
wurden es auch die Stadtthore — geschlossen, und
die Schlüssel dem Senat überliefert. Die Zugänge
zum Rathhause sind mit einzelnen Wachtposten,
um Störung zu verhüten, besetzt. Das Rathhaus
wird nicht eher wieder geöffnet, die Wachen nicht
eher abcommandirt, als bis die Versammlung zu Ende
ist. Nur Jemand der plötzlich krank würde,
könnte herausgelassen werden.

Der Senat hat in der Versammlung den Vortrag und kein Bürger darf sich weigern, denselben
anzuhören. Auch hat kein Collegium die Macht,
den Senat zu hindern, vorzutragen was ihm beliebt, oder ihn zu zwingen die Bürger zusammen
zu berufen, wenn er es nicht für nöthig hält.

Ehe der Senat den Vortrag thut, lässt er
vorher durch einen aus seiner Mitte anfragen,
ob die Bürgerschaft vollständig sey, das heisst,
zahlreich genug, um seinen Vortrag anzuhören.
Dies ist sie, wenn die Zahl nicht unter zweihundert bleibt. Diese Frage beantwortet der präsidirende Oberalte entweder bejahend oder ver-
neinend.

Im ersten Falle macht der präsidirende Bürgermeister den Vortrag. Er wird mit allen seinen
Nebenpunkten verlesen und fünf Abschriften davon

mit allen Beilagen werden an die Bürgerschaft abgegeben. Hierauf entfernt sich der Senat wieder.

Der präsidirende Oberalte giebt den vier ältesten Oberalten der andern Kirchspiele eine Abschrift von dem Vortrage des Senats und diese treten nun mit den Bürgern ihrer Kirchspiele in ein besonderes Zimmer.

Wenn jedes Kirchspiel sich in sein bestimmtes Zimmer begeben und jeder Anwesende Platz genommen hat, werden Alle gezählt und Namen, Gewerbe und Wohnort eines Jeden von dem präsidirenden Oberalten aufgeschrieben.

Dieser lieset hierauf nochmals den Aufsatz mit allen Beilagen vor, und lässt über jeden Punct besonders, die Anwesenden der Reihe nach, ihre Meynung sagen. Die Stimmenmehrheit giebt den Beschluss des Kirchspiels ab, welcher niedergeschrieben, vorgelesen und in das Protocoll des Kirchspiels eingetragen wird.

Auf diese Weise werden alle einzelnen Puncte des Vortrags nach einander vorgenommen, darüber gestimmt, die Stimmen aufgezeichnet, wieder vorgelesen, und so die Sache in jedem Kirchspiel entschieden.

Niemand darf beim Notiren dem Andern vorgreifen. Keiner darf sich spöttischer oder anzüglicher Bemerkungen über das Votum eines Andern schuldig machen und Jeder muss seine Willensmeynung in möglichster Gedrängtheit und Kürze sagen und niederschreiben lassen.

Niemand darf bei funfzig Couranthalern Strafe ein andres Berathschlagungszimmer als dasjenige seines Kirchspiels betreten; eben so wenig das seinige verlassen, so lange die Versammlung dauert. Aehnlicher Vorschriften giebt es mehrere, auf deren Befolgung streng gehalten wird, die jedoch hier alle anzuführen, zu weitläuftig seyn würde.

Verlangt der Senat die Protocolle einzelner Kirchspiele zu sehen, so darf ihm dies keinesweges verweigert werden.

Haben endlich auf solche Weise alle Kirchspiele ihren Schluss gefasst, so kommen sie wieder an dem gemeinschaftlichen Versammlungsorte zusammen. Alle Beschlüsse werden nach der Reihenfolge der Kirchspiele verlesen. Ist dies geschehen, so gehen die Oberalten nebst den ältesten Graduirten und den fünf Diaconen in ein andres Zimmer (wohl *die Schreiberei* genannt), wohin ausser ihnen kein anderer Bürger, ebenfalls bei funfzig Couranthalern Strafe, mitgehen darf. Hier wird der Sinn der Beschlüsse nach dem wörtlichen Inhalte ausgezogen und demnach das Resultat der meisten Stimmen der gesammten Bürgerschaft durch den Secretär der Oberalten, der zugleich Actuarius der Bürgerschaft ist, aufgezeichnet. Dies wird nun in dem allgemeinen Versammlungssaale vorgelesen und dem Senat übergeben.

Wenn der Senat mit der erbgesessenen Bürgerschaft über die obwaltende Sache gleicher Meynung ist, so wird dieser Rath- und Bürgerschluss so lange als *Gesetz* betrachtet, bis ein späterer Rath- und Bürgerschluss solches Gesetz aufhebt.

Trägt der Senat etwas vor, welches die erbgesessene Bürgerschaft nicht bewilligt, so kann der erstere die Sache ein andermal vortragen. Versagt aber der Senat den Beschlüssen der Bürgerschaft seine Einwilligung, so müssen die Punkte, über welche diese beiden Hauptcollegia nicht einig sind, von dem *Senate* und den *Sechszigern* in Ueberlegung gezogen werden. Der Senat verständigt sich in diesem Falle mit den Sechszigern, indem er die Ursachen detaillirt, warum er seine Zustimmung versagen müsse und auf die Art suchen der Senat und die Sechsziger sich zu vereinigen.

Der Senat kann in kritischen Fällen die Kirchspiele sogleich wieder zusammen treten lassen, ohne die Versammlung erst aufzuheben. Wird dies nöthig, so lässt der Senat die erbgesessene Bürgerschaft wieder konvociren und trägt die Resultate der gehabten Verhandlungen nochmals vor, wo dann gewöhnlich eine Vereinigung beider Partheien die Schlussfolge ist.

Sollte der seltene Fall eintreten, dass der Senat und die Sechsziger sich durchaus nicht vereinigen könnten, so muss der Senat den streitigen Punkt den *Hundert und Achtzigern* vorlegen. Können auch diese die getheilten Meinungen nicht vereinbaren, so muss der Senat die Sache der gesammten Bürgerschaft noch einmal proponiren.

Bliebe diese auch bei ihrem ersten Schlusse, so
könnte sie doch vom Senate keine ausdrückliche
Einwilligung fordern, sondern müsste sich allenfalls
damit begnügen, dass dieser erklärte, er wolle die
Sache aus Liebe zum Frieden ruhen lassen u. dgl. —

Könnten aber Rath und Bürgerschaft überall
in irgend einer Sache nicht einig werden, so müsste
die Unentschiedenheit durch eine ausserordentliche
aus beiden Behörden zu erwählende Deputation,
die zuvor einen Particulareid zu leisten hat, erläu-
tert und zu einem vergleichenden Beschluss erhoben
werden. Gegen den Ausspruch solcher Deputation
dürften dann weder Rath noch Bürgerschaft etwas
einzuwenden haben, indem der Beschluss solcher
Deputation ohne Widerrede als Gesetz des ganzen
Staats anzunehmen und in Ausübung zu bringen ist.

Die Gegenstände, die der versammelten Bürgerschaft vorgelegt werden, sind von mancherlei
Art. Fragen über Abfassung neuer, nothwendig
scheinender Gesetze, Vestsetzung und Errichtung
bürgerlicher Abgaben, Forderungen fremder Mächte,
öffentliche Bauten u. s. w.

Wenn der Senat durch seinen Ausspruch irgend
einem Bürger gegen die buchstäbliche Auslegung
eines Artikels der Grundverfassung Unrecht gethan
hätte, und wofür der Bürger sich Genugthuung
verschaffen mögte, so müsste derselbe sich an die
Oberalten wenden. Würde dadurch die obwaltende
Sache nicht ausgeglichen, hätte er seine Klage an
die Sechsziger und endlich an die Hundertachtziger

einzureichen, bis der Zwist durch Stimmenmehrheit geschlichtet seyn würde.

———

Die Gerechtigkeitspflege in der Stadt wird von folgenden Gerichtsbehörden verwaltet.

1) *von zweien Stadtprätoren*, einem Hausgerichte, dessen Zweck ist, allerlei Streitigkeiten zu deren Entscheidung keine tiefe Rechtsgelehrsamkeit erfordert wird, sobald als möglich abzumachen. Man nennet solche Processe herkömmlich *Dielenprocesse* und die dabei plädirenden Sachwalter, die keineswegs Rechtsgelehrte zu seyn brauchen, *Dielenprocuratoren.*

2) *von den Patronen* der Klöster St. Johannis, von den Hospitälern St. Georg und dem heil. Geist und von den drei Landherren der Vorstädte Ham und Horn, und vom Hamburgerberge, und von den Ortschaften Bill- und Ochsenwärder. (Die Bewohner dieser Umgegenden Hamburgs haben mehr oder weniger ihr eigenes *Landrecht.* Zwei Senatoren sind allemal Landherren in Bill- und Ochsenwärder; ein Senator ist Landherr in Ham; einer auf dem Hamburgerberge. Zwei andere Rathsglieder haben die Gerichtsbarkeit in den weiter im Holsteinischen gelegenen hamburgischen Dörfern und heissen *Waldherren.* Die Landherren sind für die Landleute eben das, was die Prätoren den Stadtbewohnern sind.)

3) *von dem Niedergericht,* (das aus *zwei Gerichtsverwaltern* oder *Prätoren,* welche in diesem

Gerichte den Vorsitz haben, und aus *eilf* von dem Senate verordneten Personen von der Bürgerschaft. Die beiden Prätoren sind Mitglieder des Senats. Eigentlich sind in Hamburg immer drei Rathsglieder *Prätoren*, jedoch nur der erste und zweite Prätor sind Präsidenten des Niedergerichtes.)

4) *von dem Obergericht,* einer höhern Behörde, als der ebengenannten. Das Obergericht entscheidet zugleich in Civil- und Criminalfällen.

5) *von dem Oberapellationsgericht* der vier freien Städte, *Lübeck, Frankfurt, Hamburg und Bremen.* (Ein neuorganisirter, in Folge de s 12ten Artikels der Bundesacte vom 8. Juny 1815 provisorisch bewilligter Gerichtshof, der zu Lübeck seinen Sitz hat. Er besteht aus *einem Präsidenten, sechs Räthen, einem Sekretär* und den erforderlichen *Canzelisten* und *Gerichtsboten.* Er entscheidet in Civil- Policei- und Criminalsachen, und ist als die letzte Instanz der Obergerichte der freien Städte als competent anzusehen.)

6) *von dem Handelsgerichte* (einem zu Ende des Jahrs 1815 in Hamburg errichteten Tribunale, das in allen und jeden Streitigkeiten, die nur im entferntesten Sinne einen *Handelsgegenstand* betreffen, als ein competentes Gericht zu würdigen ist. Es erstreckt sich die Jurisdiction dieses Gerichtshofes auch auf das Gebiet der Stadt mit Ausnahme des Amtes Ritzebüttel, und besteht aus *einem Präsidenten, einem Vicepräsidenten, neun Richtern, einem Actuar, dessen Substituten* und den erforderlichen

Schreibern und *Gerichtsboten.* Das Gericht, dessen Präses, Vicepräses, Richter, Actuar und Substituten, dem Senat einen Amtseid schwören, richtet nach hamburgischen Gesetzen, Rechten und rechtlichen Gewohnheiten.)

7) *von der Policeibehörde* (einer provisorischen Behörde, die unter der Leitung zweier Mitglieder des Senates steht, und die wie ihre Benennung andeutet, für die innere Ruhe und Sicherheit der Stadt die nöthigen Maassregeln ergreift.)

8) *von der Wedde* (einem besondern Collegium, das über die gehörige Beobachtung der Gesetze zu wachen hat, welche zur Einschränkung eines übertriebenen oder gar unziemlichen Aufwandes und zur Erhaltung äusserer Ordnung bei besondern Privatfeierlichkeiten u. s. w. gegeben worden sind. Vier Senatoren sind allemal *Weddeherren.* Dem Vernehmen nach dürfte diese letzte Behörde mit der Policeibehörde künftig in nähere Verbindung gebracht werden.)

———

Die Stadt Hamburg hat ihre Grösse und ihren Reichthum, dem Kunstfleiss und namentlich dem Handel zu danken. Ihren Handel aber verdankt sie ihrer vortheilhaften örtlichen Lage und besonders ihren bürgerlichen Freiheiten. Durch diese Freiheiten ist jeder Bürger in seinen Geschäften uneingeschränkt und kann seine Speculationen bis ins Unendliche verfolgen, sobald sie nur nicht den

Grundsätzen des Rechts und den darauf gegrün-
deten Gesetzen des Staates entgegen sind.

Alle allgemeinen Handelsangelegenheiten,
alle streitigen Fälle, die im Gange der Geschäfte
vorfallen, wozu eine öffentliche Autorität in Verbindung mit Sachkunde und Erfahrung erfordert
wird, sind einem besondern Collegium übertragen.

Dieses heisst das *Commerzcollegium* und besteht aus sieben sogenannten *Altadjungirten* und
sieben *Deputirten,* welche sämmtlich erfahrene Kaufleute seyn müssen, *einen* Deputirten ausgenommen,
der ein Schifferalter ist.

Für die Unterhaltung der Börse und was mit
diesem Geschäft in Verbindung steht, sorgt ein
anderes Collegium, welches aus vier Senatoren besteht, von denen zwei Gelehrte und die beiden
andern Kaufleute seyn müssen, die diese Stellen ein
Jahr lang bekleiden; ferner aus zweien Mitgliedern
der in den ältesten Zeiten Hamburgs gleichsam in
der Kindheit der Seefahrt entstandenen hamburgischen Handelsgesellschaften, als: *der Flanderfahrer-
Gesellschaft, der Englandsfahrer-* und *Schoonenfah-
rer-Gesellschaft,* welche zusammen die *Börsenalten*
genannt werden. Es heisst, dass diesem Collegium
eine Veränderung bevorstehe.

Die Angelegenheiten der hamburgischen *Bank*
stehen unter der Aufsicht zweier Senatoren, zweier
Oberalten, zweier Cämmereibürger, fünf anderer
Bürger und zweier Deputirten des Commerciums.

Diese letzteren müssen bei Abschliessung der Rechnungen gegenwärtig seyn.

Ein anderes Collegium, *die Haven*- und *Schifffahrtsdeputation* benannt, sorgt für die Erhaltung der Schiffbarkeit und Sicherheit des Fahrwassers der Elbe, für die Unterhaltung des Lootsenwesens u. s. w.

Die grosse Manchfaltigkeit der hamburgischen Handelsgeschäfte, hat hier so wie in andern grossen Handelsstädten, eine Classe von Leuten nothwendig gemacht, die als genaue Kenner der verschiedenen Waarenartikel, von Käufern und Verkäufern als zuverlässige und von der Obrigkeit beeidigte Mittelspersonen den Handel zwischen Beiden zu schliessen, gebraucht werden. Man nennt sie *Mäkler* oder *Makler* *). Ueber ihr Betragen und die rechte Beobachtung der ihnen gegebenen Vorschriften und Gesetze, die unter dem Namen *Maklerordnung* bekannt sind, wacht ein Collegium von vier Senatoren, zweien Oberalten und sechs Bürgern.

---

*) Vielleicht nach dem holländischen: „*Maakelaar*" (*Macher*; Einer der eine Sache abmacht, oder zu Stande bringt). Sind doch die Ausdrücke: „Ich habe heute wenig *gemacht*;" „Auf London ist nichts zu *machen* etc. üblich an unserer Börse. Das uncorrecte Wort *mäkeln* für *tadeln*, oder *bekritteln*, scheint eher von dem Sachwort *Makler* hergenommen zu seyn, als dieses von jenem.

Diejenigen Bürger, welche die öffentlichen
Einkünfte des Staats berechnen und zu den be-
stimmten Ausgaben verwenden müssen, heissen
Cämmereibürger. Ihrer sind zehn, welche dies
Amt auf *zehn* Jahre — früher auf *sechs* Jahre ver-
walten und nur dem Senate Rechnung abzulegen
schuldig sind. Jeder Bürger der die erforderliche
Zeit hindurch dieses Amt verwaltet hat, ist am
Schluss seiner Amtsführung von jedem andern bür-
gerlichen Stadtgeschäfte befreiet.

Alle hier aufgezählten bürgerlichen Ehrenämter
werden von den Bürgern unentgeldlich verwaltet.
Nur die Mitglieder des Senates, die Oberalten, die
Richter etlicher Gerichtshöfe und angestellte Sub-
alternen haben bestimmte Einkünfte.

Etliche Stadtbedienungen die mit ungewissen
Einkünften verbunden seyn können, wurden gewöhnlich an den Meistbietenden verkauft; doch
hat dies Verfahren in neuern Zeiten der Einschränkungen manche erlitten.

Jeder Bürgerssohn, jeder Fremde, der in
Hamburg ansässig, in einem Amte Meister werden,
oder Handel treiben will, wie auch jeder Einge-
borne, der im Begriff ist, sich zu verheirathen,
muss *Bürger* werden.

Um das Bürgerrecht in Hamburg zu erhalten,
ist erforderlich, dass Einer beweisen könne, er sey
weder von Adel, noch ein Wende, noch Leibeigner;
dass er sich ferner zu einer der drei christlichen
Religionspartheien bekenne und endlich mit den

erforderlichen Waffen und der dem Bürgermilitär
vorgeschriebenen Uniform versehen, und nicht schon
Bürger einer andern Stadt sey.

Es giebt in Hamburg zweierlei Arten des
Bürgerrechts, das grosse und kleine.

Das *grosse Bürgerrecht* muss jeder haben,
der einen beträchtlichen Handel treibt und die
Börse besucht, der offene Gewölbe und Waaren-
lager besitzt, oder eine grosse Waagschale zu seinen
Handelsartikeln gebraucht.

Das *kleine Bürgerrecht* ist hinreichend für
diejenigen, welche der eben erwähnten Gegenstände zu ihrem Gewerbe nicht bedürfen, als Gelehrte, Künstler und Handwerker.

Das grosse Bürgerrecht erkauft man für
150 Mark Species; das kleine für 40 Mark neu
Courant.

Söhne hamburgischer Bürger bezahlen überhaupt 20 Mark Species für die Erlangung des
Bürgerrechts und geniessen alsdann alle Vorrechte
der Gross- und Kleinbürger zugleich.

Der Freytag ist durch Herkommen und Gebrauch bestimmt, diejenigen, welche Bürger werden wollen, auf dem Rathhause dazu anznneh-
men. Fremde hingegen müssen sich Mondtags bei
dem Bürger-Protocoll-Schreiber Jacobsen, Altonaer-
thor No. 59. melden. Dann werden sie am Frey-
tage von dem Rathsschenken in das Versammlungszimmer des Senats geführt, wo ihnen vom
präsidirenden Bürgermeister der Bürgereid vor-

gelesen wird, den sie mit aufgehobenen Fingern beschwören müssen. Nach geendigtem Act werden sie von dem Rathsschenken wieder aus dem Zimmer geführt, und jedem zum Beweise seines erworbenen Bürgerrechts der *Bürgerzettel* ertheilt. Dies ist das gedruckte Formular des *Bürgereides* unter welches der Secretär eigenhändig die Worte schreibt:

„N.N. hat obigen Eid abgestattet und die „Gebühr entrichtet. Actum Hamburg u. s. w.

Religionsverwandte, denen ihre Glaubensmeynung es verbietet, einen *Eid* zu leisten, legen in die Hand des Bürgermeisters das Versprechen ab: „Was mir vorgelesen worden, demselben will ich „getreulich nachleben, bei *Mannen Wahrheit.*"

Diejenigen Institute und Anstalten welche ausser der Gerechtigkeits- und Policeipflege in Hamburg noch zur Beförderung der innern Sicherheit nothwendig sind, werden vom Senat und der Bürgerschaft gemeinschaftlich besorgt und unter deren Aufsicht verrichten die angestellten Officianten jeder besondern Anstalt ihre Geschäfte.

Die wichtigste dieser Anstalten ist unstreitig die *Feuerlöschungsanstalt*, die von *sieben* Senatoren und *fünf* Bürgern aus jedem Kirchspiel verwaltet wird. Zwei dieser Bürger sind allemal

Brandschauer, welche bei jeder Feuersbrunst, die in ihrem Kirchspiele entsteht, gegenwärtig seyn müssen.

Zur Versicherung der Gebäude ist unter öffentlicher Autorität eine *Feuercasse* errichtet, bei welcher jeder Hauseigenthümer sein Erbe nach dem Werth desselben versichern lässt. Sie steht unter der Aufsicht von zweien Senatoren, zweien Oberalten, zweien Cämmereibürgern und zweien Bürgern aus jedem Kirchspiele.

Die hamburgischen Feuerlöschungsanstalten sind musterhaft und werden schwerlich von irgend einer andern übertroffen. Es sind mehr als *dreissig* Spritzen vorhanden, die vermittelst des trefflichen Mechanismus ihres Druckwerks den Wasserstrahl bis auf hundert Fuss hoch treiben. Ausser diesen sind neun sogenannte Wasserspritzen, auf breiten Kähnen erbauet, in den Kanälen vertheilt, welche zu Wasser an den Ort der Gefahr gebracht werden. Die Bauart der ersteren ist so bequem eingerichtet, dass sie auch in die engsten Gässchen (nur sehr wenige ausgenommen) gebracht werden können. Sie ruhen auf einem Gestell mit vier Rädern und werden von Menschen gezogen.

Bei jeder Spritze sind zwanzig Mann angestellt. Zwei von diesen heissen Commandeure. Zwei haben die Leitung der Rohrschläuche unter sich getheilt und führen den Namen Rohrleiter. Diese haben unter allen den gefährlichsten Posten, weil sie sich dem Feuer am meisten nähern müssen.

Die andern bringen das Pumpenwerk in Bewegung, welches das Wasser in die Schläuche treibt und helfen auf jede andere Art zum Vortheil des Ganzen.

Das Wasser wird jeder Spritze durch eine andere Maschine von ähnlicher Einrichtung, ununterbrochen in Schläuchen zugetrieben. Diese Maschinen heissen Zubringer; sie ziehen das Wasser aus den Kanälen, die der Brandstelle am nächsten sind, oder aus grossen Kufen, in welchen es auf Wasserwagen herbeigeführt wird, gleichfalls durch Schläuche und vermittelst eines Druckwerks.

Die zu diesem Geschäfte bestimmten Leute heissen Spritzenleute. Sie tragen bei der Arbeit Bleikappen, welche mit der Nummer ihrer Spritze gezeichnet sind, und weisse leinene Kittel. Es werden die stärksten, robustesten und herzhaftesten Menschen hierzu ausgewählt, und die ganze Anzahl der bei den Feuerlöschungsanstalten angestellten Individuen beträgt 650.

Zwei Reservespritzen und acht tragbare Handspritzen, die zum Nachlöschen dienen, nebst dreizehn Maschinen, die bei den Brunnen gebraucht werden, machen mit den genannten Spritzen u. s. w. die Zahl sämmtlicher Werkzeuge aus, welche man in Hamburg unterhält, um Feuersbrünste schnell und sicher zu löschen.

Von den Spritzenleuten müssen Nachts zur Winterzeit sechszig Mann die Gassen durchstreifen, um wenn irgendwo eine Feuersgefahr droht, sogleich bei der Hand zu seyn. Sie geben durch das Klappern mit langen Stöcken auf den Pflastersteinen ihre Wachsamkeit kund. Auch im Sommer bei grosser Dürre, oder wenn anhaltende Ostwinde das Wasser aus den Canälen getrieben haben, verrichten sie diesen Dienst, für welchen sie besonders bezahlt werden.

Die Nothsignale bei entstandenen Feuersbrünsten sind: Sturmgeläute, Lärmblasen von den Kirchthürmen und ein dreimaliger Musketenschuss gewisser auf Schildwache stehenden Soldaten. Zur Nachtzeit ruft der Nachtwächter, sobald die Sturmglocke angezogen wird, in den Gassen mit lauter Stimme Feuer! Feuer! und rasselt die Leute mit einer Knarre aus dem Schlaf auf. Alles ist dann augenblicklich in Bewegung. In den Hauptgassen stellt jeder Hausbewohner ein brennendes Licht ans Fenster des untersten Stocks. Der Senat versammlet sich auf dem Rathhause. Die Spritzenleute spannen sich vor die Spritzen und begeben sich schnell an den Ort der Gefahr, wo die zuerst ankommende Spritze eine Prämie von 30 Mark erhält. Die Trommel wird gerührt, die *Bürgermilitärwachen* ziehen auf. Das Stadtmilitär verfügt sich auf die Lärmplätze, das reitende Militär gallopirt durch die Gassen, um die Rapporte an das Rathhaus zu bringen. Die *Brandschauer* begeben sich an den Ort der Feuersbrunst, um Zeugen der Gefahr zu seyn und durch ihre Autorität die Löschungs- und Rettungsanstalten zu befördern. —

Die Unruhe währt eine Stunde, bald ist das Feuer gelöscht und alles ist wieder still.

Feuersbrünste sind in Hamburg sehr häufig. Die Ursachen sind nicht schwer aufzufinden. Man bauet hier die Häuser in der Regel sehr leicht. Gewöhnlich werden sie von Holzwerk errichtet, und die Fächer mit Backsteinen ausgemauert. Sorglosigkeit und Unachtsamkeit in der Behandlung feuerfangender Materialien herrschen fast überall. Besonders hat *der* Umstand, dass man in den hiesigen zahlreichen Assecuranzcompagnien seine Mobilien gegen eine Kleinigkeit versichern lassen kann, wohl oft schon schlechtdenkende Menschen veranlasst, ihre Häuser selbst in Brand zu stecken, um eine namhafte Geldsumme zu erhalten und durch solche schlimme Finanzspeculation auf eine leichte Art ihre vernachlässigten Angelegenheiten in Ordnung zu bringen. Seit einigen von der Obrigkeit erschienenen geschärften Verordnungen und von ihr veranlassten strengen Untersuchungen solcher Verbrechen, hat das Unwesen sich merklich vermindert.

———

Die hiesigen Anstalten zur Versorgung der Armen sind, gleich den Löschanstalten bei Feuersgefahr, durch ganz Europa berühmt und haben schon oft als Norm zur Organisirung ähnlicher Einrichtungen gedient.

Die jetzt bestehende *Armenordnung* verdankt ihre Existenz grösstentheils den Vorschlägen und

Plänen der verstorbenen edlen Bürger, *Büsch*, *Günther*, *Sieveking* und *von Voigt*.

Ihre Einführung wurde im Jahre 1788 durch Rath- und Bürgerschluss bewilligt. Seit jener Zeit ist sie in Thätigkeit, und es wird jetzt kein Bettler in der Stadt und deren Gebiete geduldet.

Alles was zur Cathegorie der Armenversorgung gehört, ist einer besondern Deputation, unter dem Namen des *grossen Armencollegiums* anvertrauet. Dies besteht aus fünf Senatoren, zweien Oberalten und ein und zwanzig deputirten Bürgern.

Ausser diesen beständigen Mitgliedern haben die temporären Gotteskastenverwalter der fünf Hauptkirchen und die Provisoren des Waisenhauses, Krankenhofes und Zuchthauses Sitz und Stimme im grossen Armencollegium.

Das *kleinere Armencollegium* wird durch zwei Oberalte und zehn Deputirte der Bürgerschaft gebildet.

Um die Geschäfte, die in Rücksicht dieses Instituts vorfallen, möglichst zu erleichtern, ist die Stadt in fünf Hauptbezirke abgetheilt worden, und diese wieder in zwölf Armenquartiere. Jeder dieser fünf Hauptbezirke hat zwei *Armenvorsteher*. Diese beiden haben jene zwölf Quartiere zu besorgen; ihnen kommen die *Armenpfleger* bei der Anschaffung der Bedürfnisse ihrer Quartiere zu Hülfe.

Die Armenpfleger sind verpflichtet, sich nach dem Character, dem Rufe und dem Zustande der in ihrem Quartier sich befindenden Armen zu erkundigen. Nachdem sie sich zugleich von ihrem Gesundheitszustande, ihrer Arbeitsfähigkeit und der wahren Beschaffenheit ihrer Lage unterrichtet haben, beurtheilen sie, auf welche Art ihnen zu helfen sey. Auf besonders zu diesem Zweck gedruckten Bogen in tabellarischer Form, zeigen sie das Alter, den Stand und die Gesundheitsumstände des Armen und seiner Familie an, wobei sie, wo möglich, die Ursachen seiner Verarmung aufzufinden suchen, und zugleich Nachrichten von seinem moralischen Character mittheilen, um durch diese Data der Handlungsweise des grossen Collegiums, in Absicht jedes einzelnen Individuums, einigermaassen die gehörige Richtung zu geben.

Das Armencollegium verfolgt vorzüglich *den* Zweck, Mittel aufzufinden und zu veranstalten, wodurch den Armen die Erwerbung ihrer Bedürfnisse erleichtert und die Arten ihrer Beschäftigung vervielfältigt werden. Deswegen untersuchen die Armenpfleger vor allen Dingen, zu welcher Arbeit die männlichen oder weiblichen, erwachsenen oder unerwachsenen Armen, welche Hülfe begehren, am meisten geschickt sind, und empfehlen sie in ihren Berichten an die Vorsteher zu denjenigen Beschäftigungen, die ihnen ihren Umständen und Fähigkeiten am angemessensten scheinen. —

Der Armenpfleger muss, so oft es die Umstände erheischen, die seiner Aufsicht untergebenen Armen in ihren Wohnungen besuchen. Er muss dafür sorgen, dass den unwürdigen und durch gelinde Mittel nicht zu bessernden, die bewilligte Unterstützung entzogen, und sie im Zuchthause zu nützlicher Beschäftigung durch Einsperrung und körperliche Züchtigungen mit Gewalt gezwungen werden.

Die intellectuelle Bildung der Armenkinder setzt die Anstalt keinesweges aus den Augen.

Die Kinder werden unentgeldlich in der Religion, im Rechnen, Zeichnen u. s. w. unterwiesen. Die Fleissigen bekommen Aufmunterungsprämien und die arbeitende Classe erhält ihre Arbeiten verhältnissmässig bezahlt.

Kranke Arme werden durch die von der Armenanstalt besoldeten Aerzte unentgeldlich behandelt. Man hat eine besondere *Pharmacopoea pauperum*, nach welcher die Arzeneien dispensirt werden.

Nach einem alten hamburgischen Gesetze darf eigentlich Niemand einem Gassenbettler ein Almosen geben, bei 5 Thalern Strafe, wovon der Bettler die Hälfte bekömmt, wenn er die Person anzeigt, von der er eine Gabe erhalten hat. Indessen neue Zeit bringt neue Ordnung mit. Seit geraumer Zeit hat man von einem solchen Strafvorfall nichts vernommen, wohl aber hat es an Gassenbettlern eben nicht gefehlt, und so streng die obenerwähnte Maassregel auch bei'm ersten Anblick zu seyn scheint, so wäre doch zu wünschen, dass sie gehörig modificirt wieder in Anwendung gebracht würde. Wer wohlthätig seyn will, spende seine Gaben den öffentlichen Armenanstalten Hamburgs, wo der hülflose Arme alsdann um so eher eine billige Unterstützung zu gewärtigen hat. Tagdiebe zu füttern, Säufer und Schlemmer in ihrem Schandleben durch milde Gaben, die man ihnen ohne nähere Prüfung reicht, in ihrem Lasterleben zu bestärken streitet mit den Grundsätzen eines sorglichen Hausvaters und Bürgers.

———

Bis zu der Periode, wo Hamburg auf eine Zeitlang dem grossen Bonapartischen Reiche als *bonne ville* einverleibt wurde, unterhielt Hamburg zur Stadtwache ein Regiment *Infanterie* von etwa 1800 Mann, ein kleines Corps *Dragoner* 70 bis 80 Mann stark und eine Compagnie *Artilleristen.* Jenes Militär war wohl montirt und exercirt; besonders gab es unter den *Grenadieren* vorzüglich schöne Leute, die grösstentheils einen wirklichen Soldatenpli hatten und himmelweit von jenen jämmerlichen Carricaturgestalten unterschieden waren, die man in anderen ehemaligen deutschen Reichsstädten, als unglückselige Mitteldinger zwischen Spiessbürgern und Soldaten auf die Wache ziehen sah. Eine vorzüglich bessere Einrichtung verdankte jene Stadtmiliz den Bemühungen des vormaligen Stadtcommandanten, dem General von *Quernheim,* welcher vorher in hannöverischen Diensten stand. Die Uniform der Stadtmiliz war roth mit blauen Rabatten, die Unterbekleidung weiss. Sey das Neue immerhin zweckmässig und besser, so soll man es doch nicht auf Kosten des Alten und Vergangenen loben.

Gegenwärtig besteht Hamburgs Stadtmiliz in einer Auswahl von Individuen die zum Theil in Diensten der hanseatischen Legion standen, und zwar aus einem Regiment *Infanterie* von 850 Mann, dessen Vermehrung bis auf 1300 Mann im Werke ist, ferner aus einem *Cavalleriecorps* von 60 bis 70 Mann und aus einer Compagnie *Artilleristen* 60 Mann stark. — Die Infanterie besteht aus *sechs* Compagnien, die jede ihren Capitän, zwei Oberlieutenants und einen Unterlieutenant hat. Der Staab der Garnison besteht aus sieben Mitgliedern, einem Major, einem Capitän, einem Adjudanten, einem Auditeur, einem Garnisonsarzt, einem Garnisonschirurgen und einem Capitän beim Montirungswesen.

Ein Theil der innern Stadtbewachung ist dem *Bürgermilitär* anvertrauet. Dies Militär bildete sich 1815 aus der im Bedrückungsjahre 1813 im Februar und Märzmonat errichteten Bürgergarde und theilt sich in 8 Bataillone, wozu die wehrhaften Bürger auf dem ganzen hamburgischen Gebiete mitzuzählen sind.

Das Bürgermilitär steht unter dem Patronat des ältesten Bürgermeisters, zweier Senatoren, eines Obristlieutenants und sechs Staabsoffizieren, die zusammen die *Commission* des Bürgermilitärs bilden

Die *sechs* ersten Bataillone (aus dem Innern der Stadt genommen) theilen sich jedes in 8 Compagnien, deren jede ihre Capitäne, ihre drei Lieutenants und ihren Feldwebel hat. Das *siebente* Bataillon umfasst die Bewohner der Vorstadt St. Georg und deren Gebiet und theilt sich in *sechs* Compagnien. Das *achte* Bataillon umfasst die Bewohner der hamburgischen Besitzungen an und auf der Elbe, und theilt sich wie die *sechs* ersten ebenfalls in *acht* Compagnien.

Ausserdem zählt das Bürgermilitär *ein 5 Compagnien starkes Jägerbataillon* und *ein Cavalleriecorps*.

Jeder Bürger und Bürgerssohn in Hamburg ist vom 18ten bis zum 45sten Jahre verpflichtet den Dienst bei diesem Bürgermilitär zu versehen, das gleich dem geregelten Militär sein eigenes Kriegsgericht und seine regelmässigen allgemeinen Waffenübungen hat.

———

Die *Garde des Senats*, oder die sogenannten *reitenden Diener* bilden ebenfalls ein kleines, militärisch bewaffnetes Corps von 16 Mann, dass bei einigen feierlichen Gelegenheiten gebraucht wird. Diese Leute mit ihren chamäleontischen Verwandlungen gewähren einem Fremden den frappantesten Anblick. Bald erscheinen sie als Dragoner gerüstet, mit Ober- und Untergewehr zu Pferde, und haben ein ganz martialisches Ansehen; bald erblickt man sie in grossen, runden Perücken und in schwarzer spanischer Tracht mit weiten Pluderhosen, kurzen, gefalteten Mänteln und ungeheuer grossen, weissen Halskrausen, als Leichenträger; bald sind sie in Qualität der Hochzeitbitter, Boten der Freude, und gehen als Elegants, en escarpins, in galonirten Röcken gekleidet, schön frisirt mit Degen und Chapeau - bas.   Die reitenden Dienerstellen waren ein nicht uneinträgliches Amt und wurden früher für eine Summe von 20 und mehrern tausend Mark erkauft.   Doch haben auch sie in neuerer Zeit den Wechsel der Mode nur allzusehr erfahren und finden in ihrem Amte nicht so wie ihre Vorgänger eine Goldgrube.

———

Zur Aufrechterhaltung der nächtlichen Sicherheit ist *ein* Corps *Nachtwächter* bestimmt, das besonders in neuerer Zeit auf ganz militärischen Fuss eingerichtet ist, mit Ober - und Untergewehr die Wache bezieht und bei Nacht mit Lanze und Schnarre, die Stunden rufend paarweise durch die Strassen patrouillirt.

Dies Corps besteht aus etwa 500 Mann, wird von einem Capitän und fünf Lieutenants befehligt und ist gleichsam die Garde der Stadtpolicei.

———

Dies wäre eine gedrängte Uebersicht der Regierungsform und des Ganges der innern Staatsgeschäfte Hamburgs. Die detaillirtere Nomenclatur aller bürgerlichen Collegia und Ehrenämter kann man aus dem jährlich erscheinenden *Staatskalender* ersehen, auf welchen wir unsere Leser verweisen wollen.

DRITTER ABSCHNITT.

Hamburgs öffentliche Gebäude und Merkwürdigkeiten.

Die St. Marien- oder Domkirche.

Der Herausgeber dieser Blätter glaubt es der geschichtlichen Ehrwürdigkeit dieses in Hamburg gewesenen Gebäudes, auch dem Ruhme des wirklichen Begründers desselben, dem heiligen Ansgar und — ganz wie er es schon bei einer ähnlichen Gelegenheit äusserte — endlich auch den Forderungen reiner Vaterlandsliebe, die das Alte auch dann noch ehrt, wenn es der Vergänglichkeit Beute wurde, schuldig zu seyn, durch wenig Worte auch hier an dieses älteste und erste Kirchengebäude Hamburgs zu erinnern, das freilich erst im Jahr 1802 — durch Abtretung von Seiten des Churfürstenthums Hanover — ein hamburgisches Besitzthum und fast zu eben der Zeit auch in Trümmer geworfen wurde.

Im Jahr 811 stand schon an der Stelle wo nachher die 1805 abgebrochene Domkirche befindlich war, eine vom Kaiser Carl den Grossen errichtete Capelle, zu welcher im Jahr 831 *Ansgarius* ein Benedictiner Mönch aus *Corvey* vom Papst

Gregor IV. als Erzbischof ernannt worden war. Die manchfaltigen, wenig erfreulichen Schicksale dieser bischöflichen Cathedrale hier wiederholt nacherzählen zu wollen, würde zu weitläuftig und dem eigentlichen Zwecke dieser Blätter zuwider seyn. Der geschichtliebende Leser kann diese Schicksale des Ausführlichen in der „Chronik von Hamburg" (Hamburg bei Nestler 1821, 2te Auflage) nachlesen. Hier nur so viel, dass dies merkwürdigste Gebäude Hamburgs, in einem Zeitraume von nicht völlig *drei* Jahrhunderten *fünfmal* zerstört und jedesmal herrlicher wieder aufgebauet wurde, und dass besonders *zwei* in Hamburgs Jahrbüchern hochberühmte Männer, um diese Wiederherstellung desselben vorzüglich wirksam waren. Der erste dieser Männer war der obenerwähnte heilige *Ansgar*, der andre Hamburgs herrlicher Wohlthäter der Graf zu Schauenburg, seines Namens *Adolph der Erste.*

Dass die *Domkirche* fast von ihrem ersten Entstehen an ein Gebäude von ausserordentlicher Bedeutung war, erhellt aus der Confirmation Papsts *Gregor IV.*, in welcher derselbe den Erzbischof *Ansgar* und alle dessen Nachfolger ernennete zu *Legatis Sedis Apostolicae in omnibus circumquaque Gentibus Danorum, Nortweghorum, Farriae, Gronlandan, Halsigslandan, Islandon, Seridevindum, Sclavorum, nec non omnium Septentrionalium et Orientalium Nationum quocunque modo nominatarum.*

Ansgar empfing die päpstliche Confirmation in Person zu Rom, verschönerte nach seiner Heimkehr in Nordalbingien die Domkirche in nicht geringem Grade und errichtete in Verbindung mit dem Marienkloster eine Schule und eine Bibliothek. Allein nach wenigen Jahren — im Jahre 845 — zerstörten *dänische Freibeuter* sein frommes Werk. Sie waren bis *Cölln* hinabgedrungen, kehrten mit Beute aller Art beladen alsdann zurück, schifften die Elbe herauf, verwüsteten Hamburg und verbrannten die Domkirche sammt dem Kloster und der Bibliothek. Mit unsäglichen Mühseligkeiten hatte *Ansgar* zu kämpfen, ehe er das Verlorene und Verwüstete wieder hervorgehen hiess. Endlich nach vielen und mancherlei Beschwerden, Anstrengungen und Mühwaltungen gelang es ihm. Im Jahre 860 waren Kirche, Schule und Bibliothek neu erbauet und zweckmässiger noch als vorher eingerichtet. Fünf Jahre lang hatte der fromme *Ansgar* die Freude seine neue Pflanzung blühen zu sehen. Er starb 865 am 3. September zu *Bremen*, und verdiente es wohl um Hamburg, dass er katholischem Kirchengebrauche gemäss, nach seinem Tode unter die Heiligen versetzt ward.

Die *zweite* Zerstörung der *Domkirche* geschah im Jahre 915 durch die Normannen unter dem Erzbischof *Hoyer*; die *dritte* im Jahre 1012 durch den vom Sachsenherzog *Bernhard II.* (Billung) schwer gereizten und fast zur Rache *gezwungenen* Wendenfürsten *Mistevaon*. Die *vierte* und *fünfte* Zerstörung fand in den Jahren 1066 und 1072 durch den Wendenfürsten *Kruko* Statt. Diese letzte Verwüstung soll an dabei vorgefallenen schauderhaften Auftritten die schrecklichste von allen gewesen seyn. Fast funfzig Jahre vergingen nach dieser letzten Zerstörung, ehe die *Domkirche* aus ihrem Schutt wieder erstand. Dem erwähnten Grafen *Adolph I. von Schauenburg* war es vorbehalten, sie so zu erbauen, wie sie bis zu dem Augenblicke stand, in welchem sie abgebrochen wurde.

Die Kirche zeigte in neuerer Zeit nur wenige oder eigentlich gar keine Alterthümer; auch besass sie ausser ihrem pyramidalisch geformten, dem St. Petrithurm der Stadt ähnelnden Thurme keine andere Vortrefflichkeit in ihrem Bau als eine — später daran gebaute *Halle*, die auf wahrhaft prächtigen Porphyrsäulen ruhete. Mit Wehklagen sah der Liebhaber ehrwürdiger Alterthümer auch diese *Halle* verschwinden. Ihre nähere Beschreibung findet sich in den denkwürdigen Blättern des Domherrn *J. F. L. Meyer*, betitelt: *Blick auf die Domkirche u. s. w.* In der Volkssprache hiess diese Halle „*de Schappendom,*" weil den Tischlermeistern der Stadt in späterer Zeit die Vergünstigung geworden war, ihre neugefertigten Mobilien, namentlich hohe Schränke (*Schappen*) darin zum Verkauf aufzustellen.

Der Mangel den diese Kirche an Denkmälern litt, rührt unstreitig von ihrer fünfmaligen Zerstörung hier und nicht minder von der Beraubung ihres *Archivs*, einer Beraubung die am 26. July 1804 auf eine entehrende Weise von dem Pöbel der Stadt gewagt wurde.

Gegenwärtig befindet sich da wo diese denkwürdige Kirche bis zum Jahre 1805 stand ein ungefähr *Einhundert und funfzig Tausend Quadratfuss* grosser, freier, ziemlich kreisrunder Platz über den ein schmales Pflaster vom *Domsstegel* bis zur neuangelegten *Paulstrasse*, also von Süden nach Norden führt. Branntweinschenken und Tabacksbuden, Hökerweiber und Fischverkäuferinnen engen an der Nordseite den Eingang auf dem vormals die durch die obenerwähnte treffliche grosse *Halle* sich auch architektonisch auszeichnende Domkirche stand, und die auf dem Platze selbst umherliegenden Sand - und Kothhaufen sind, eins mit dem andern völlig ungeeignet, dem Fragenden Bericht zu ertheilen, dass auf diesem Platze einst mancher wackere Held, mancher edle Wolthäter Hamburgs, manche anderweitig historisch wichtige Person hier die letzte Ruhestätte in geweihter Erde auf dem stillen *Friedhof* fand, der zwischen Kirche und Klostergebäuden lag.

Die Domkirche selbst war 294 Fuss lang, 137 Fuss breit und bis zum Knopf des Thurms 358 Fuss hoch.

Was der Verleger dieser Blätter an richtigen Zeichnungen der äusern wie der innern Ansichten

dieses in Staub gesunkenen Gebäudes hat auffin-
den können, ist von fleissigen Händen nachgearbeitet,
diesem Büchlein zur Zierde mitgegeben. Möge dieselbe dem Leser dieser Blätter willkommen seyn!

Die fünf Hauptkirchen der Stadt.

Die St. Petri Kirche,

die nordwestlich vom Domsplatz liegt, ist im zweiten Jahrzehend des zwölften Jahrhunderts bald
nach der *letzten* Wiederaufrichtung der Domkirche
erbaut worden. Ihre Länge ist 225 und ihre Breite
135 Fuss. Der Thurm hat eine Höhe von 416 Fuss.
Er ist ganz flach und lothrecht gemauert. Vier
ziemlich spitzige Giebelzinnen schliessen sich an die
reine Pyramide an, welche schlank und gefällig
emporstrebt. Die Mauer des Thurms hat sich gegen
Süden und Westen über drei Fuss gesenkt und muss
oft an diesen Stellen mit beträchtlichen Kosten ausge-
bessert werden. Es befindet sich ein Glockenspiel
auf demselben, welches, durch ein Uhrwerk getrieben, alle halbe Stunde eine Strophe eines Cho-
rals spielt. Der Bau des Thurms ward 1342 angefangen und die Spitze 1516 vollendet. Die Kirche
hat im Innern einen grossen Raum und ein schönes,
hohes Gewölbe. Die treffliche Orgel ward 1512

erbauet und bis 1729 verschiedenemale bedeutend
vergrössert und verbessert. Sie ist mit Denkmälern, Gemälden, Heiligenbildern, Schnitzwerk an
den Stützpfeilern und Seitenwänden, wie auch an
den bemalten Fenstern vollgepfropft und überladen.
Unter den Gemälden sind höchstens *drei* bemerkens-
werthe Bilder. Eins derselben zeigt eine mit Saft-
farben gemalte und mit Oelfarben überzogene Abbildung Hamburgs im 15ten Jahrhundert, dies hängt
hinter der Kanzel. Die beiden andern hängen der
Orgel gegenüber an zwei Pfeilern. Sie zeigen in
mehr als natürlicher Grösse Dr. *Martin Luther* mit
dem Schwan, und Churfürst *Johann Friedrich* zu
Sachsen. Beider Gemälde findet man in den mehrsten hiesigen Kirchen zusammen. Bei dem Tauf-
stein ist Hamburg im Jahre 1250 abgebildet; auf
diesem letzteren Gemälde sieht man drei Kirchen,
zwei Klöster und das St. Georgshospital jenseit der
Alster. In der südlichen Nebenthüre steht die
hölzerne Bildsäule einer Frau, welche ein Buch in
einem Beutel (dem *Booksbüdel;* siehe Chronik von
Hamburg, Hbg. bei Nestler, 1r Theil, Seite 174.)
trägt, die von den reisenden Handwerksburschen
als das Wahrzeichen von Hamburg betrachtet wird.

Die St. Nicolai Kirche

die westlich vom Domsplatze liegt, entstand als
Capelle in den Jahren 1164 bis 1168 und ward in
der Folge nach und nach vergrössert. Sie hat jetzt

7

eine Länge von 290 und eine Breite von 150 Fuss,
und ist unter allen ältern Kirchen der Stadt im Innern am wenigsten mit Bildern und Schnitzwerk
überladen. Die Rückwand des Altars zeigt einen
Geschlechtsbaum Christi, von Adam an, mit bei-
gefügter Chronologie. Der Gotteskasten dieser
Kirche ist seiner künstlichen Arbeit wegen sehenswerth. Oben auf ihm liegt ein wohlgegossener
Irus mit übergeschlagenen Beinen, die Hand an
eine Schaale gelegt, in welche eine Oeffnung angebracht ist, durch die das Geld in den Kasten fällt.
Er ist der älteste Gotteskasten in Hamburg und
die Kirche erhielt ihn schon im Jahre 1527. Der
Thurm der Nicolaikirche ist 400 Fuss hoch. Die
Spitze desselben ruht auf 8 grossen, kupfernen,
stark vergoldeten Kugeln, welche im Durchmesser
7½ Fuss halten. In der Laterne hängt ein sehr
wohlklingendes holländisches Glockenspiel, welches
täglich gleich der St. Petrikirche, zu gewissen
Stunden, so wie auch bei Hochzeiten und Leichen-
begängnissen, vermittelst einer Claviatur gespielt
wird. Der jetzige Thurm wurde im Jahre 1657 zu
bauen angefangen und schon im folgenden Jahre
vollendet. Das Glockenspiel hieng vormals auf dem
Catharinenthurm, aus welchem es aber 1663
seiner Schwere wegen, herab gewunden und hierher gebracht wurde. Die Thurmspitze, die 1518
fertig ward, brannte 1589 durch einen Blitzstrahl
ab und ward 1591 wieder hergestellt. Noch zu
mehreren Malen ist dieser Thurm vom Blitz ge-

troffen worden, ohne doch weitern Schaden, als
einige Risse im Mauerwerke erhalten zu haben.

Die St. Catharinen Kirche,

die südlichst gelegene Kirche in Hamburg, verdankt
ihren Ursprung einer im 13ten Jahrhundert erbaue-
ten Capelle, welche in der Folge zu einer Kirche
erweitert wurde. Sie ist 250 Fuss lang und
100 Fuss breit. Das Innere derselben hat ein
gefälliges Ansehen. Die Orgel ist von einem vorzüglich schönen Ton und macht so wie die von
schwarzem Marmor und weissem Alabaster in Italien
verfertigte, mit mehr oder minder schönen Basreliefs
versehene Kanzel, eine ihrer vorzüglichsten Zierden
aus. Der berühmte hamburgische Baumeister,
Peter Marquard, hat den Grund zum Thurm im
Jahre 1559 gelegt und 1603 dessen Bau geendet.
Er hat eine Höhe von 390 Fuss, ist bei seinen
Absätzen zweimal durchbrochen und nahe an der
Spitze mit einer kupfernen, stark vergoldeten
Krone eingefasst, die ihm ein elegantes Ansehen
verschafft. Die Mauer des Thurms war im ersten
Viertel des verwichenen Jahrhunderts $3\frac{1}{2}$ Fuss
gegen Westen über gesunken und das kostbare
Sandsteinwerk, mit welchem sie bekleidet war,
aller Orten so zerbrochen, dass es stückweise abfiel,
und das hängende Mauerwerk ungemein gefährlich
ward. Es ward schöner wieder hergestellt. Da
diese Kirche von jeher im reichsten Bezirke der

Stadt lag, so ist es in der Ordnung, dass sie — namentlich von früheren, längst verstorbenen Erblassern Hamburgs — reichlich begabt wurde. Zu solchen Gaben gehört theilweise die Orgel, vorzüglich aber die erwähnte Kanzel. Ein nicht minder bemerkenswerthes Geschenk ist ein schönes Perspectivgemälde von *Gabriel Engel* gemalt, welches nordwärts an der Orgel angebracht ist. Unweit des Singechors hängt an einem Pfeiler das wohlgetroffene Bildniss des rüstigsten hamburgischen Orthodoxen: des Pastors *Johann Melchior Goeze*. Wer dies Bild auch nicht als Zierde der Kirche betrachten will: als Denkwürdigkeit derselben muss er es annehmen.

Die St. Jacobi Kirche,

die im östlichen Viertel der Stadt liegt, entstand wie die Catharinenkirche aus einer Capelle und hat mit dieser gleiches Alter. Zufolge des noch im Kirchenarchive aufbewahrten Ablassbriefes, des Papsts Innocenz VI. ward sie schon 1354 zur Kirche erhoben. Die jetzige Kirche ist 220 Fuss lang und 100 Fuss breit. Anfänglich hatte sie nur ein kleines, spitzes Thürmchen mit einer Glocke zum Läuten. Dies ward aber 1580, als der nachherige 370 Fuss hohe Thurm vollendet wurde, abgebrochen. Im Jahre 1758 war die Thurmmauer gegen Südwest so gesunken, dass man es für nöthig fand, derselben von unten auf eine auflaufende Ver-

stärkungsmauer und noch zwei starke Vorlegpfeiler
zu geben, welche bei ihrer ansehnlichen Stärke
doch noch zu schwach für die ihnen aufliegende
Last waren. Im Jahr 1809 musste der Thurm wegen
Baufälligkeit bis auf das Mauerwerk abgebrochen
werden. Früher stand auf diesem viereckigen
Mauerwerk ein niedriges Achteck über welchem
sich eine Kuppel mit einer schmalen Laterne erhob,
die sich in einer dünnen Pyramide endigte. Jetzt
ist das viereckige Mauerwerk mit einem hölzernen
Dache — ärmlich genug — bedeckt, und harret
der Zeit, mit einer würdigern Krone verziert zu
werden. Es scheint der Gemeinde dieses Kirchspiels nicht gerade zu an Mitteln zu fehlen, zu
ihrem so nöthigen Thurmbau zu schreiten; dennoch
unterblieb bisher dieser Bau. Als vor zwei Jahren
ein verdienter hamburgischer Bürger, der Dr. Phil.
und jetzige vielbeliebte Pastor an der Kirche Sanct
Pauli, zum Hamburgerberge Herr *Hermann Gottfried Horn* bei einer Predigerwahl zu St. Jacobi mit
auf der Wahlliste stand, soll die Gemeinde dieses
Kirchspiels durch ihre Vorsteher haben erklären
lassen, dass wenn man den Dr. Horn zu St. Jacobi
erwähle, so wolle die Gemeinde ihren entstellten
Kirchthurm wieder aufbauen. Indessen ward Herr
Dr. *Horn nicht* Pastor zu St. Jacobi, und der
Thurmbau unterblieb. Soll dieser Bau wirklich so
lange ausgesetzt werden, bis ein ähnlicher reich-
begabter Kanzelredner wie Dr. Horn zur Wahl an
St. Jacobi kommt, so mögte es völlends mislich

um den Jacobithurm aussehen; denn es wäre noch
erst auszumitteln, ob es nicht mehr Kirchthürme
im lieben deutschen Reiche giebt, als besonders
auszuzeichnende Kanzelredner, die zugleich Männer
nach dem Geiste Gottes sind. Uebrigens meldet
die Chronik und beglaubigt es durch Erzählung
von Thatsachen, dass sich in keiner Kirche Hamburgs von jeher mehr Beweise und Spuren ekler
Frömmelei fanden als zu St. Jacobi. Die rüstigsten,
unfriedsamsten, orthodoxesten Seelsorger: ein Ehrn
Schuppius, ein *J. F. Mayer*, ein *Erdmann Neumeister* eiferten gewaltig auf dem Rednerstuhl zu St.
Jacobi; und corrupte, keineswegs in das Gewölbe
eines Bethauses hingehörende Bilder bekleiden noch
heutiges Tages etliche Pfeiler dieser Kirche.

Die grosse St. Michaelis Kirche

die im Westen, der höchsten Gegend der Stadt
liegt, ist 245 Fuss lang und 184 Fuss breit. Die
Höhe der Kirche bis zum Thurm ist 130 Fuss und
die ganze Thurmhöhe 456 Fuss. Sie ward, nachdem die vorige (Sanct Salvator-) Kirche im Jahr
1750 am 10. März während des Gottesdienstes durch
einen Blitzstrahl eingeäschert worden war, von dem
unsterblichen Architecten und wackern hamburgischen Bürger *Ernst Georg Sonnin*, der 1794 starb,
und im Gruftgewölbe der Kirche begraben liegt,
im Jahre 1786 völlig, so wie sie dasteht, vollendet.
Durch wiederholte Collecten und bewilligte öffent-

liche Abgaben, kam endlich die ganze Summe die der Bau kostete, die Summe von 1,600,000 Mark Cour. zusammen. Sie ist unter Hamburgs Kirchen die schönste; als Gebäude überhaupt eines der schönsten der Stadt; denn sie ist in einem edlen und eleganten Styl aufgeführt, und in ihrem Innern nur einfach verziert. Die Kanzel ist simpel und schön, und hat einen zierlichen Baldachin. Die Orgel ist vortrefflich; oben an derselben hängt das Bildniss von *E. Mattheson.* Dies und das Altarblatt, eine Auferstehung Christi, vom älteren *Tischbein* sind die einzigen Gemälde die die Kirche zeigt. Ein Epitaphium des ehemal. Stadtcommandanten, *Janus von Eberstädt* und die 1815 aufgehängten Tafeln mit den Namen der i. J. 1813-14 für Hamburgs Freiheit gefallenen Bürger sind die fernern Zierden des Schiffs der Kirche. Unter der Kirche ist der auf Felspfeilern ruhende Gruftkeller mit 150 ausgemauerten Gräbern: ein Werk sonder Gleichen. Nicht minder genialisch hat sich der so bescheidene wie grosse Sonnin in der musterhaften Structur des Hängewerks in dem Dachgerüste der Kirche gezeigt. Der verstorbene Professor *Büsch* betrachtete dieses ausnehmend schöne Werk jederzeit mit dem grössten Vergnügen und empfahl angelegentlich seinen Schülern dies Meisterstück der Baukunst ja nicht bei ihren Studium unbeachtet zu lassen. Er äusserte dann zugleich mit Bedauern, dass das Modell desselben vernachlässigt in einem Winkel des Kirchendaches hingestellt, und den Beschädigungen Unbe-

sonnener und Unkundiger ausgesetzt wäre. Eben
so sind, nach dem Urtheil aller Kenner, die Fron-
tispicen an den Kirchthüren wahre Meisterstücke
und haben ein majestätisches Ansehen. Bauver-
ständige tadeln die Verhältnisse des Thurms. Wahr
ist es, dass die Höhe desselben nicht zu seiner
Weite und Breite passt, aber man muss erinnern,
dass nach Sonnins Plan der Thurm noch ein zweites
wie das erste auf corinthischen Säulen ruhendes
Stockwerk erhalten sollte. Jedoch Mangel an Bau-
geldern zwang die Vorsteher der Kirche des Architecten Plan einzuschränken.

Die Neben-Kirchen.

Die St. Johannis Kirche

ist ein Filial der Petri Kirche und im Jahre 1227
von dem Grafen Adolph dem Vierten von Schauenburg erbaut. Die Kirche wurde, nebst dem daran
liegenden Kloster, den Dominicanern eingeräumt,
und ist ein Denkmaal der Erkenntlichkeit jenes
Adolph IV. gegen die Hamburger, weil diese ihn
1226 mit einer freiwilligen Kriegessteuer von
20,000 Mark Münze zur Förderung seines Krieges
gegen Waldemar II. König von Dänemark unter-
stützten. Die Dominicanermönche besassen Kirche
und Kloster bis zur Reformation 1529. Diese Mön-

che waren, wegen ihres zügellosen Lebenswandels
in Hamburg berüchtigt und verhasst. Bis 1546
stand die Kirche ohne Gottesdienst und Prediger,
als ein Leichnamsgeschworner. *Lukas Behmann,*
sie wieder in baulichen Stand setzte und 1548 einen
lutherischen Prediger aus Stade hieher berief. Seit
jener Zeit hatte der jüngste Jurat von der Petri
Kirche die Jahrverwaltung derselben, das Kloster aber musste den Prediger salariren, welcher
von den Patronen und Klosterbürgern, mit Zuziehung des Hauptpredigers der Petrikirche, gewählt
ward. Späterhin, im verhängnisvollen Jahre 1813,
ward dies Kirchengebäude von dem anwesenden
Militär Bonaparte's zum Heumagazin etc. eingerichtet. Gegenwärtig dient es unserer männlichen Jugend als Turnplatz, so dass es schwerlich wieder zu
einem Gotteshause wird eingerichtet werden; um
so mehr da es sehr baufällig ist. Die Kirche ist
125 Fuss lang und 108 Fuss breit. Das Kirchen-
gewölbe ist eins der höchsten; über dasselbe erhebt
sich ein kleines Thürmchen, ungefähr noch 50 Fuss
hoch. Das Innere der Kirche enthielt bis zum Jahre
1813 mehrere alte Gemälde, Denkmäler und Schnör-
keleien, deren Aufzählung hier zu weitläuftig, auch
kaum der Mühe werth seyn würde. Unter den
Gemälden war wohl eben kein vorzüglicheres als
das wohlgetroffene Bildniss des Professors und
Glossologen *Michael Richey.*

Ein zweites Denkmaal des Dankes Adolphs IV,
von Schauenburg, das theils der heiligen Maria

Magdalena für den an ihrem Namenstage vom Schauenburger Grafen und den mit ihm verbündeten Nordalbingiern beim Dorfe *Bornhövd* (1226) gegen König Waldemar ll. erstrittenen Sieg, theils den Hamburgern für ihre erwähnte freiwillige Kriegessteuer dargebracht ward, war

die St. Marien Magdalenen Kirche,

nebst dem dazu gehörenden Klostergebäude. Die Kirche ward 1808 wegen Baufälligkeit abgebrochen. Eine Reihe stattlicher Wohnhäuser nimmt jetzt den Platz derselben ein. Die winklichen, düstern Klostergänge und Gebäude stehen noch. Das Kloster ward zuerst (1227 u. f.) mit Franciskanermönchen besetzt. Unter den Merkwürdigkeiten der Kirche zeichnen sich vor allen andern wohl die beiden Bildnisse des Erbauers derselben aus. Eins derselben zeigt ihn (Adolph IV. von Schauenburg) in kriegerischer Rüstung, das andere in seiner Mönchskleidung im Sarge. Beide Gemälde sind über Lebensgrösse. Stattlich wieder aufgefrischt hängt das erste dieser Bilder auf dem Klostersaal und der Platz vor den Gebäuden, an deren Stelle ehemals die Kirche stand, ist seit etlichen Jahren geebnet und geregelt und mit einer viereckigen Pappelallee bepflanzt worden, in deren Mitte eine Erhöhung befindlich auf welcher, dem Vernehmen nach ein des ruhmvollen *Adolphs IV. würdiges Standbild* seinen Platz finden soll. Im Munde vieler dank-

baren, die Helden und Wackern der Vorzeit ehren-
den Hamburger heisst eben dieser Platz, der
sonst der Marien Magdalenen Kirchhof hiess, der
Adolphsplatz.

Die heilige Geist Kirche

ist ein Filial von Sanct Nicolai und liegt zwischen
dieser und der grossen Sanct Michaeliskirche. Ihre
Länge beträgt 170 und ihre Breite 50 Fuss. Diese
Kirche, nebst dem dazu gehörigen Spital, welches
ehedem ein Kloster war, gehört zu den ältesten
Denkmälern der Stadt. Vermuthlich hatten die
Minoriten, oder Barfüsser, vom Maria Magdalenenkloster hier ein Pilgerhäuschen errichtet, wo sie
Messe lasen und kranken Pilgern Pflege angedeihen
liessen; wer aber die Stifter und Erbauer des Spitals und der Kirche gewesen sind, ist nicht mit
Gewissheit zu bestimmen. Seit 1248 geschieht
schon des Erstern Erwähnung; die Kirche ist um
kein Jahrhundert jünger. Auf ihrem spitzigen Gie-
beldache erhob sich ein kleiner zierlicher Thurm der
1814 abgenommen werden musste. Uebrigens enthielt von jeher ihr Inneres das 1813 von dem
französischen Militär ebenfalls zum Magazin requi-
rirt ward, nichts Merkwürdiges. Der obere Theil,
wo die Orgel befindlich ist, ist jetzt zum Bet-
saal eingerichtet worden.

Die kleine Michaelis Kirche,

ist ein Filial der grossen Michaelis Kirche, von der
sie nördlich liegt. Ihr Bau ward im Jahre 1757
vollendet. Sie ist 120 Fuss lang und 48 Fuss breit.
Ihr Thurm ist nicht hoch, nimmt sich aber gut aus.
Das Nicolaikirchspiel liess sie zuerst als Filialcapelle
im Jahr 1602 erbauen, und verkaufte sie 1678 an
die Michaelitische Gemeinde. 1748 ward sie wegen
Baufälligkeit abgebrochen und 1754 in ihrer gegenwärtigen Gestalt durch die thätige Verwendung des
damaligen hamburgischen Senators *Johann Caspar
Voigt* aufgeführt. Sie hat die Form eines an der
Thurmseite abgeschnittenen Langrundes. Das Innere
ist gut gewölbt und ohne alle Ueberladenheit. Die
Kanzel ist oberhalb des Altars, auf welcher die
Prediger der grossen Michaeliskirche abwechselnd
den Gottesdienst hielten. Eine der vorzüglichsten
Merkwürdigkeiten dieser Kirche ist, dass während
des Bedrückungsjahrs 1813 und 1814 fast alle Haupt-
und Nebenkirchen der Stadt durch *Davoust's* Rei-
tersknechte zu Pferdeställen, Heu- und Mehlmaga-
zinen entweiht wurden, diese kleine Michaeliskirche
zur Hauptcapelle der französisch-katholischen Glaubensgenossen geweiht und benutzt ward. Manchem
damals in Hamburgs Mauern dem Tode anheim gefallenen Quäler unserer guten Stadt, namentlich
dem zur Genüge unter uns bekannt gewordenen
Finanzminister Grafen von *Chaban*, ward an dem

Altare dieser Kirche die Todtenmesse gelesen.
Jetzt halten die deutsch - römisch - katholischen
Christen ihre sonntäglichen Versammlungen darin.

Die Capelle St. Gertrud,

die zwischen 1391 und 1399 durch Privatstiftung
erbauet ward, liegt nordöstlich, in geringer Entfernung, von der Sanct Jacobikirche, von der sie
ein Filial ist. Sie zeigt sich als ein kleines rundes
Gebäude mit einem spitzen Thürmchen auf unförm-
lich grosser Kuppel. Wenn das Bildniss des orthodoxen Eiferers, des weiland Pastors *Erdmann Neumeister* eine Merkwürdigkeit genannt zu werden
verdient, so hat diese Capelle eine solche; aber
dann auch nur diese einzige.

Die Kirchen in Hamburgs Vorstädten.

Die Sanct Georgs- oder Heil. Dreifaltig-
keits Kirche,

zugleich das einzige merkwürdige Gebäude der
östlichen Vorstadt Hamburgs (der Vorstadt *Sanct
Georg* auch das *Neue Werk* genannt), verdankt
ihren Ursprung der alten Sanct Georgscapelle, die
laut einer bei der Kirche befindlichen Urkunde
schon im Jahre 1220 vorhanden war und ihre Ent-

stehung von dem Grafen Adolph III. von Schauenburg herschreibt. Diese Capelle war in ihrer frühe-
sten Zeit das Bethaus eines in der Vorstadt errichteten Hospitals für Pilger und Kreuzfahrer, die den
heiligen Georg zu ihrem Schutzpatron hatten. Sie
ward 1485 durch sechs Cardinäle mit einem besonderen Ablassbriefe versehen, und zu einer Kirche
erhoben; später zu wiederholtenmalen nemlich
1634 und 1640 vergrössert, bis endlich 1742 zur
Erbauung der jetzt dastehenden Kreuzkirche, die
180 Fuss lang, 105 Fuss breit ist, und bis zum
Thurmknopf 120 Fuss hält, geschritten wurde.
Die Parochie dieser Kirche ist sehr weitläuftig und
eine der einträglichsten, vielleicht die einträglichste
auf hamburgischem Gebiete; denn zu ihr gehören
ausser der eigentlichen *Vorstadt* noch die Gegend
vom *Steinthor* bis zum *Hammerbaum*, der *Stadt-
deich*, die Dörfer *Barmbeck* und *Eilbeck* und eine
Elbinsel, die *Feddel* genannt.

Die, wenige Schritte vor dem Haupteingange
der Kirche auf drei hohen Granitblöcken stehende
metallene, etwa 2 Schuh hohe Kreuzigungsgruppe
ist das Einzige, was der Kirche aus den dunkeln
Zeiten ihrer ersten Entstehung übrig geblieben ist.
Unglückliche, mit bösem Aussatze von der Stadt
in das, ehemals im weitläuftigeren Sinne unweit der
Kirche bestehende Hospital (in der Volkssprache
Seekenhuus benannt) verwiesene Personen, die den
Kämpfen und Drangsalen der Kreuzzüge, obwohl
nur mit siechem Körper, entronnen waren, sprachen

an diesem Cruzifix die Vorübergehenden um eine in den nahestehenden Gotteskasten zu schenkende Gabe an.

Die Sage erzählt, dass die Entfernung von diesem Cruzifixe bis zur Domkirche in Hamburg genau dieselbe Entfernung gewesen sey, wie zu Jerusalem von Pilatus Rathhause bis zur Schädelstätte. Zwei ähnliche Cruzifixe standen früher in Hamburg selbst, Eines am Speersort, das Andere am Spitalerthor, zur Erinnerung an die beiden Ruhestätten die Christus auf seinem Wege zur Gerichtsstätte gehabt haben soll.

Die St. Pauls Kirche,

als Kirche der Vorstadt *Hamburgerberg* war ein altes unansehnliches aus Fachwerk errichtetes Gebäude ohne Thurm. (*Siehe oben Seite 7.*) Freundlicher war die in eben dieser Vorstadt belegene

Kirche des Krankenhofs,

die aus Brandmauern in Form einer niedlichen Rotunde aufgeführt, gemeinschaftlich mit der Sanct Paulskirche im Jahr 1813 durch Davoust's Brandfackel in Schutt und Trümmer geworfen wurde. Die Letztere bot noch vor Kurzem eine nicht ganz üble Ruine dar, während die Paulskirche wie ein Phönix aus der Asche entstand. Am 6. May 1819 ward unter grosser Feierlichkeit der Grundstein zu der-

selben gelegt. Hochgesänge und eine Rede über
Psalm 126, 3. gehalten von *August Jacob Rambach*,
Hauptpastor an der grossen St. Michaeliskirche, von
welcher die St. Paulskirche ein Filial ist, fanden
nach hochobrigkeitlicher Verordnung dabei Statt.
In den ersten Wochen des Jahrs 1820 ward das
neuerbaute helle, freundliche Gotteshaus feierlich
geweiht und der zuerst an demselben erwählte Prediger war der schon in diesen Blätttern genannte
Dr. *H. G. Horn*, vormaliger Colloborator an der
Johannisschule zu Hamburg.

Der projectirte weitläuftige, durch ausserordentliche Sammlungen und Collecten zu fördernde
Bau eines neuen, nach zweckmässigen auswärtigen
Mustern einzurichtenden Krankenhofes lässt in Betreff der Aufführung einer Kirche dieses Wohlthä-
tigkeitsinstitutes das Trefflichste erwarten. (Siehe:
3r Abschnitt, Art: Krankenhof.)

Kirchen anderer Religions - Ver-
wandten.

Die deutsch-reformirte Kirche

ist auf dem Valentinskamp. Es wird Sonntags-
Vormittags von 9 bis 10 Uhr darin gepredigt.

Die französisch - reformirte Kirche

befindet sich in der Königstrasse, in dem Hause No. 238. Es wird Sonntags Morgens von 10 bis 11 Uhr darin Gottesdienst in französischer Sprache gehalten.

Die englisch - reformirte Kirche,

war vor der französischen Occupation im englischen Hause, in der Gröninger - Strasse, wo in einer Capelle Sonntags Morgens von 9 bis 10 Uhr Gottesdienst gehalten wurde. Seitdem hat zuweilen öffentlicher Gottesdienst der englischen Gemeinde in der französ. reform. Kirche Statt gefunden.

Die deutsch - römisch - katholische Kirche.

Siehe oben unter der Rubrik: *kleine Michaeliskirche.* Sonntags früh um 8 Uhr wird gepredigt, und vor- und nachher Messe gelesen.

Die französisch-römisch-katholische Kirche

und

die spanisch-römisch-katholische Kirche,

sind eingerichtete Betsäle in den resp. Privatwohnungen der von diesen beiden Höfen als Gesandte sich hier befindenden Herren Ministern.

Die Menoniten, so wie die Herrnhuter

halten ihre gottesdienstlichen Versammlungen in ihren Gotteshäusern in der dänischen Nachbarsstadt *Altona*. Am dritten Weihnacht - Oster - und Pfingsttage aber, wo in Altona kein Feiertag mehr ist, ist ihr Gottesdienst in Hamburg, im ehemaligen Graf Schimmelmannschen Palais in der Mühlenstrasse.

Das hamburgische Ministerium,

das den Titel „*Hochehrwürdig*" führt, wird aus den *fünf Hauptpastoren* der fünf Hauptkirchen, von denen der älteste allemal *Senior* des Ministeriums ist, und deren *Archidiaconen* und *Diaconen* und aus den drei *Predigern* der Waisenhaus-, der St. Georgs- und der St. Pauls Kirche gebildet. Der Prediger am Krankenhofe, so wie der Prediger, welcher den Gottesdienst auf dem im Haven liegenden Wachtschiffe hält, gehören nicht mit zum Ministerium. Das Waisen - Gast - Spinn - und Zuchthaus haben noch ausserdem einen *Katecheten*, welches Amt ein nicht ordinirter Candidat der Theologie verwaltet.

Die Predigerstellen auf dem Lande in dem *hamburgischen* Gebiete, sind die zu *Allermöhe, Billwärder an der Bille, Döse* und *Groden* im Amte Ritzebüttel, *Moorburg, Ochsenwärder, Eppendorf, Hamm* und *Horn* und *Oldenwolde.* An jeder dieser

Landkirchen steht *ein* Prediger; nur zu *Groden* befinden sich deren *zwei.*

Die beiden Prediger in *Bergedorf* und die in *Kurslaak, Altengamm* und *Neuengamm, Kirchwärder* und *Geesthacht* werden von Hamburg und Lübeck gemeinschaftlich eingesetzt.

Armenstifte.

Das neue Schul - und Arbeitshaus der allgemeinen Armenanstalt

liegt bei der kleinen Michaeliskirche. Es ist der Mittelpunkt auf welchem sich einst die humane und patriotische Thätigkeit dieser Anstalt, die in glücklichern, erwerbsreichern Zeiten so unendlich viel wirkte, gewissermaassen concentrirt, und wo der Fremde eine allgemeine Uebersicht der inneren Verfassung und Einrichtung derselben zunächst anschaulich erhielt. Es ward in den Jahren 1799 und 1800 nach einem höchst zweckmässigen Plane errichtet, enthielt auf einem Raume von 10600 Quadratfuss Lehr - und Arbeitssäle, Magazine roher und verarbeiteter Materialien, Kleidungsvorraths-kammern, Speisezimmer, Archiv - und Versamm-lungszimmer der Direction, Wohnungen der Auf-seher u. s. w. Es ist ein in einem schönen, einfachen und doch imponirenden, Styl erbauetes Monument hamburgischer Freigebigkeit und Mildthätigkeit. Der Bau hat 273,000 Mark Court. gekostet: eine ungeheure Summe, die aber zu einer Zeit gezahlt werden musste, wo alle Baumaterialien und auch der Arbeitslohn ungemein theuer waren. — Der Unterricht, der in diesem Gebäude den Kindern der Armuth, oft mehr als Fünfhundert an der Zahl ertheilt ward, bestand in Lesen, Rechnen, Schreiben, in der Religion, im Wollspinnen, Weben Stricken und Nähen.

Im Jahre 1811 ward durch die anwesenden Bonapartischen Gewalthaber die Armenanstalt aus diesem ihrem Gebäude vertrieben und das Haus selbst zur Caserne eingerichtet. Später richtete das anwesende kaiserl. Russische Militär es zu einem Hospitale ein. Jetzt hat die Direction der Armenanstalt es der Stadt für 4500 Mark jährlicher Miethe überlassen, und ist dahin die öffentliche Leihanstalt *der Lombard* genannt, dahin verlegt worden.

Wer einen vollständigen Begriff von der Armenanstalt Hamburgs überhaupt und von dem zu erhalten wünscht, was seit dem Jahre 1788 in stets reger Thätigkeit mit grosser Umsicht geleistet ward, der darf nur die bisher halbjährlich im Druck erschienenen Berichte an Hamburgs wohlthätige Einwohner lesen. Um den gegenwärtigen Zustand des Institutes und den Kreis der Wirksamkeit desselben kennen zu lernen, dient besonders der 87ste jener

Berichte, der zwar ein erschütterndes Gemälde des allmäligen Hinsinkens dieser wohlthätigen Anstalt liefert, aber auch durch die mit ächter Vaterlandsliebe gegebenen Nachrichten von dem Guten, was so mancher wackere Mitbürger, selbst in den Augenblicken der grössten Gefahr, tausend unüberwindlich scheinenden Hindernissen Trotz bietend, für die Anstalt gewirkt hat, zu neuen frohen Hoffnungen berechtigt. Theilweise fangen diese Hoffnungen schon an in Erfüllung zu gehen. Viel des Guten wird schon wieder — freilich mit ausserordentlichen Zuschüssen der Staatscasse — geleistet.

Das Waisenhaus

in der Admiralitätsstrasse belegen, ist ein massives, schönes Gebäude von drei Stockwerken, mit einem niedlichen Thürmchen in welchem ein Schlaguhrwerk ist, verziert. Es zeichnet sich an äusserer wie an innerer Eleganz und vortrefflicher Einrichtung besonders aus. Die Vorderfaçade desselben hat eine Länge von 236 Fuss. In der Mitte des Hauptgebäudes befindet sich die heitere Kirche; zu beiden Seiten derselben sind die geräumigen Schul - Wohn - Speise - und Schlafsäle; hinter dem Hause zwei geräumige Spielplätze für die Kinder deren Anzahl gegenwärtig über 600 von 7 bis 15 Jahren, die im Hause selbst und etwa 500 unter 7 Jahren, die theils ausser dem Hause in der Stadt, theils auf dem Lande verpflegt werden.

Das Gebäude ward 1785 fertig und hat 300,000 Mark Cour. gekostet. Die Wohnzimmer und Schlafsäle sind hoch, geräumig und hell und werden täglich zu allen Jahrszeiten gelüftet. Jedes Kind hat sein eigenes Bett und die Knaben sind von den Mädchen abgesondert. Ein Oeconom und dessen Frau, — der *Waisenvater* und die *Waisenmutter* genannt — leiten die öconomischen Einrichtungen des Hauses, das überdies seinen eigenen Prediger, seinen Catecheten, mehrere Lehrer, seinen Arzt und Wundarzt hat. Jedem Fremden wie jedem Einheimischen ist der Besuch des Hauses erlaubt und ist zu dem Ende einer der Officianten angewiesen, die Besuchenden zurecht zu weisen.

Wer sich über besondere Umstände, z. B. über die Verwaltung, den inneren Haushalt oder über den Unterricht und die Erziehung der Kinder näher zu unterrichten wünscht, hat sich nur im Waisenhause selbst bei dem Oeconom Herrn *Meno Günther Kiehn* zu melden. Fremde wünschen gewöhnlich die Kinder am Mittagstische zu sehen. Die Essenszeit ist 12 Uhr. Der Unterricht der Kinder dauert von Morgens 8 Uhr bis Abends 8 Uhr. Auch empfehlen wir denjenigen unserer Leser, die sich mit der specielleren Geschichte dieses merkwürdigen hamburgischen Institutes bekannt machen mögten, das jüngst vom Oeconom desselben Herrn *Meno Günther Kiehn* erschienene Werk: „das Hamburger „Waisenhaus, geschichtlich und beschreibend dargestellt, mit Kupfern und lithographischer Zeichnung,

Hamburg 1821." Besonders lesenswerth ist die *Vorrede* zu diesem Werke, aus der Feder unsers in mehr als einer Hinsicht schätzenswerthen Mitbürgers des Herrn *Hübbe*, Pastors am Waisenhause.

Im Munde des Volks heisst diess Gebäude auch das *neue* Waisenhaus, und zwar zur Erinnerung an

das alte Waisenhaus,

das am Zusammenlauf der Kajen, der Schaarthorsbrücke und des Rödingsmarktes lag und im Jahre 1801 wegen gänzlicher Baufälligkeit abgebrochen wurde. Ein schönes Privatgebäude steht jetzt an dessen Stelle. Diess *alte* Waisenhaus ward 1604 aus der in uralter Zeit errichteten später zur Kirche erweiterten St. Anschars-Capelle eingerichtet. Ueber die Geschichte dieser Stiftung giebt das obenerwähnte Werk des Herrn *Meno Günther Kiehn* von welchem viele Leser den *2ten Theil* mit Erwartung entgegen sehen, die genügendste Auskunft.

Das Gasthaus,

auch *Armen- Gast- und Krankenhaus* genannt, liegt neben der Kirche zum heil. Geist und hat seinen Namen von der vormaligen Bestimmung zu welcher es im Jahre 1609 errichtet ward, nemlich zu einem Einkehrhause für wallfahrende Pilger und arme Reisende. In neuern Zeiten ist es zu einem Hospital eingerichtet worden, in welchem 140 arme Greise und Matronen lebenslänglich und unentgeldlich un-

terhalten werden. Der Prediger des heiligen Geist
Hospitals hat die Seelsorge über die Bewohner des
Hauses; ausserdem ist auch ein Catechet angestellt.
Das Haus steht unter der Aufsicht von zweien Bür-
germeistern, zweien Alten und acht Provisoren.

Das Hospital zum heiligen Geist

stösst hinten vom Canal zu, an das Gasthaus, und
hat seinen Eingang von dem heiligen Geist Kirch-
hofe. Es werden 150 alte und arme Personen, von
denen die grössere Hälfte weiblichen Geschlechts
ist, in selbigem unterhalten. Die Stiftung und Erbauung desselben verlieren sich in die graue Vorzeit
und sind unbekannt. Es war vordem ein Filial vom
Maria-Magdalenen Kloster, und noch jetzt werden
die Güter und Einkünfte jenes Klosters mit denen
des heil. Geist-Hospitals zugleich von den 15 Oberalten der Stadt verwaltet. Die Dörfer *Barmbeck*
und *Eilbeck* sind Domänen des Hospitals das eine
der reichsten hamburgischen Stiftungen ist, indem
es ausser jenen Ländereien mehrere Vermächtnisse
und immerwährende Renten besitzt. Die Oberalten
wählen den Prediger, setzen den Oeconomen ein
und verschenken die erledigten Armenstellen. Die
tägliche Beköstigung der Pfleglinge ist genau vestgesetzt, und nicht blos ernährend, sondern wirklich
pflegend. Unter einem Alter von 45 Jahren wird
kein Individuum in diese Stiftung aufgenommen.

Der Seefahrer Armenhaus,

auch das *Trosthaus* genannt, ein massives Gebände, liegt an der Schaarthorsbrücke, unweit des Havens. Es ward im Jahre 1556 von Kaufleuten und Schiffern zur Verpflegung armer und presshafter Seefahrer, und deren Wittwen und Waisen gestiftet. Ordnung, Reinlichkeit und gute Pflege walten besonders in diesem Spital. In der Nähe des Hauses wohnen in kleinen Häuschen 25 arme Schifferwittwen, welche jährlich 50 Mark und einige Nebeneinkünfte zu geniessen haben. Mit dem Institute ist eine Casse verbunden, in die die Seefahrer sich einkaufen können, um aus ihr einen bedeutenden Theil des Lösegeldes zu erhalten, im Fall sie in die Gefangenschaft der Raubstaaten gerathen.

Der Krankenhof,

sonst *Pesthof* genannt, lag früher als ein ziemlich weitläuftiges Gebäude am Hamburgerberge. Die zerstörenden Wirkungen der Pest und anderer ansteckenden Seuchen, welche sich besonders im 16ten Jahrhundert in Hamburg äusserten, erregten den Wunsch, ein besonderes Haus ausserhalb der Stadt zur Absonderung und Heilung der Pestkranken zu haben. Dieser Wunsch ward im Jahre 1606 realisirt, und der sogenannte Pesthof angelegt. Allmälig wurde die Anstalt erweitert und auch

Arme, Wahnsinnige und Kranke, welche nicht
geradezu mit ansteckenden Krankheiten behaftet
waren, wurden darin aufgenommen. Im Jahre
1769 ward der Bau der neuen Lazarethkirche angefangen und 1771 vollendet. — *Davoust*, Hamburgs
fürchterlicher Fackelschwinger liess diese Kirche
sammt jenem allgemeinen hamburgischen Spital zu
Anfang des Jahres 1814 niederbrennen. Jetzt ist
das sonst zum *Lombard* (öffentlichen Leihhause)
benutzt gewesene Local am Wall bei der Lombardsbrücke, nebst zwei andern in der Nähe liegenden
Gebäuden zu diesem Institute genommen worden.
Dieser schon seit länger als 200 Jahren in Hamburg
bestehenden Anstalt gebührt vor vielen anderen eine
ehrenvolle Erwähnung. So höchst unvollkommen
und mangelhaft das Aeussere derselben für den Augenblick dem Besuchenden erscheinen mag, so sehr
wird dennoch der Sachkundige mit der Ordnung
und Zweckmässigkeit des Innern dieses Institutes
zufrieden seyn, besonders wenn er die Schwierigkeiten der Localität, die höchst beschränkt ist, und
das Detail der Administration eines so vertheilten
Ganzen aufmerksam durchgeht. Als Maassstab der
Wirksamkeit dieses allgemeinen Hospitals der Stadt
möge die Angabe dienen, dass im Jahre 1819 der
Bestand der Kranken 561 war, dass 1453 Kranke
aufgenommen wurden, von denen 1033 (worunter
26 waren, die geisteskrank gewesen waren) die
Anstalt gesund verliessen. Im Durchschnitt werden
fortwährend 600 Individuen in diesem Institute

verpflegt. Die Totalausgabe im Jahr 1819 betrug
132,890 ℳ 12½ ß; also für jeden Kranken täglich im
Durchschnitt etwa *neun* Schillinge. Im Jahr 1820
wurden den Kranken in Summa 10,021 Seifenbäder
und einfache Bäder, und 685 aromatische, kaustische
und Schwefelbäder gegeben.

Die Seelsorge bei diesem Hospital hat eines der
Mitglieder des hamburgischen Ministeriums übernommen.

Die medicinische und chirurgische Fürsorge
ist einem praktischen Arzte, einem Oberchirurgen
und zweien Unterwundärzten anvertrauet, die so
wie der Oeconom des Hauses, Männer sind, denen
Sachkenntniss und Erfahrung zur Seite stehen.

Die Beschränktheit des Raumes sowohl wie die
für den Zweck der Anstalt unbequeme Lage der
Gebäude dieses Institutes liessen schon seit dem Jahr
1813 den Wunsch lebendig werden, ein weitläufti-
geres, zweckmässigeres Local errichtet zu sehen.
Freiwillige Gaben wurden in den fünf Kirchspielen
der Stadt in Anspruch genommen, durch die eine
Summe von etwa 250,000 Mark zusammen gebracht
wurde, vermittelst welcher der allerdings höchst
kostspielige Bau eines solchen Hospitals in der Gegend zwischen den beiden Landthoren der östlichen
Vorstadt Hamburgs nunmehr wirklich begonnen
und bedeutend gefördert worden ist. Auch ward
am 28. Juny 1821 der Grundstein zu der neuzu-
errichtenden Kirche dieses Krankenhauses gelegt.
Mit Recht erwarten Hamburgs Einwohner das Vor-

trefflichste in der neu zu ordnenden *inneren* Einrichtung dieses Krankenhauses. Möge das Ganze bald zur Ehre Gottes und zur Linderung und Heilung der Kranken und Leidenden vollendet seyn! — Da die Inschrift der in den Grundstein gelegten Tafel auch in geschichtlicher Beziehung einiges Interesse hat, so mag diese Inschrift hier einen Platz finden:

Inschrift

der

in den Grundstein zur Krankenhofskirche gelegten Tafel.

———————

Nachdem

am 4. Januar 1814,

auf den Befehl der französischen damaligen Machthaber

in der Stadt Hamburg,

angeblich zu deren besseren Vertheidigung,

der öffentliche Krankenhof,

belegen vor dem Altonaer Thore

eingeäschert;

durch den Beschluss E. Ehrb. Raths und Erb-

gesessener Bürgerschaft vom 1. October 1818

und 9. September 1819,

die Wiedererbauung

eines öffentlichen Krankenhauses,

an der gegenwärtigen Stelle

beliebt;

und

zu deren Ausführung eine Commission

bestehend

unter dem Präsidio

Sr. Hochweisheit des Herrn Senatoris

Johann Matthias Hasse, D^{ris},

aus Mitgliedern E. Wohllöbl. Stadt-Bau-Deputation

und

den Mitgliedern E. Wohllöbl. Collegii der Herren
Provisoren des Krankenhauses,

verfügt worden:

ist

am 28. Juny 1821

von Sr. Wohlweisheit dem Herrn Senator

Christian Daniel Benecke,

derzeitigem ersten Prätor und Patron
des Krankenhauses,

der Grundstein dieses Gebäudes,

dessen Plan und Riss

von dem Stadtbaumeister Adjuncten

dem Herrn *Carl Ludwig Wimmel*,

(dem auch die Ausführung des Baues übertragen)

entworfen,

gelegt worden.

(Dann folgen die Namen der resp. derzeitigen
Vorsteher des Krankenhauses)

Das Hospital Sanct Hiob,

in der Volkssprache *Pockenhuus* genannt, liegt am Ende der Spitalerstrasse, und wurde im Jahre 1505 gestiftet. Es besteht aus 54 Wohnungen. Für die Summe von 4800 Mark Courant können sich Ehepaare oder einzelne Personen den Gebrauch einer solchen Wohnung auf Lebenszeit verschaffen. Ausserdem erhalten sie noch jährlich bestimmte Emolumente. Das Spital ist eines der reichsten in der Stadt, und steht unter der Aufsicht und Verwaltung von zweien Bürgermeistern und acht Bürgern.

Seinen eigentlichen Ursprung verdankt es einem Aeltermann der Brüderschaft *Unsrer lieben Frauen Krönung*, Namens *Hans Treptow*. Diese Brüderschaft bestand aus Fischern, Krämern und Hökern. Hans Treptow lebte im 15ten Jahrhundert, und besass ein so mitleidiges Herz, dass er auf seine eigenen Kosten, arme, mit der neapolitanischen Seuche behaftete Menschen verpflegen und heilen liess. Sein Beispiel vermogte seine Mitbrüder, sich mit ihm zur Stiftung dieses Spitals zu vereinigen, das anfänglich nur zur Aufnahme solcher Kranken bestimmt wurde. Jetzt dient zu diesem Zweck

Das Curhaus für venerische Kranke

das unfern des Hospitals Sanct Hiob liegt. Es ward zwar vor wenigen Jahren erst massiv erbauet, hat aber ein so wenig geräumiges Lokal, dass ein Theil des Zucht- Werk- und Armenhauses ebenfalls zu diesem Zwecke eingerichtet werden musste. Dennoch scheint noch immer nicht dem Mangel eines solchen Institutes in Hamburg abgeholfen zu seyn, da mit dem Bau des *neuen Krankenhofes* auch besondere Rücksicht auf diesen Zweck genommen werden soll.

Das Siechenhaus (volksthümlich: *Seekenhuus*) *in der Vorstadt St. Georg*

liegt in der Nähe der Dreifaltigkeitskirche und besteht aus einer Reihe ärmlicher Wohnungen worin gegenwärtig *sechszehn* arme Frauen und Jungfern wohnen. Jede erhält ausserdem wöchentlich 2 ℳ 8 ß und einige Emolumente. Das Siechenhaus ist gewissermassen die Grundlage des Kirchspiels Sanct Georg gewesen. Es hiess vorher das *Spital auf dem Stege* und diente damals auf eingeschränktere Weise der Stadt zu eben dem Zwecke, zu welchem späterhin der Krankenhof bestimmt ward. Man nahm anfangs nur Menschen auf, die mit anstekkenden Seuchen, Pestbeulen, Aussatz, bösen Geschwüren u. d. gl. behaftet waren, daher der Name: *Siechenhaus.* Unter dem Spital stehen die Dörfer *Klein-Borstel*, *Langenhorn* und der Majerhof *die Berne.* Früher gehörte zu diesem Krankenhause:

Das Armen - Wittwenhaus
in St. Georg,

eine Stiftung die seit längerer Zeit schon in sich selbst zerfiel.

Der Convent.

Dieses uralte, oft wiederhergestellte Gebäude liegt an der *Steinstrasse*. Es ward in den Jahren 1240 und 1250 gegründet und diente anfangs zum Kloster einer Art Nonnen, die *Beguinen* (in der Volkssprache, weil sie dunkelblaue Kleidung trugen, auch „*blauwe Süsstern*") genannt wurden.

Jetzt befinden sich noch etliche unverheirathete Frauenzimmer aus guten hamburgischen Familien darin, die sich für 1700 Mark Banco einkaufen mussten. Ausser einer freundlichen Wohnung haben sie jährlich 130 Mark Einkünfte und die Freiheit, auch ausserhalb der Anstalt zu bleiben. Bewohnen sie ihre Zellen, so geniessen sie noch grösserer Einkünfte und kann jede Conventualinn noch eine Freundinn bei sich wohnen lassen, die nichts bezahlt. Diese treffliche Stiftung steht unter *einem Bürgermeister, zweien Vorstehern*, der *Domina oder Meisterin* und hat *einen Protocollisten*. Nach einem alten klösterlichen Gebrauche, ward den Missethätern, die bei dem Hause vorbei nach dem Richtplatze geführt wurden, hier noch ein Glas

Wein znr Stärkung gereicht, welches der Büttel
hierauf sogleich auf dem Gassenpflaster zerschlug.
Dieser Gebrauch ist jedoch in neuerer Zeit
abgestellt worden.

Die Sanct Johannis - und Sanct Marien-Magdalenen - Klöster

gehören auch in so fern zu den milden Stiftungen,
als unverehelichte Frauenzimmer, welche sich in
dieselben für eine gewisse Summe Geldes einkaufen,
daselbst eine lebenslängliche Versorgung finden.

Die Entbindungsanstalt der hamburgischen allgemeinen Armenanstalt

befindet sich gegenwärtig in einem, ihr vom vormaligen Zuchthause eingeräumten, aber sehr be-
schränkten Locale. Der Saal für die Wöchnerinnen
enthält *zehn* Betten und auf dem Boden befinden
sich *neun* Betten für Schwangere. Jeden Mittwoch
um 12 Uhr findet sich der Vorsteher, Herr *J. D.
Schuchmacher*, wohnhaft Neueburg No. 38, daselbst
ein, um Schwangere einzuzeichnen. Nur unverheirathete, gesunde Personen werden zugelassen;
Krätzige und Venerische dem Curhause zugesandt,
um daselbst ihre Entbindung abzuwarten. Unser
würdiger Herr Dr. *Kunhardt* steht dem Institute als
Arzt und Geburtshelfer und zwar *unentgeldlich* vor.
Nach einem Durchschnitt der letzten fünf Jahre

wurden jährlich *achtzig* Personen entbunden. Jedes Wochenbett kostete, ebenfalls im Durchschnitt etwa *zwei und zwanzig* Mark. Auch auf dieses Institut wird der Bau des *neuen Krankenhofes* besondere Rücksicht nehmen.

Das Institut für weibliche Kranke.

Der Vorschlag zu dieser höchst nützlichen Anstalt in einer Verbindung mehrerer der thätigsten Mitglieder der hiesigen fünf vereinigten Freimaurerlogen i. J. 1792 gemacht, ward schon im October des Jahres 1795 ausgeführt. Das Krankenhaus liegt bei dem Dammthor am Wall und ist sehr zweckmässig eingerichtet. Es war anfänglich nur Platz für 18 Kranke darin; jetzt ist derselbe für 24 Kranke erweitert. Neben demselben liegt

Das Institut für männliche Kranke,

von eben diesem Maurerverein, nach einem von dem verstorbenen Baurath *Arens* verfertigten Risse errichtet und im Jahr 1804 zur Aufnahme der Kranken geöffnet. Es hat eine ähnliche wohlthätige Bestimmung und eine vom Institute für weibliche Kranke abgesonderte innere Einrichtung. Unter dem Patronate des Herrn Bürgermeisters *Bartels J. U. D.* besteht die Verwaltung aus *sechs* Vorstehern, von denen der eine, Herr Oberalter *Otto von Axen*, permanenter Vorsteher ist. Es war anfänglich nur für 24, jetzt ist es für 36 Kranke bestimmt. Für beide Institute ist ein gemeinschaftlicher Oeconom, Herr *Ludwig Seltzam*. Dem im Jahre 1804 gedruckten Hefte über beide Krankenhäuser: „An die Beförderer der Institute für weib-„liche und männliche Kranke." werden die Rechte und Pflichten der Kranken, die Speiseordnung und die 24 erschienenen Nachrichten hinzugefügt, und in den Buchhandel gegeben werden. Der Ertrag dafür ist zum Besten der Institute bestimmt. Zufolge des 24sten Berichtes v. J. 1820 sind in 25 Jahren 1905 Individuen im Institut für weibliche Kranke und in 16 Jahren (seit 1804) 1945 Individuen im Institut für männliche Kranke verpflegt worden.

Straf- und Gefängniss-Gebäude der Stadt.

Das Zucht- Werk- und Armenhaus,

das im Jahr 1614 von dem Ertrage einer bewilligten ausserordentlichen Lotterie erbauet ward, liegt an der Südseite der Alster, ist ein mehreremale ausgebessertes weitläuftiges, grösstentheils massives Gebäude und gegenwärtig eins der umfassensten Institute der Stadt. Durch die rastlose Fürsorge der Herren Vorsteher desselben, sind viele Missbräuche beseitigt worden, an denen diese Anstalt früher litt.

Eine der wesentlichsten Verbesserungen ist die, dass die in dieses Institut aufgenommenen Armen gänzlich und immer von den Züchtlingen abgesondert sind. Diesen Armen wird hier nicht blos Nahrung und Pflege gereicht, sondern ihnen wird Arbeit und Erwerb zugewendet. Sie verfertigen haarene Decken oder kratzen und scheeren Baumwolle und erhalten ihre Arbeit verhältnissmässig bezahlt.

Gegenwärtig zählt das Werk- und Armenhaus *vierhundert Personen*, von denen diejenigen die wegen Altersschwäche oder Kränklichkeit nicht mehr arbeiten können, unentgeldlich verpflegt werden. Auch arme älternlose Kinder finden in diesem Institute eine mit guten Lehrern besetzte Schule, die ihnen bis zu ihrer Confirmation geöffnet bleibt. Das Local der Züchtlinge besteht aus dem sogenannten *Raspelgange* und *zwei grossen Straf-Arbeits-Sälen.*

Eine fernere Abtheilung des Gebäudes dieses Institutes ist mit Zuziehung eines erst seit wenigen Jahren neu errichteten an der Alster belegenen Hintergebäudes zu vielen wohlthätigen Anstalten, unter Aufsicht eines Oeconoms, von dem Vorsteher Herrn *A. E. Martens* eingerichtet worden.

Diese Abtheilung des Gebäudes, die den Namen Hospital-Curhaus führt, enthält folgende sehr beachtenswerthe Anstalten:

a) ein Hospital für bürgerliche, mit venerischem Uebel oder der Krätze behaftete Kranke beiderlei Geschlechts, abgesondert und zweckmässig eingerichtet.

b) das Rettungszimmer für im Wasser Ver-
unglückte, Erstickte etc., woselbst bei Tage und
bei Nacht augenblickliche Hülfsleistung vorzu-
finden ist.

c) eine sehr vollständige Badeanstalt die von
Morgens 6 Uhr bis Abends 9 Uhr zum Gebrauche
offen steht. Man findet dort mehrere gut eingerichtete, *sehr reinlich* gehaltene, mit allen Bequemlichkeiten versehene Badezimmer und prompte Bedienung. Im Winter sind die Zimmer durch
Dampfheizung angenehm erwärmt. Wer sich im
Januar bei dem Herrn Vorsteher A. E. Martens,
wohnhaft Rödingsmarkt Westseite No. 16 meldet,
der erhält gegen eine Kleinigkeit einen Eintritts-
zettel für das ganze laufende Jahr. Wer Dampf-
Douche- und Tropfbäder wünscht, muss Tages
vorher die Stunde angeben, an welcher er das Bad
nehmen will. Es werden auch noch Dampf-Douche-
bäder zum Gebrauch für einzelne Theile des Kör-
pers eingerichtet, wie denn überhaupt an der Vervollkommnung der inneren Einrichtung dieses Bade-
hauses unaufhörlich gearbeitet wird. Für die
ärmere Classe oder für die Hospitalleute sind besondere Kammern da, damit auch sie durch die wohlthätige Wirkung der Bäder wieder zur Arbeit
tüchtig gemacht werden können. Im Jahr 1819
sind 8,753 Bäder gegeben, und viele Presshafte
durch Dampf- und Douchebäder von schweren
Verlähmungen geheilt worden.

Dem patriotischen Eifer und der durch eine

lange Reihe von Erfahrungen erworbenen Sach,
kenntniss des ältesten Vorstehers, des erwähnten
Herrn *A. E. Martens*, dem unsere Vaterstadt so
hoch verpflichtet ist, dankt sie auch diese Anstalt,
über deren musterhafte Einrichtung und Verwaltung, bei Fremden und Einheimischen nur *Eine*
Stimme ist.

d) ein Entbindungszimmer für venerische
Schwangere.

e) ein Curzimmer für venerische oder krätzige
Matrosen von fremden und hiesigen Schiffen, gegen
eine gewisse tägliche Zahlung und unter einigen
ähnlichen speciellen Bedingungen.

f) ein zweckmässiger, vollständiger anatomi-
scher Saal, den viele fremde Aerzte und Professoren,
die ihn sahen, für ausgezeichnet in seiner Art
erklärten. Im Winter werden in diesem Saale
anatomische Vorlesungen gehalten.

Das Spinnhaus.

Dieser Aufenthaltsort für Verbrecher beiderlei
Geschlechts, die infamirende Strafen (Brandmark
und Staupbesen) erlitten haben, liegt am Holzdamm, östlich vom Zuchthause. Das Vorder-
gebäude ward im Jahre 1666 erbauet und wegen
Mangel an Raum wurden 1724 die übrigen Gebäude
hinzugefügt. Es hat seine eigene Kirche. Einer
der Prediger von der Petrikirche reicht den Gefangenen die Sacramente und ein bei dem Hause ange-

stellter Catechet predigt und hält sonntägliche Cate-
chisationen. — Die Arbeit der Verbrecher besteht
hauptsächlich in Wolle spinnen, Wolle kratzen,
Weben und ähnlichen Beschäftigungen. Drei Pa-
trone, der jüngste Bürgermeister und die beiden
Prätoren, zwei Alte und acht Provisoren haben
die Aufsicht über dasselbe. Viele der Gefangenen
sind hier auf *Lebenszeit*, Keiner von ihnen auf
minder als 5 *Jahre* eingesperrt. Die Anzahl der
Züchtlinge beträgt gemeiniglich zwischen 40 und
50. Wer nach überstandener Strafe und Gefangenschaft aus diesem Gebäude entlassen wird, muss
die Urphed schwören und die Stadt und deren
Gebiet meiden.

Die Rogkenkiste

ein hoher, alter, viereckiger, etwa 80 Fuss hoher
Thurm am südlichen Hauptcanal der Elbe, unweit
des Deichthors gelegen, welcher zur Gewahrsam
für geringere Verbrecher aus der niedern Volksklasse dient, die hier gewöhnlich nur auf einige
Tage bei Wasser und Brot eingesteckt werden.

Der Winser - Baum,

liegt unweit der Rogkenkiste, und ist ein Bürger-
gefängniss, in welchem boshafte Bankerottirer,
Falsarii und Inquisiten aus dem Bürgerstande so
lange aufbewahrt werden, bis der Fortgang ihres

Processes entweder ihre Freilassung oder schärfere
Bestrafung motivirt. Der untere Theil dieses Ge-
fängnissgebäudes ist zugleich ein öffentliches Wein-
und Bierhaus.

Die Frohnerei

ist das Wohnhaus des Scharfrichters, am Berge
belegen. Es ist mit vergitterten Behältnissen für
solche Gefangene versehen, die ihrer Verbrechen
bereits überwiesen sind, Leibes- und Lebensstrafe
zu erwarten haben, und hier bis zum Augenblick
der Execution aufbewahrt werden. Vor dem Hause
stand bis zum Jahre 1811 der aus Mauersteinen
errichtet gewesene Pranger, (volksthümlich *Kaak*
genannt), über welchem sich eine Säule erhob,
woran die zum Staupenschlag und zum Brandmark
verurtheilten Missethäter ihr Recht empfingen. Seit
jener Zeit ward der Platz geräumt. Im Jahre 1817
ward ein ähnlicher aber nur von Holz gefertigter
transportabler Pranger zum erstenmale zu einer
nothwendig gewordenen Execution gebraucht, nach
vollzogenem Act aber in der Nacht wieder weg-
genommen. Eine Maassregel mit welcher besonders die Bewohner jener Stadtgegend zufrieden zu
seyn, Ursache haben.

Oeffentliche Institute und Gesellschaften, die verschiedene wohlthätige Zwecke haben.

Die Gesellschaft zur Beförderung der Künste und nützlichen Gewerbe.

Unstreitig der trefflichste Verein, den Hamburg, vielleicht ganz Norddeutschland aufzuweisen hat. Im gemeinen Leben heisst dieser Verein *die patriotische Gesellschaft* und verdient dies Prädicat im ganzen Sinne des Worts. Sie stiftete sich im Jahr 1765 und zählt gegenwärtig etwa 400 theils hiesige, theils auswärtige Mitglieder. Bürger, die diesem der Beförderung des vaterländischen Wohls sich widmenden Verein als Mitglieder beizutreten und ihn durch einen an sich selbst geringen jährlichen Beitrag von zwei Species Ducaten zu unterstützen gesonnen sind, zeigen ihre patriotische Absicht dem proponirenden Secretär — dem in mehrfacher Hinsicht um Hamburg verdienten Dr. und Domherrn *J. F. L. Meyer*, Gänsemarkt No. 132 — oder dem Cassenverwalter der Gesellschaft an, worauf ihnen das Buch der Mitgliedschaft zur Unterzeichnung zugesandt wird. Das wohleingerichtete Versammlungshaus der Gesellschaft, belegen in der grossen Johannisstrasse No. 47, P. 4 mit der Portalüber-

10*

schrift „Emolumento publico" (dem Gemeinwohl)
enthält:

a) *die Versammlungssäle*, in welchen jeden
Mittwoch von 6 bis 9 Uhr Abends freundschaftliche,
auch zur Einführung von Fremden und von Künstlern und Professionisten die ihre Arbeiten oder Erfindungen vorzeigen wollen, bestimmte Zusammenkünfte; meistens jeden letzten Donnerstag im Monat
die Deliberationsversammlungen und jährlich eine
öffentliche Versammlung gehalten werden. In dieser letzten Versammlung erstattet der Wortführer
der Gesellschaft Bericht über die Verhandlungen
des verflossenen Jahres.

b) *die Bibliothek*, die jetzt an dreissig tausend
Bände zählt, und jeden Donnerstag von 12 bis
2 Uhr zum Wechseln und Ausleihen der Bücher
an die Mitglieder der Gesellschaft geöffnet ist.

c) *die Kunst- und Naturaliensammlung*.

d) *der Modellsaal*, mit welchem eine öffentliche Zeichnenschule in Verbindung steht. Diese
Schule ist in drei Classen getheilt 1) für Baurisse
unter Anweisung des Herrn *Duyffcke*, 2) für freie
Handzeichnungen unter Anleitung des Herrn *Har-
dorff*, 3) für Ornamente und Decorationen unter
der Leitung des Herrn *Bendixen*. Der Inspector
Herr *Reincke*, kleinen Michaeliskirchhof No. 234.
hat die Oberleitung dieser Schulen.

Unter der Leitung und Fürsorge dieser *patriotischen Gesellschaft*, deren vollständige Geschichte
und Verfassung man in den in *Bohns* Verlage

erschienenen 7 Bänden ihrer Schriften des Weitern nachlesen kann, stehen folgende wohlthätige Institute:

1) *Die allgemeine Versorgungsanstalt,*

ein im Jahr 1778 unter hochobrigkeitlicher Bestätigung entstandenes Institut, bei welcher sich Personen jedes Standes gegen Einschuss einer Summe von 15 bis 500 Mark Banco und drüber, Leibrenten, Pensionen, Wittwengehalte, Ersparungs- und Begräbnissgeld verschaffen können. Die Anstalt steht unter 5 Directoren und 4 Deputirten. Der Cassenführer ist Fedder Karstens Nachfolger (Herr M. G. Borchert) Zollenbrücke No. 56, P. 1. bei welchem der Plan dieses Institutes unentgeldlich abzufordern ist. Die Anstalt theilt sich, ihren verschiedenen Bestimmungen gemäss, in mehrere Classen und hat einen Capitalfond von mehr als zwei Millionen Mark Hamburger Banco.

2) *Die Creditcasse für (Wohn-) Erben und Grundstücke,*

besteht seit 1782, bei welcher der Eigner eines Wohnerbes oder Grundstückes, wenn er solches verfassungsmässig hat taxiren lassen und der Gesellschaft als Interessent beigetreten ist, bis auf $\frac{3}{4}$ des geschätzten Werthes bei der Casse Anspruch machen kann, um einen Posten, der ihm von Seiten der

hypothecarischen Gläubiger gekündigt worden ist,
wieder zu erhalten. Das Comptoir dieses Institutes
das von sieben Directoren verwaltet wird, ist am
Hopfenmarkt No. 76, bei Hrn. *Bollhorst*, woselbst
die Verfassungsartikel der Creditcasse zu bekommen
sind.

3) *Die Rettungsanstalt für Erstickte, etc.*

hat den Hrn. Dr. *Moldenhawer* Kohlhöfen No. 64
zum Vorsteher. — In der Nähe der Canäle des
Havens und der Alster befinden sich in den nächsten
Wachhäusern Apparate zur Wiederbelebung solcher
verunglückten Personen. Merkwürdig war in einem
der letztverflossenen Jahre das Resultat der heilsamen
Thätigkeit und Wirkungskraft dieser trefflichen Anstalt, welche bereits vielen ähnlichen Instituten in
Deutschland zum Muster gedient hat. Von fünf
und funfzig in die Elbe, Alster oder in die Canäle
gestürzten Personen, wurden vier und dreissig entweder durch schnelles Herausziehen oder durch
vorschriftmässige Anwendung der ersten, leichten
Herstellungsmittel gerettet; neunzehn Scheintodte
d. h. solche, an denen kein Lebenszeichen mehr zu
bemerken war, wurden durch mehrstündige, sorgsame und ausdauernde Anwendung der Wieder-
belebungsmittel von Wundärzten wieder in's Leben
gerufen, und nur an zweien Verunglückten waren
diese Versuche vergeblich.

4) *Die Lehranstalt für Schiffahrtskunde,* auch „*Navigationsschule*" *genannt*

ein Institut, in welchem Knaben unentgeldlich unter
Anleitung eines sachkundigen Lehrers in der Steuer-
mannskunst unterrichtet werden. Man meldet sich
zur Aufnahme in diese Schule bei der Havendepu-
tation. Jeder Lehrcursus dauert sechs Monate,
und ist so eingerichtet, dass an dem Vortrage im
Winterhalbjahr auch wirklich angestellte Steuer-
leute Theil nehmen können. Die zur Anstellung
auf Kauffahrerschiffe gereiften Zöglinge, werden
nach vorhergegangenem Examen, welches jährlich
von Seiten der Direction Statt findet, mit einem
Attestat derselben entlassen. Das wohleingerichtete
mit allen erforderlichen Büchern, Instrumenten und
astronomischen Apparaten und einer Sternwarte
versehene und zugleich von dem Lehrer bewohnte
Local des Instituts befindet sich auf der Mühlenhöhe
des Stadtwalles am Millern - (Altonaer-) Thor, wo
den Zöglingen täglich Vor - und Nachmittags
Unterricht ertheilt wird.

5) *Die Anstalt zur Beförderung* der Obstcultur und des Land - und Gemüsebaues,

ein Institut, das unter der Leitung des obenerwähnten Hrn. Inspectors *Reincke* steht.

6) *Die Badeanstalt*

auf dem Bassin der Binnenalster am Jungfernstiege, ein seit 1798 bestehendes Institut, das gegenwärtig unter der ärztlichen Direction des Hrn. *Dr. Siemers* steht, und mit den nöthigen trefflich eingerichteten Locale zu kalten Flussbädern, sowohl in Cabinetten wie im Freien und mit allen Arten warmen und medicinischen Bädern, auch eine Schwimmanstalt verbindet, der ein geschickter Lehrer vorgesetzt ist. Das Gebäude hat ein freundliches Erfrischungszimmer und einen Versammlungssaal für die Badegäste. Die Preise sind hier ungleich billiger als in irgend einer Privatbadeanstalt der Stadt. Das Reglement der Anstalt und die bei'm Gebrauche der Bäder zu beobachtenden ärztlichen Gesundheitsregeln sind in den Badezimmern in deutscher, französischer und englischer Sprache angeschlagen. Die Ueberfahrt vom Jungfernstiege ab, dem Badehause gegenüber, ist hin und her unentgeldlich.

Die Hamburgisch - Altonaische Bibel-Gesellschaft,

errichtet den 19. October 1814 nach Aufforderung, nach dem Muster und mit Hülfe der Brittischausländischen Bibelgesellschaft zu London. Der einzige Zweck dieses Vereins ist die Verbreitung der Bibel; allen Christen, die von der Nothwendigkeit

derselben überzeugt und für dieselben mitzuwirken
gesonnen sind, steht sie, als Mitgliedern, durch
jährliche Unterzeichnung, oder als Wohlthätern
offen. Alle Geistliche zu Hamburg und Altona
sind als Mitglieder der Gesellschaft auch Mitglieder
ihres Ausschusses. Die Versammlungen der Gesellschaft, die durch die öffentlichen Blätter jedesmal
bekannt gemacht werden, finden auf dem Saale der
grossen St. Michaeliskirche Statt. Die Gesellschaft,
die ein eigenes Bücherarchiv besitzt, vertheilt die
Exemplare der Bibeln zu niedrigen Preisen, oder
nach Verhältniss und Umständen unentgeldlich.

Der ärztliche Verein,

dessen Versammlungslocal in der grossen Bäckerstrasse No. 67, im Hause des Herrn Apothekers
Noodt ist, wurde im Jahre 1816 von mehreren hamburgischen Aerzten gegründet, um collegialisches
Vernehmen, gegenseitige und gemeinschaftliche
Belehrung zu befördern. Mehrere Aerzte zu Altona,
wie auch Chirurgen und Pharmacevten sind als
Mitglieder vom Vereine aufgenommen worden, so
dass die Zahl der Theilnehmer nahe an Hundert
reicht. Alle 14 Tage, Dienstags, ist Versammlung,
wo die Abendstunden von 7 bis 9 Uhr, theils durch
Vorlesungen über Gegenstände der Medicin, Chi-
rurgie und Pharmacie, theils durch mündliche
Unterredungen verkürzt werden.

Das wohleingerichtete Lesezimmer des Vereins,

mit den wichtigsten medicinischen chirurgischen und pharmacevtischen Werken und Zeitschriften der in- und ausländischen Literatur reichlich ausgestattet, ist täglich von Mittags bis Abends 9 Uhr, für die Mitglieder geöffnet. Auch fremde, durchreisende Aerzte können durch den Custos des Lesezimmers sich den Zugang zur Benutzung dieses selten beisammen zu treffenden Vorraths neuer in- und ausländischer Bücher leicht verschaffen.

Zum Besten des Gemeindewesens hat der Verein eine unentgeldliche Vaccinationsanstalt errichtet, durch welche bereits an 3000 Kinder die Wohlthat dieses Schutzmittels ertheilt worden ist.

Pharmacevtische Gesellschaft.

Die Mehrzahl der hiesigen conditionirenden Apotheker vereinigte sich im Jahr 1818 um diese ihre Gesellschaft nach dem Vorbilde einer früher hier bestandenen und in Berlin bekanntlich noch blühenden Gesellschaft zu bilden.

Durch das Bestreben des in Beförderung alles Wissenschaftlichen, so thätigen, um das hiesige Apothekwesen, so verdienten Hrn. *Dr. Eimbcke*, ist der Gesellschaft eine bedeutende Unterstützung von Seiten des *Gesundheitrathes* geworden. Die zur Verminderung der Officinen vereinigten Herren Apotheker haben auch sehr freigebig jährliche Beiträge zugesagt, und den Mitgliedern der Gesellschaft ausserordentliche Freistunden zugestanden.

Für die Vorlesungen, so wie für den, den Lehrlingen zu ertheilenden *encyclopädischen Unterricht* ist ein passendes Local im Stadthause vergönnt worden. Diese und andere wissenschaftliche Unterhaltungen haben Sonntags, Mondtags und Freytags, so wie auch Festtags Statt und es wird an denselben vom Hrn. Dr. *Eimbcke* und anderen Männern vom Fache, allmälig ein vollständiger Cursus der Pharmacie und ihrer Hülfswissenschaften vorgetragen werden. Die Gesellschaft schafft auch die vorzüglichsten naturwissenschaftlichen Zeitschriften an, die unter den Mitgliedern circuliren. Auch ist der Anfang zu einer pharmacevtischen Bibliothek und zu einer Sammlung getrockneter Pflanzen gemacht worden.

Der Gesundheitsrath

ward durch die Medicinalordnung vom Jahre 1818 eingesetzt und besteht aus zweien Senatsmitgliedern, einem Oberalten, dreien ärztlichen Mitgliedern und einigen Vorstehern frommer Stiftungen. Die Haupttendenz dieses Collegiums geht dahin, dem schädlichen Pfuscherwesen ein Ende zu machen, die Apotheken auf die gesetzliche Zahl herunter zu bringen, und die Kranken sicher zu stellen, dass sie gegen tarifgemässe Zahlung nur gute Arzneimittel erhalten. So gehört zu dessen Geschäfts-kreise die öffentliche Gesundheits - Kranken - und Medicinalpflege. Die *Todesbezeugungsattestate* die bei jedem Todesfalle in der Stadt und deren Gebiet, vor der Beerdigung dem Gesundheitsrathe eingeliefert werden müssen, machen es unmöglich, dass Gewaltthätigkeiten, die den Tod veranlasst haben, unentdeckt bleiben, und dass Scheintodte begraben werden können; auch sind sie die beste Controlle gegen die Pfuscher. — Neu ankommende Aerzte können, laut dieser neueingeführten Medicinalordnung, nicht eher zur Praxis zugelassen werden, als bis sie vorher geprüft sind. Wahrscheinlich geschieht solche Prüfung mehr in policeilicher, als academischer Hinsicht; da der Gesundheitsrath keine Facultät bilden kann.

Die hamburgische Centralcasse

ist ein Institut, das gegenwärtig noch in seinem Entstehen begriffen ist. Es bildet sich durch Actien, und soll nach dem Grundplan 500 Actien, jede von 2000 Mark Bco. zählen, also einen Fond von *einer* Million Mark Bco. enthalten. Bis jetzt sind nur 100 solcher Actien übernommen worden, beträgt also der Fond des Institutes bis jetzt *zweimalhundert tausend* Mark Bco.

Die Centralcasse hat den Zweck den $\frac{2}{3}$ Theil des wirklichen Werthes auf courante, nicht leicht verderbliche Waare, welche in hiesiger Stadt lagern, gegen Feuersgefahr versichert und unter Schloss des Institutes genommen worden sind, vorzuschiessen. Das Institut wird von *sechs Directoren* und *einem*

Agenten geleitet, und berechnet für Vorschüsse eine Provision von ½ pCt. für die ersten drei Monate, und im Fall einer Prolongation ½ pCt. für jeden folgenden Monat; für den Verkauf nicht eingelöseter Waaren 1½ pCt. Verkaufsprovision und 1 per Mille Schreibgebühr vom Werth der verpfändeten Waaren, so wie die Kosten des Stempels.

Der Hanseatische Verein.

Diesen Namen führt eine Gesellschaft, deren Mitglieder in den Jahren 1813, 14 und 15 an dem Kampfe zur Befreiung Deutschlands Theil genommen haben. Ausser denjenigen, die damals zur hanseatischen Legion gehörten, kann Jeder darin aufgenommen werden, der in jenen Jahren unter irgend einem Corps in den Heeren der Verbündeten diente. Auch kann Jeder der diese Bedingung erfüllte, ohne selbst Mitglied zu seyn, an den Zusammenkünften Theil nehmen, sobald er von einem Mitgliede eingeführt wird. Der Zweck dieses Vereins ist theils die Fortsetzung der in jener grossen Zeit geknüpften vielfältigen Bekanntschaften, theils die Unterstützung solcher ehemaligen Cameraden, die der Hülfe bedürfen. Das Local der Versammlung ist gegenwärtig in dem Gasthofe „*Kaisershof*" dem Rathhause gegenüber, Donnerstags Abends 6 Uhr.

Die allgemeine Pensionsanstalt für Personen jedes Alters und Geschlechtes.

Diese Anstalt sagt, im Hamburgischen Adressbuch für das Jahr 1821. S. 636 ff., „dass sie den „gemeinnützigen Zweck habe, denjenigen, welche „Theil daran nehmen, eine gewisse jährliche Ein- „nahme im Alter zuzusichern. Sowohl Auswärtige „als Hiesige können Theilnehmer werden. Nach „der Bestimmung des Plans kann sich die Zahl der- „selben bis zu 20,000, aber nicht darüber erstrecken, „an welche (d. h. an einen Theil der Theilnehmer) „jährlich eine Vertheilung von 3000 Pensionen (die grösstentheils aus *zehn* Mark jährlich bestehen, wo- von alsdann noch 6 ℳ 8 ß jährl. Zulage abgehen), „wozu die Hebung durch's Loos bestimmt werden, „Statt findet. Die 1000 ältesten oder meistbejahrten „Personen erhalten überdies jährlich eine Prämie. „Nach fünf Jahren wird die Anzahl der Pensionen „um 500 vermehrt, so dass alsdann jährlich 3,500 „Pensionen vertheilt werden können. Wer Theil- „nehmer wird, erhält eine mit einer Nummer ver- „sehene Actie. Diese Actien laufen bis zu „20,000 fort. Die ganze Anzahl der Actien zerfällt „in vier Abtheilungen, jede zu 5000 Actien. Sobald „eine dieser Abtheilungen von 5000 Actien voll- „zählig ist, findet jedesmal eine Verloosung Statt, „wodurch die Vertheilung des vierten Theils der

„für das Ganze angesetzten Pensionen auf diese
„Abtheilung bestimmt wird, welcher dann auch
„zugleich der 4te Theil der Prämie zufällt. Es
„steht jedem Theilnehmer frei, Inhaber mehrerer
„Actien zu seyn, und er kann durch die Verloosung
(d. h. wenn er keine Niete zieht) „mit jeder Actie
„zur Pensionshebung gelangen. Die Kosten der
„Aufnahme in die Anstalt betragen 2 ℳ 8 ß Cour.
„für jede Actie und muss für dieselbe vierteljährlich
„ein Beitrag von 1 ℳ 10 ß Cour. entrichtet werden.
„Die Administration der Anstalt ist in den Händen
„von sechs Mitgliedern derselben, welche dieses
„Geschäft unentgeldlich (versteht sich die Büreau-
und Buchhalterkosten ausgeschlossen) „übernommen
„haben. Jährlich geht ein Mitglied davon ab und
„wird an dessen Stelle von den sämmtlichen Interes-
„senten einer aus ihrer Mitte wieder erwählt. Das
„Verwaltungs - Comptoir ist (unweit der Börse)
„im Brodtschrangen No. 50 und kann daselbst der,
„die ausführlicheren Bestimmungen enthaltende,
„Plan unentgeldlich abgefordert werden."

Anmerkung. Der Herausgeber dieser Blätter
zweifelt keineswegs an der Vortrefflichkeit der
pecuniären Einrichtung und Verwaltung dieses
Institutes, allein er hält es als freigeborner Bürger
Hamburgs für seine Pflicht Fremden und Unkun-
digen eine im Nachtrage zu dem Plan der Anstalt
befindliche Statutenclausul dieses Vereins heraus-
zuheben und ans Herz zu legen. Diese Clausul
lautet dem Sinne nach: dass Niemand der einmal

eine Actie übernommen hat, vor seinem Tode aufhören kann, Mitglied dieser Anstalt zu seyn. Es sey denn, dass ein Anderer in seine Verpflichtung treten wolle, den vierteljährigen Beitrag solcher Actie zu leisten. Der Herausgeber kennt in ganz Hamburg keinen anderen Verein, von dem man sich nicht wieder ausschliessen könne, sobald man es für sich gerathen findet, als diese *allgemeine Pensionsanstalt*. Er weiss recht wohl, dass man bei solchem Austreten aus einem Verein seiner bisher daran gehabten Rechte, Beiträge, Einschüsse etc. wie billig entsagen muss, aber er kann es mit dem Allgemeingeist der in Hamburgs Verfassung so segenbringend herrscht, und durch ein Jahrtausend hindurch die Eintracht unter Hamburgs Bürgern erhielt nicht reimen, wie ein Privatverein, der wohl obrigkeitlich *concessionirt*, jedoch nicht *garantirt* ist, es wagen mag, *seine Mitglieder gerichtlich zu zwingen, die vierteljährigen Beiträge zu zahlen, auch wenn diese Mitglieder vermöge der Loosungslisten mathematisch überzeugt seyn müssen, dass sie in diesem Leben nimmer zur Hebung einer Pension gelangen können.* Dennoch geschieht diess gewaltsame Eintreiben der Beiträge. Kein Actionist wird eher ausgestrichen, als bis er sich *auspfänden* liess, *fallirte, sich für arm (unpfandbar) erklärte,* oder *starb.* Kein Verein, keine Gesellschaft die ihre Erhaltung und ihr Bestehen beherzigt, setzte jemals ihre Theilnehmer in solche Alternative! Der Herausgeber, der (jener nachgelieferten Statuten

clausul unkundig) eine Actie für seinen noch un-
mündigen Sohn kaufte, spricht aus Erfahrung
und nimmt durch die Gewalt jener Statutenclausul
das in gewissem Grade drückende Gefühl mit in's
Grab, seinen Sohn zu einer jährlichen Contribution
von 6 ℳ 8 ß Cour. condemnirt zu haben, die sein
Sohn, wenn ihm anders nicht alle Mittel dazu
fehlen, freilich ohne alle Aussicht auf Zinsen - viel-
weniger auf Capitalersatz, wird zahlen müssen,
wenn seines Vaters Ehre ihm auch nach dessen
Tode noch Etwas gilt. So greift denn diese *allgemeine* Pensionsanstalt sogar in die Ruhe der Todten-
kammern ein; welches doch wohl ein Uebel im
Staat zu nennen wäre, wenn anders, das was man
mit Tausenden theilen muss, philosophisch betrachtet, noch ein Uebel genannt zu werden verdient!

Gebäude die zu öffentlichen Ver-sammlungen dienen.

Das Rathhaus,

von dem der älteste Theil im dreizehnten Jahrhundert erbauet wurde, liegt westlich von der Börse,
fast in der Mitte der Stadt und hält jetzt 258 Fuss
Länge, und 36 und 56 Fuss Breite. Der Mangel
an äusserer architectischer Schönheit dieses Gebäu-

des ist durch jüngst vorgenommene Reparaturen
und Nachhelfungen in Etwas beseitigt worden. Das
Innere war früher dem Aeussern entsprechend; und
mit altgothischen Gewölben versehen. Seit dem
Jahr 1814 ist aber dies Innere grösstentheils umge-
schaffen und mit modernen Sälen und Zimmern zu
den verschiedenen Stadtgeschäften bequemer eingerichtet worden. Es enthält 1) die Rathsstube.
2) die Obergerichts - Audienz - und Relationszimmer.
3) die Obergerichts-Registratur. 4) die Landstube.
5) der Oberalten - Versammlungssaal. 6) der Hundert und Achtziger Versammlungssaal. 7) die
Cämmerei. 8) die Schreiberei. 9) die Canzelei.
10) die Registratur. 11) das Zimmer der Schulden-
Administrations-Deputation. 12) die Zimmer für
die Bürgerconvente der fünf Kirchspiele. 13) das
Weddeamt. 14) das Gehäge, woselbst man an den
Rathstagen, Mondtags, Mittwochs und Freytags
von 2 bis 3 Uhr Nachmittags die Sachwalter und
sonstige Geschäftsleute versammelt sieht. 15) die
Bank, dies wichtige Institut Hamburgs. 16) das
Archiv, das in einem Nebengebäude des Rathhauses, welches von letztern durch einen schmalen
Canal getrennt ist. Unter dem Rathhause befindet
sich eine *Wachstube.* Vor der Hauptthür ist, der jetzt
kaum bemerkbare, in frühern Zeiten erhabenere
sogenannte *ehrlose Block,* auf welchem Pasquille
und infame Schriften verbrannt, auch wohl die
Verfasser derselben und sonstige grobe Injurianten
zur Schau gestellt werden, und Widerruf leisten

müssen. Vor Zeiten klagte man jeden Injurianten auf den ehrlosen Block an. In dem Thurme des Rathhauses hängt die sogenannte Schandglocke, womit die Jahrmärkte aus - und eingeläutet werden, und die auch angezogen wird, wenn einer auf dem ehrlosen Blocke steht, oder der Schandpfeiler an der Börse mit dem Namen eines meyneidigen Falliten öffentlich bezeichnet wird. Innerhalb des Haupteingangs hängen die hamburgischen Ellen - und Viertelellen-Maasse und das Klaftermaass des Holzes.

Die Börse.

Dies Gebäude liegt dem Rathhause gegenüber, einige Stufen niedriger als das Pflaster der Gasse, an und über dem Kanal. Sie hat in der Länge 112, und in der Breite überhaupt 94 Fuss. Ihr ganzer Flächenraum beträgt 11,000 Quadratfuss. Die alte Börse ist unbedeckt. Ueber der neuen Börse wurde in den Jahren 1557 und 1558 der *Börsensaal* erbaut. Dieser besteht aus zwei Abtheilungen, die theils zu öffentlichen Versteigerungen von allen Sorten Manufacturwaaren, Gemälden, Curiosis und andern Effecten, theils zu Versammlungszimmern für das Commercium dienen. Die Börse ist mit drei kleinen Thürmen geziert, von denen der mittelste ein Schlaguhrwerk hat. Der bedeckte Theil der Börse ruhet auf 14 Doppelpfeilern, woran man Nachrichten von abgegangenen und angekommenen Schiffen,

Auctionsanzeigen, Waarenpreisen u. s. w. angeschlagen findet. Die Börsenzeit währt von 3 bis 4 Uhr und noch länger.

Die Aufsicht über die alte oder unbedeckte Börse hat ein Ausschuss der Englands- Flandrer- und Schoonenfahrergesellschaft, dessen Mitglieder die *Börsenalten* heissen. Ueber den bedeckten Theil oder die neue Börse und dem Börsensaal, führen die Tuchhändler die Inspection. Beide wählen wechselsweise einen Officianten, welcher der *Börsenknecht* genannt wird, und mancherlei dieses Gebäude betreffende Geschäfte zu verwalten hat.

Das Eimbecksche Haus,

seiner Lage wegen früher das *hohe Haus* genannt, ist 155 Fuss lang und 93 Fuss breit und liegt an der *kleinen Johannisstrasse* und der Strasse *im Dornbusch,* (Garbraderstrasse). Es hatte von jeher mancherlei Bestimmungen. Es ward im Jahr 1325 zum ausschliesslichen Verkauf des damals sehr beliebten eimbeckschen Bieres berechtigt, woher es auch seinen Namen hat. Während der Bonapartischen Occupation ward die innere Einrichtung des Gebäudes verändert. Jetzt ist hier 1) *das Haupt-Accisecomptoir.* 2) *das Zollhaus.* 3) Eine Treppe hoch findet man das *Audienz* - das *Commissions-* das *Relationszimmer* und die *Canzelei* des *Niedergerichtes.* 4) das *Kriegsgericht* des Bürgermilitärs, welches im Audienzsaale des Niedergerichtes gehalten wird. 5) werden in eben diesem Zimmer Nachmittags um 5 Uhr *Häuser*, *Grundstücke* und *Schiffe öffentlich versteigert.* Zwei Treppen hoch ist 6) der *Lotteriesaal.* 7) das *Versammlungszimmer der Baudeputation.* 8) das *Actuariat des Fallitwesens.* 9) die *Registratur* der Ober - und Niedergerichtsacte, wie auch des *ehemaligen Tribunals* erster Instanz. 10) das *Versammlungszimmer der Zolldeputation.* 11) der *Audienzsaal*, das *Commissionszimmer* und die *Canzelei* des *Handelsgerichtes.* Früher befand sich hier das anatomische Amphitheater, in welchem auch äusserst gemeinnützige Lehrvorträge für junge Künstler, Fabrikanten und Professionisten mit Erfolg gehalten wurden. Unter diesem Gebäude liegt

Der Rathsweinkeller,

ist jetzt ein mehr privat - als öffentliches Local, in dessen weiten, kühlen Räumen sich ein ansehnliches Lager von allen Arten von Weinen, vorzüglich von Mosel- und Rheinweinen befindet. Auch die uralten ehrwürdigen Mutterfässer, welche die kostbaren Weine vom höchsten Alter (von 1620) in sich fassen, existiren noch auf demselben Platze (dem sogenannten *Heiligthum*) seit vollen zweihundert Jahren, obgleich in der verhängnissvollen Zeit des Jahrs 1813—14 die Bonapartischen Machthaber darnach gierten und sie an sich zu bringen suchten. Es gelang ihnen aber nicht, denn der Besitzer dieses ältesten Locals in Hamburg, Herr

Heerlein (unterstützt durch die Mitwirkung mehrerer patriotischgesinnten Mitbürger) erwarb sich das Verdienst, durch Ankäufe in einer 1813 öffentlich angestellten Auction dafür zu sorgen, dass diese alten kostbaren Schätze (dergleichen wohl schwerlich in vielen grossen Städte zu finden seyn mögten) dem Publico reservirt wurden.

Der ersten schriftlichen Erwähnung des Rathsweinkellers geschieht im Jahre 1326 und es scheint, als ob schon damals das eimbecksche Haus, darüber gebaut gewesen sey. Der Keller stand unter der Aufsicht eines Bürgermeisters, dreier Senatoren und vier Bürger, in deren Namen auch die sogenannten *Weinzettel* ausgestellt wurden. Dies sind geschenkte oder gekaufte Beglaubigungsscheine, durch deren Vorzeigung der Inhaber berechtigt ist, über eine auf denselben bestimmte Weinquantität im Rathskeller zu disponiren. Fremden Gesandten pflegte die Stadt bei Ueberreichung ihrer Creditive, oder bei Ankündigungen froher Kronbegebenheiten, als Regierungsantritten, Vermälungen, Geburten u. s. w. solche Weinzettel als ein Ehrengeschenk zu übersenden. Vor dem Eingange des Kellers steht in einer Nische ein aus Sandstein gehauener *Weingott* von guter Arbeit.

Die Börsenhalle,

ist ein nach dem Plane des Architecten *Ramé* im Jahr 1804 am 23. Januar eröffnetes Gebäude in der

Bohnenstrasse, welches zum Nutzen der Kaufleute
dient. Der Unternehmer dieses Institutes ist der
hiesige Kaufmann Herr *Gerhard von Hosstrup*. Die
Halle hat etwa *tausend* Abonnenten, die für den
jährlichen Pränumerationspreis von *Sechszig Mark*
oder 120 *Mark für drei Jahre* freien Zutritt haben.
Das untere Stockwerk dient als allgemeiner Versammlungssaal. Die Nebenzimmer enthalten verschiedene kaufmännische Utensilien und Bequemlichkeiten: Zeitungsblätter aller Hauptstädte, Wech-
selcourse, Preiscourante, Ein - und Ausfuhrlisten
aus allen europäischen Handelsplätzen und Häven,
ein Correspondenzbuch, worinn theils von Abonnenten mitgetheilte Handelsvorfälle, theils eben
eingelaufene politische Nachrichten sogleich aufgezeichnet werden, Auctionsbekanntmachungen, ein
Parerebuch, worinn zweifelhafte Handelsvorfälle
aufgenommen und dem Gutachten einzelner Abonnenten vorgelegt werden, und mehrere solche Requisiten sind theils in der Halle, theils in den angrenzenden Nebenzimmern zu finden. Auch liefert das
Local eine kaufmännische Handelszeitung (die
Börsenliste genannt) die jedoch mit der übrigen
Pracht des Ganzen in gar keinem Verhältnisse steht,
in der zweiten Etage ist ein grosser, geschmackvoll
decorirter Salon, welcher zu Concerten, Gastmählern und andern Zusammenkünften dient. Ihm
gegenüber befindet sich das Lesezimmer und eine
ausgewählte Büchersammlung, welche grösstentheils Schriften, die in das Handelsfach einschlagen,

als Lexica, Reisebeschreibungen, statistische Werke u. s. f. enthält. Das Haus hat einen Oeconom, der für Erfrischungen aller Art sorgt; ferner einen Buchhalter und Cassirer, zwei Aufseher im Lesezimmer, zwei Redactoren der Liste der Börsenhalle, u. s. w. Ein Thürsteher prüft die Eingehenden, ob sie wirkliche Abonnenten sind, und nimmt auch die Aufgabe derjenigen an, die Abonnenten werden wollen.

Das Börsenhaus

ist ein *am Ness* (hinter der Börse) gelegenes der *Börsenhalle* nachgeahmtes Local, das jedoch keineswegs ein unter gleichen Auspicien begründetes Institut ist. Es ist vielmehr nur ein durch seine örtliche Lage und Extension sehr begünstigtes *Börsen-Caffeehaus*.

Das Commercium

ist ein nahe *an der Börse*, zur Hälfte auf Pfeilern ruhendes Gebäude, in dessen oberem Stockwerke sich das Sessionszimmer des *Commerciums*, das *Comptoir des Protocollisten* und die *Bibliothek* (Siehe Art. *Bibliotheken*) befinden. Der untere Theil des Gebäudes enthält die *Rathswaage*.

Dicht neben diesem Gebäude steht der *alte Krahn*, eine Rotunde, worin eine Maschine angebracht ist, durch welche man mit leichter Mühe die schwersten Lasten aufzuwinden vermag. Der *neue Krahn*, ein jenem vollkommen ähnliches Gebäude liegt am innern Schiffshaven bei der *hohen Brücke*.

Oeffentliche Schulen.

Das Gymnasium,

das unweit der Sanct Johanniskirche, *am Plan* liegt, ward 1613 am 12. August eingeweiht. Die Vorfahren gründeten es um den voreiligen Uebergang von der lateinischen Schule auf die Universität zu verhindern. Es sollte die oberste Stufe für den gelehrten Vorbereitungsunterricht bilden. Das Gymnasium zählt *sechs* Professoren, wenn die Zahl derselben vollzählig ist, deren Vorlesungen über Philosophie, Mathematik, Physik, Metaphysik, Logik, Rethorik, Poetik. Naturgeschichte, Geschichte, griechische und hebräische Sprache in einem bequem dazu eingerichteten Hörsaale gehalten werden. Jährlich erscheint ein lateinisch abgefasstes Verzeichniss der Vorlesungen der Professoren, unter welchem letztern das Rectorat abwechselt. Das Gebäude enthält ausser dem erwähnten, mit zweien Cathedern versehenem und mit den Bildnissen Luthers und Melanchthons geschmückten Hörsaale: 2) die *Stadtbibliothek*. (Siehe Art. *Bi-*

bliotheken). 3) *eine Naturaliensammlung.* 4) *eine Sammlung* physicalischer und mathematischer In-.strumente. Das Gymnasium steht gegenwärtig wie das *Johanneum* unter der Direction des Drs. und Professors *Gurlitt.*

Das Johanneum,

oder die *lateinische Stadtschule*, liegt in einem Theil des vormaligen Sanct Johannisklosters, besteht aus eilf gewölbten Classensälen, und ward 1529 vom *Dr. Bugenhagen* geweiht. (Siehe Hamb. Chronik, 2r Theil, Seite 62. Hamburg bei Nestler 1821). Drei Professoren, mehrere Collaboratoren und Hülfslehrer sind bei dieser Schule angestellt. Die Oberaufsicht über dieses Institut, dass sich in die sogenannte *gelehrte Schule* und *Bürgerschule* theilt, hat das *Collegium Scholarchale*, welches aus vier Senatoren, fünf Hauptpredigern und sämmtlichen Oberalten besteht.

Kirchenschulen.

Jede der fünf Hauptkirchen der Stadt hat eine öffentliche Schule, in welcher die Jugend im Schreiben, Rechnen und in der Religion Unterricht geniesst. Diese Schulen stehen unter der Aufsicht des Ministeriums und die dabei angestellten Lehrer sind in der Regel unstudirte Schreib- und Rechnenmeister, die in *einem* Lehrzimmer *hundert* und *mehrere* Knabeu jedes Alters zum Unterricht vornehmen.

Armenschulen

hat nur die Neustadt und zwar ihrer *drei*: 1) die *Passmannsche*, welche 1683, 2) die *Rumbaumsche*, welche 1690 und die *Wetkensche*, welche 1703 errichtet und nach ihren Begründern benennet wurden.

Die deutsch-reformirte öffentliche Schule,

ein Local in der Strasse *an den Kohlhöfen*, deren jetziger Vorsteher der würdige *Johann Christoph Heise*, ein glücklicher Liederdichter, ist. Diese Schule steht unter der Aufsicht der deutsch reformirten Prediger.

Oeffentliche Bibliotheken.

Die Stadtbibliothek

befindet sich im Gebäude des *Gymnasiums* (am Plan). Sie ward 1649 gestiftet und hernach durch Vermächtnisse, Geschenke und durch Ankauf ansehnlich vermehrt, so dass sie fast alle vorzügliche Schriften des 17ten und 18ten Jahrhunderts und die

12*

Hauptwerke der neuern Zeit aus allen Fächern enthält. Nach der letzten Zählung der sämmtlich
darin vorhandenen Bücher soll die Zahl der Bände
etwa 180,000 seyn. Besonders reich ist das natur-
wissenschaftliche und geschichtliche Fach; auch die
meisten grösseren Kupferwerke für das Studium der
alten und neueren Kunstgeschichte, eine wichtige
Sammlung von Manuscripten (unter diesen sind
mehrere von *Wolf* gekaufte, und mit den seinigen
an die Bibliothek gekommene Uffenbachische, deren
Verzeichniss: „*Catalogus Manuscriptorum Codicum*
„*Bibl. Uffenb. Francof. ad Moen.* 1747. 8." in den
Händen vieler Bücherliebhaber ist, ohne dass ihnen
bekannt ist, wo diese Sammlung zu suchen sey);
eine Münzensammlung und verschiedene Naturalien,
auch Kunstarbeiten und Alterthümer besitzt diese
Bibliothek, deren Benutzung durch einen Nominal-
und Realcatalog (der jedoch nicht gedruckt ist)
erleichtert wird. Unter den Bildnissen verdienter
Mitbürger, die den untern Saal zieren, befinden
sich die Portraits von *Wolf, Goeze, Klopstoch u. A.*
Auch sieht man dort das vom Professor *Suhr* gemalte
Bildniss des verstorbenen Bibliothekars Professor
Ebeling, dieses eben so sehr durch gründliche
Kenntniss der alten und neuen Sprache, und des
ganzen Gebietes der Wissenschaften und ihrer Lite-
ratur wie durch rastlose Thätigkeit ausgezeichneten
Gelehrten. — Hier ansässige Bürger und Bekannte
hiesiger Gelehrte (Unbekannte gegen angemessene
Sicherheit) können Bücher, nach Vorschrift der

gedruckten Bibliotheksordnung von 1751, in den
Mittagsstunden von 12—½ Uhr am Mittwoch und
Sonnabend in welchen Stunden die Bioliothek auch
Fremden gezeigt wird, geliehen erhalten. Während
der Ferien des Gymnasiums ist die Bibliothek ge-
schlossen. Die beiden jüngsten Professoren des
Gymnasiums stehen jetzt dem Bibliothekarge-
schäfte vor; zwei Gymnasiasten sind Gehülfen der-
selben, Schreiber ist der Pedell des Gymnasiums.
Ausserdem ist ein Aufseher im Gebäude zu jeder
Tageszeit anzutreffen, welcher beauftragt ist, den
Fremden nähere Auskunft zu geben.

Für die ungeheure Anzahl der Bände dieser
Bibliothek ist das Local unstreitig zu beschränkt.
Es wäre zu wünschen, dass das ohnehin jetzt unbe-
nutzte Schiff der Sanct Johanniskirche zu diesem
Behufe geräumt und zweckmässig eingerichtet
würde.

Uebrigens ist jeder Verfasser eines in Hamburg
gedruckten Buches gesetzlich verpflichtet, *Ein*
Exemplar desselben der Stadtbibliothek einzusenden.
Auch wird von jedem neu erwählten Rathsmitglied,
ein der Bibliothek fehlendes Hauptwerk geschenkt.

Die Commerzbibliothek

befindet sich in dem oben erwähnten Gebäude des
Commerciums. Sie hat einen gedruckten Catalog
und enthält eine treffliche Auswahl der vorzüglichsten zur Handelswissenschaft gehörenden Werke,

statistischen, politischen, geographischen, merkantilischen und technologischen Inhalts. Herr *Licent.*
Mönkeberg ist Bibliothekar, und bei diesem muss
man sich auf dem Comptoir des *Commerciums* melden, wenn man die Bibliothek benutzen will.

Die Bibliothek der patriotischen Gesellschaft

die im Hause dieser Gesellschaft (grosse Johannisstrasse, Ecke vom Plan) befindlich ist, wird jeden
Donnerstag von 12 bis 2 Uhr zur Besichtigung und
zum Verleihen der darin befindlichen Bücher geöffnet. Mit ihr ist eine Kunst- und Naturaliensammlung verbunden, wovon die Cataloge zum Theil
gedruckt, jedoch sehr vollständig im Manuscript
vorhanden sind. Der Vorsteher der Bibliothek ist
Herr *Hübbe*, Pastor am hamburgischen Waisenhause.

Die Bibliotheken der Kirche St. Jacobi und St. Catharinen

die besonders treffliche Bibelausgaben auch Schriften
der Kirchenväter und ältern Theologen, besonders
die Exegese betreffend zählen, sind ebenfalls zur
öffentlichen Benutzung geöffnet.

Die Militärbibliothek

ist ein angehendes Institut, das im Jahr 1819 durch
mehrere hamburgische hanseatische Officiere be-

gründet ward. Dieses lobenswerthe Unternehmen
ist jetzt so weit gedichen, dass nicht nur zur Verwaltung der Bibliothekangelegenheiten eine Commission ernannt worden ist, sondern auch sehr
zweckmässige Gesetze abgefasst sind, und ein Catalog der bereits vorhandenen Bücher dieser Bibliothek
gedruckt ward. Uebrigens ist diese Bibliothek nur
zum Gebrauch der Mitglieder dieser geschlossenen
Gesellschaft geöffnet.

Magazine, Zeughäuser etc.

Der Bauhof,

ein *am Deichthorwall* belegenes 288 Fuss langes, im
Jahr 1675 erbauetes Gebäude, das ein unregel-
mässiges Viereck bildet. Es ward ehemals zur Aufbewahrung und Verarbeitung aller Arten von Baumaterialien, zur Anlegung und Erhaltung öffentlicher Gebäude benutzt. Jetzt, da alle öffentliche
Bauten an den Mindestfordernden verlicitirt werden,
dient es als Zeughaus.

Das Artilleriezeughaus,

am *Zeughausmarkt*, ein 144 Fuss langes und 46 Fuss
breites unansehnliches Gebäude, das gegenwärtig
zu nichts als zur Aufbewahrung der Geräthschaften
der Baudeputation dient, und seinem Verschwinden
entgegen sieht.

Das Admiralitätszeughaus,

liegt in der *Admiralitätsstrasse,* dem Waisenhause
gegenüber, am Canal. Es besteht aus zwei schmalen 300 Fuss langen Gebäuden und enthält allerlei
Requisiten zu Schiffsausrüstungen u. s. w.

Das Kornhaus

am alten Wandrahm belegen, ward früher zu dem
Zwecke benutzt, nach welchem es den Namen hat.
Jetzt, nachdem es 1813-14 französisches Hospital
wurde, dient es der hamburgischen Stadtmiliz als
Caserne. Das Haus ward 1660 erbauet.

Die Theermagazine.

Wegen des leicht feuerfangenden Materials
sind solche ausserhalb der Stadt, auf dem Stadtdeiche, befindlich. Alles was von Theer, Pech,
Terpentin, Schwefel u. dgl. Waaren in der Stadt
ist, muss in diese Magazine zur Aufbewahrung
abgeliefert werden. Jeder Kaufmann darf nur eine
gewisse Quantität dieser Waaren in seinem Hause
haben. Die bei den Magazinen stehenden Schild-
wachen müssen Acht haben, dass keiner mit einer
brennenden Pfeife vorübergehe, u. s. w.

Pulvermagazine

sind unweit der Artilleriewache auf dem Theil des Walles beim Holzdamm, unten in der Faussebraie desselben erbaut. Die Einrichtung in Absicht der Aufbewahrung dieses gefährlichen Materials ist die nemliche, wie bei den vorhergehenden. Da indessen die Abtragung des Stadtwalles bewerkstelligt werden wird, so ist anzunehmen, dass Gebäude dieser Art bald ganz in und um Hamburg verschwinden werden.

Der Kalkhof

liegt in der Dammthorstrasse, nahe an der Alster. Hier sind zwei Oefen zum Kalkbrennen in der Gestalt oben abgestumpfter Pyramiden (Kalkrüsen), jeder ohngefähr 110 Fuss hoch. In diesen Oefen wurden zur Zeit 1800 Schiffpfund Kalksteine gebrannt, die 38 Faden Holz erforderten. Der gebrannte Kalk ward in zwei daneben liegenden, von Pferden getriebenen, Mühlen gemahlen, und der Verkauf desselben war ein Monopol der Stadt. Das rohe Material kam in platten Fahrzeugen von Segeberg auf der Alster an die Stadt. Jetzt hat diese Einrichtung ziemlich aufgehört und die Kalkrüsen stehen fast ganz unbenutzt.

Die Hanfmagazine

auf dem Hamburgerberge, dicht am Ufer der Elbe, sind grosse Speicher, in welchen ansehnliche Vorräthe von Hanf, Werg u. s. w. aufbewahrt werden.

Mühlenwerke, Brunnen, Wasserleitungen etc.

Wassermühlen

hat die Stadt *fünf* an der Zahl. 1) die *Ober-* oder *alte Mühle* an der Alster am Oberdamm, unweit des Jungfernstieges, ist die älteste von allen hamburgischen Mühlen und schon im Jahre 1164 vom Grafen *Adolph dem Dritten von Schauenburg* angelegt worden, von welcher ersten Anlage nur noch ein kleiner Rest der Mauer an der Seite des breiten Giebels steht. Das übrige brannte 1531 ab und ward 1535 wieder hergestellt. 2) die *Mühle am Niederdamm*, oder bei der Mühlenbrücke *(Herrenmühle)*. Sie wurde schon im Jahre 1246 von der Stadt erbauet. An der Seite des Maria Magdalenenkirchhofes war sonst die Niederlage des Mehls und der zum Besten der Armen eingerichtete öffentliche Mehlverkauf, dessen von den Herren und Bürgern der Bank bestimmter Preistarif aussen an der Mühle angeschlagen ward. Von diesem Umstande rührt der Name Herrenmühle her. 3) *am Graskeller.* 4) *am kleinen Fleet.* 5) die *Poggenmühle* am Ende des alten Wandrahms.

Windmühlen

sind vier auf den Wällen der Stadt: 1) *am Deichthore.* 2) bei der *Lombardsbrücke.* 3 und 4) auf beiden Seiten des Walles *am Altonaer Thor.*

Wasserleitungen,

welche das Wasser durch alle Gassen der Altstadt treiben giebt es drei. Zwei sind bei'm *Jungfernstiege* am Oberdamm, und die dritte bei'm *Graskeller* am Niederdamm.

Feldbrunnen.

Von diesen wird *einer vom Grindel* (ausserhalb des Dammthors) durch den Jungfernstieg und *drei* werden vom *Hamburgerberge* durch bleierne und hölzerne Röhren in die Stadt geleitet.

Seit einigen Jahren hat unser verdienstvoller Mitbürger Herr *Georg Elert Bieber* seine höchst gemeinnützige Anstalt, welche die Bewohner der Neustadt mit schönem Wasser versorgt, woran sie bisher den grössten Mangel litten, eröffnet. Es ge-

geschieht diese Hinleitung des Wassers vermittelst eines Maschinenwerks, welches zwischen Hamburg und Altona an den Ufern der Elbe mit Sachkenntniss angelegt, das herrliche Elbwasser der Stadt zuführt. Dies Unternehmen wäre schon an und für sich äusserst verdienstlich, allein es erhält in den Augen eines Jeden, der nur irgend einen Begriff von den mannichfaltigen, damit verbundenen Schwierigkeiten hat, einen erhöheten Werth, wenn man hört, dass der unermüdete Herr *Bieber* sein Werk *zweimal* schaffen musste. *Davoust* zerstörte nemlich bei der Abbrennung des Hamburgerberges, auch diese so eben aufblühende Schöpfung unseres patriotischen Mitbürgers. Doch der brave Mann liess sich nicht irren, begann vesten Sinnes, nach dem Abzug der Feinde, sein Werk von Neuem, und hatte endlich die Freude es vollendet zu sehen. Er hat sich durch diese Anstalt ein Verdienst um die Stadt erworben, das dauernder seyn wird, als der Lorbeer, den mit Blut und Thränen erkaufte Siege um die Stirne des Eroberers flechten.

Brücken

hat die Altstadt, vermöge der vielen Canäle der Stadt, mehrere. Die merkwürdigste aller Brücken Hamburgs war unstreitig die nunmehr wieder vernichtete *lange Brücke* die auf Befehl des Bonapartischen Machthabers *Davoust* im Jahr 1813 in *drei und achtzig* Tagen vom Grasbrook über die Elbe nach Wilhelmsburg und Harburg, wirklich als Meisterstück der Baukunst und gleichsam wie durch Zauberschlag entstand. Fehlte es dieser Brücke auch an jeglicher Verzierung, so gewährte sie doch einen imponirenden Anblick. Jetzt lebt sie nur noch im Bilde, das der Prof. *Suhr* durch seinen kunstgeübten Pinsel von ihr entwarf, und von welchem sauber colorirte Abdrücke in Royalformat in der *Suhrschen* Kunsthandlung in der Bohnenstrasse dem Liebhaber zu Kaufe vorhanden sind.

Oeffentliche Gebäude zu verschiedenen Zwecken.

Der Lombard

oder das öffentliche Leihhaus auf der Wallbrücke gleiches Namens die das Bassin der Binnenalster von dem der Aussenalster trennt. Es ward im Jahre 1651 errichtet und 1722 erweitert. Jetzt ist in diesem Local das Institut des Krankenhofes und das Local des Lombards ist in das vormalige Armenhaus verlegt worden. (Siehe Art. Armenstifte.)

Die Münze

befand sich in der dazu eingerichteten Behausung des Münzmeisters in der Garbraderstrasse, dicht neben dem Eimbeckschen Hause. Seit der französischen Occupation erwartet dieses Institut seine fernere Bestimmung. Hamburg erhielt durch Vermittlung *Adolphs I. von Schauenburg* im Jahre 1189 vom Kaiser *Friedrich Barbarossa* das Recht Münzen zu prägen. Der jetzige Münzfuss ward am 8. August 1622 eingeführt, nach welchem der Reichsthaler 48 ß; der Speciesthaler aber 60 ß Court. hält. Hamburgs ausgeprägte Münzen sind:

In Golde

als Schaumünze: ganze, halbe und viertel *Portugalöser*, 10, 5 und $2\frac{1}{2}$ Ducaten schwer. Die Ganzen sind an Goldwerth nur auf 20 Thaler Banco zu schätzen; doch wechselt man sie, wenn sie neu sind für 22 Thaler Banco also zu 80 ℳ Court. ein. Ferner an goldnen Münzen doppelte und einfache Ducaten à 6 ℳ pr. Ducat, zu 1, 2, 3 pCt. besser als Banco, also in Courant 7 ℳ 8 ß bis 8 ℳ das Stück.

In Silber:

Zwei Markstücke à 32 ß; Ein Markstücke à 16 ß; Acht, Vier und Zwei Schillingstücke; als Scheidemünze 1, $\frac{1}{2}$ und $\frac{1}{4}$ ß. Kupfergeld hat Hamburg nicht. Die Handelsbücher werden in Banco-Marken, Schillingen und Pfennigen geführt.

Das Schützenhaus,

ein altes unansehnliches Gebäude, am Schweinmarkt unweit des Steinthorwalles, hinter welchem sich ein Schiessgraben befindet, in welchem die hamburgische Schützengesellschaft zu Zeiten nach der Scheibe schoss, bis im Junius 1819 diese Gilde durch Rath - und Bürgerschluss aufgehoben ward.

Das Baumhaus

liegt am *Steinhövd*, am innern Schiffshaven. Es ruht auf Felspfeilern und ward 1622 im holländischen Geschmacke erbauet. Es gehört der Cämmerei, die es an einen Gastwirth verpachtet, bei dem die über die Elbe nach Hamburg kommenden Reisenden einzukehren pflegen. Der geräumige Saal des Gebäudes, der an 200 Personen fassen kann, wird dann und wann zu Gastmählern, Bällen u. s. w. benutzt. Ueber dem Dachstuhl des Hauses sind ein freundliches Zimmer und zwei Altane gebauet, von wo aus man eine ausgebreitete Uebersicht des Havens und des Elbstroms geniesst: Eine für jeden Fremden sehenswerthe Merkwürdigkeit Hamburgs.

Kaisershof.

Dies alte, im 17ten Jahrhundert entstandene Gebäude liegt dem Rathhause gegenüber, und gehört ebenfalls der Cämmerei, welche es verpachtet hat. Es ist schon seit langer Zeit einer der ersten Gasthöfe der Stadt. Das Haus hat vermöge einer Uebereinkunft mit der Kammer das Recht, jährlich

13*

im Winter, maskirte Bälle zu veranstalten, wovon die Inhaber indess bisher keinen Gebrauch gemacht haben. Im Jahre 1619, kurz nach seiner Erbauung, diente es zum Wechselhause, wo Münzsorten ausgewechselt, Anweisungen bezahlt und Schuldforderungen mit baarem Gelde getilgt wurden.

Die Schiffergesellschaft,

ein Gebäude zwischen der *Bohnenstrasse* und der Strasse *an der neuen Burg*, steht unter Aufsicht der Schifferalten. Es dient als Schenke, als Auctionsort für Schiffe, Schiffsparten, Mobilien, Bücher u. s. w. Für ein Trinkgeld zeigt der Aufwärter in diesem Hause den Besuchenden einen grossen silbernen Pokal, der unter den Effecten des berüchtigten im Jahr 1402 zu Hamburg hingerichteten Seeräubers *Claus Störtebeker* befindlich gewesen seyn soll.

Die Ober - und Niedergesellschaft.

Das Haus der *Obergesellschaft* gehört den *Englandsfahrern* und hat den Namen von der Lage in dem obern Theil der Pelzerstrasse, wo diese Gesellschaft bei festlichen Gelegenheiten, als der Wahl neuer Mitglieder, Rechnungsablegungen u. s. w. ihre Zusammenkünfte hielt und da diese Verbindung dem Namen nach, noch jetzt besteht, auch noch hält. Das Haus der Niedergesellschaft, oder der *Schoonenfahrer*, liegt im untern Theil der nemlichen

Strasse. Es diente und dient noch zu dem nemlichen Gebrauch wie jenes, und wurde wie jenes
im 14ten Jahrhundert von den Theilnehmern an
jenen Gesellschaften von der Stadt gekauft. In den
dunkeln engen Stuben dieser Häuser ward der
Grund zu Hamburgs späterem glänzenden Handel
gelegt. Beide Häuser werden auch als öffentliche
Gasthäuser benutzt.

Der Lotteriesaal,

ein von den französischen Machthabern in gutem
Styl errichtetes Gebäude zum Behuf der Ziehung
der Bonapartischen Zahlenlotterie, liegt auf der
Höhe der *Neustädter Fuhlentwiete*. Gegenwärtig
dient es dem Bürgermilitär der Stadt als Canzelei-
gebäude.

Das Stadthaus,

liegt am *Neuenwall* und ist unter den ältern Wohn-
gebäuden der Stadt, in Rücksicht auf Architectur,
an welcher man die gute italienische Schule nicht
verkennen kann, das schönste. Es wurde vom
Baron von Gortz, dem Minister Königs Carl XII.
erbauet, und im Jahr 1722 von der Stadt von dessen
Erben gekauft, um dem Kayserl. Gesandten zur
Wohnung zu dienen. 1806 ward es zur unbe-
schränkten Disposition der Stadt zurückgegeben.
Gegenwärtig sind in diesem Gebäude die Zimmer

der Polizeybehörde, und die Versammlungssäle mehrerer bürgerlichen Commissionen. Im oberen Stocke ist ein geschmackvoll decorirter Saal, in welchem Tischbeins grosses Gemälde: Die Rückkehr der Bürgergarde, in das befreite Hamburg, unter Anführung des Grafen Bennigsen, aufgestellt ist. Gegen eine kleine Gabe an die Armen erhalten Fremde leicht die Erlaubniss, das Gemälde zu besehen, und haben sich deshalb unten im Hause an einen der Aufseher zu wenden.

Das Stempelcomptoir,

liegt neben dem Eimbeckschen Hause, im Dornbusch No. 76 P. 3, welches alle Tage, mit Ausnahme der Sonntage, und an Festtagen, die auf Wochentage fallen, für den Stempel von 11 bis 2 Uhr, und für den Wechselstempel von 4 bis 8 Uhr geöffnet ist. Es hat einen Lagerbewahrer, drey Einnehmer, einen Buchführer der See - und Feuerpolicen und drey Buchführer der Wechsel. Ehemals war in diesem Gebäude die *Münze* und die Wohnung des Münzmeisters.

Freimaurerlogen.

Sind: 1) in dem schönen Gebäude *an der grossen Drehbahn*, das Logenhaus der sieben vereinigten, eine grosse Loge bildenden hamburgischen

Logen. Der herrlich verzierte Saal im Erdgeschoss
wird dann und wann Virtuosen zum Concertgeben
überlassen.

2) in dem ehemaligen *Schimmelmannschen Palais*
in der Mühlenstrasse, der Versammlungsort der
vier, *eine* Provincialloge bildende Loge, Berliner
Constitution in Hamburg.

Oeffentliche Belustigungs - und Erholungsörter innerhalb der Stadt.

Das Stadttheater,

eine Zeitlang auch das *deutsche* Theater, oder auch
seiner örtlichen Lage wegen das *Theater am Gänsemarkt* beigenannt, liegt hinter diesem Markte auf
einem Platze zu welchem zwei, seit etlichen Jahren
erweiterte Eingänge (*Opernhöfe* genannt) führen.
Das Gebäude selbst ward 1765 durch einen hamburgischen Baumeister Namens *David Fischer* aufgeführt, hat aber von aussen nicht das mindeste
Empfehlende. Die höchst lesenswürdige Geschichte
dieses Theaters hat *Schütze* in seiner „hamburgischen
„Theatergeschichte, Hamburg 1794" umständlich
entwickelt. Die vor etlichen Jahren neu verfertigte
innere Verzierung der Logen etc. (Arabesken) sind
mit stechenden Farben ausgeführt und thun dem
Auge eher weh als wohl. Von jeher war diese

Bühne eine Pflanzschule angehender Schauspieler, die nicht selten als vollendete Künstler von ihr schieden. Sie ist es noch. Besonders gelingend sind die Darstellungen von Familienschauspielen und Conversationsstücken jeder Gattung. Uebrigens wechselt auf dieser Bühne die *Oper* mit dem *recitirenden Schauspiel,* nach unzubestimmender Richtschnur ab. Auch besteht seit Jahr und Tag ein gut einstudirtes und trefflich geübtes *Kinderballet.* Die Decorationen, die in den letztern Jahren bedeutend vermehrt wurden, sind fleissig, obwohl mitunter zu grell gemalt. Die Garderobe ist für die Hauptpersonen in der Darstellung glänzend, während für untergeordnete Subjecte sich oft Mängel blicken lassen. Das männliche Personal der aus mehr als 50 Personen bestehenden Mitglieder zählt in diesem Augenblicke mehrere vortreffliche, ja berühmte Künstler; das weibliche Personal hingegen kaum drei bis vier Individuen, die besonders gelungene Leistungen zu liefern im Stande sind. Die Direction ist in den Händen zweier achtungswürdigen Mitbürger: des Herrn *J. Herzfeld* und des rühmlich bekannten Dramaturgen *F. L. Schmidt.* Ohne der regen Wirksamkeit dieser einsichtsvollen Direction im mindesten zu nahe zu treten, ist es dem kunstliebenden Patrioten wohl zu gestatten, wenn er den Wunsch hegt und äussert, dass eine blühende Stadt wie *Hamburg* sich eines *Nationaltheaters* erfreuen mögte. Hamburgs Bühne würde dann in noch höherem

Grade für alle Zeiten das für die Kunst seyn und bleiben, was sie früher für dieselbe war, und was sie jetzt nur in sehr untergeordneten Beziehungen ist: *eine Schule deutscher dramatischer Kunst.* Privatunternehmung kann nicht anders, als Privatsorge und Privatinteresse haben. Wo reine Kunst weilen soll, darf Beides nicht obwalten, oder richtiger: Reine, wahre Kunst darf Beides nicht berücksichtigen. Aber solche Höhe kann nur ein Etablissement erreichen, das unabhängig von bürgerlichen Verhältnissen sich durch nichts eingeschränkt fühlt, als durch die Endlichkeit, die, wie jedem Menschen, auch dem Künstler seine Grenzen setzt. Nach diesen Ansichten und solchen, die denselben analog sind, müsste Hamburg sich sein Nationaltheater errichten. Reiner wahrer Kunstsinn wäre die erste Grundlage auf welcher ein solches Gebäude ruhen müsste, doch — ich breche ab, denn gewiss vielen meiner Leser drängen sich so wie mir jetzt, Schillers Worte auf:

"Die Welt wird *alt* und wird *wieder jung,*
"Und der Mensch *hofft immer Verbesserung.*"

Das Theater an der Drehbahn,

früher das *französische Schauspielhaus* genannt, weil vor etlichen Jahren eine transrhenische Schauspielergesellschaft Vorstellungen darin gab. Späterhin diente es bald diesen bald jenen wandernden Thespisjüngern auf kurze Zeit eine Freistatt zu geben. Im

Winter 1817 übernahm ein hamburgischer Particulier diese Bühne, legte ihr den prunkenden Namen *Apollotheater* bei, wollte sie gänzlich umschaffen, und das Ausserordentliche leisten. Mancher Ueberkluge oder Vorlaute warf zur Zeit der Eröffnung jenes Apollotheaters die Direction des Stadttheaters, wie man zu sagen pflegt — mit Koth; indessen: die Schwindler, die Superklugen, die Vorlauten mussten, schaamroth gemacht, durch ihr eigen missgestaltet Werk, von dannen ziehn, während unzertrümmert, ja unangefochten die ehrwürdigen Bretter auf denen ein *F. L. Schröder*, ein *Eckhof*, ein *Zuccarini*, eine *Ackermann*, eine *Sophie Schröder* etc. glänzten, ruhig die bunte Welt im Kleinen über sich hinschreiten lassen. — Jetzt ist das leicht aus Holz gezimmerte Theater an der Drehbahn von der Direction des Stadttheaters gepachtet und geschlossen worden, und wird nur benutzt um die Proben der Kinderballette für das Stadttheater daselbst zu halten.

Theater in der Steinstrasse,

nach der Gegend der Stadt so genannt, in welcher es liegt. Ob der Stadt nun eine Ehre durch dies Theater, oder diesem Theater eine Ehre durch die Stadt zu Theil wird, lassen wir, wie billig und vernünftig ist, unerörtert. Wer Kotzebue's „Thea-„ter in Krähwinkel" *in puris naturalibus* sehen will, der schaue die Histrionen, die dort spreizbeinig

und lungenfertig die Musen nothzüchtigen, und
lache, wenn sein Temperament ihn dazu berechtigt, über die Thorheiten dieser Welt. Stoff dazu
wird ihm gewiss dort geboten, wenn er anders
nicht zu der Hefe des 'Volks gehört. Auch ein
Kinderballet ist seit einiger Zeit bei dieser Bühne,
welches nicht ganz übel. Indess wer vermag es zu
wiederholtenmalen einem fast dreistündigen panto-
mimischen Tanze, dem durchaus die italienische
Schule fehlt, ohne Gähnen, ja ohne Ekel zuzusehen?

Der Apollosaal,

nach beliebter transrhenischer Mundart *Salon
d'Apollon* genannt, ist ein im Jahre 1804 für Rechnung eines hamburgischen Particuliers errichtetes
Gebäude nahe an dem Theater an der Drehbahn,
mit welchem es auch in Verbindung steht. Das
Gebäude hat einen trefflich gebauten 80 Fuss langen,
30 Fuss hohen und 50 Fuss breiten ovalen Concert-
saal; in welchem hiesige und durchreisende Virtuosen sich zuweilen hören lassen. Neben dem Saale
liegen mehrere bequeme Zimmer, die eins mit dem
andern zu Concerten, Bällen und Assembleen ein
sehr zweckmäsiges Local bilden. Zur Winterszeit
pflegt in dem Saale alle vierzehn Tage von zum
Theil sehr talentvollen Dilettanten ein Concert für
eine geschlossene Gesellschaft unter der Leitung
eines hiesigen rühmlich bekannten Tonkünstlers

14

gegeben zu werden. Fremde die hier Concerte zu geben
wünschen, erhalten nähere Auskunft bei dem Wirthe,
der das Haus gepachtet hat, und dasselbe zu gleicher
Zeit bewohnt. In der nemlichen Gasse befindet
sich noch ein für die geringere Volksklasse bestimmter Belustigungsort, der wohl unter dem Namen
Musentempel oder

Musensalon

bekannt ist. Man muss indess diesen Namen nicht
im eigentlichen Wortverstande nehmen, denn nirgends wird wohl weniger als in diesem Local den
himmlischen Musen gehuldigt. Es ist nichts Un-
wahres daran, wenn man von diesem sogenannten
Tempel berichtet:

    „Die Musen wissen nichts von *ihm*,
    „Wie *er* nichts von den Musen!"

Im Gegentheil gehören die weiblichen Wesen,
die sich sehr zahlreich hier einfinden, zu der Classe
ganz gewöhnlicher Phrynen, welchen nur mit sehr
materiellen Opfern gedient ist. Mit einem Wort,
dieser Quasi-Musentempel ist nichts mehr und nichts
weniger als ein Versammlungsort der hiesigen Freu-
denmädchen aus allen Classen, welche hier bei
Musik und Tanz ihre Lockangeln unter das zahlreich sich einfindende Publikum männlichen Geschlechts auswerfen. Der stärkere oder schwächere
Zuspruch von Lüstlingen aus den höhern und niedern Ständen giebt einen apodictischen Beweis der

gesunkenen oder nicht gesunkenen Moralität Hamburgs ab. Uebrigens ist dieser Tanzsaal von einer ansehnlichen Grösse und elegant decorirt. Es giebt in Hamburg noch mehrere solcher Säle, worunter sich der Saal bei *Ahrens* in der Neustädter Neustrasse, der durch Gas erleuchtet wird, so wie der Saal

Die Bacchushalle

genannt, in der *Böhmkenstrasse*, durch Grösse und elegante Verzierungen am meisten auszeichnen. Auch hier besteht das weibliche Publicum grösstentheils aus Hetären, und das männliche aus — ihren Verehrern.

Das Badeschiff

im innern Bassin der Alster unweit des *Jungfernstiegs*. Es verdankt seine Existenz einer durch die Gesellschaft der Künste und nützlichen Gewerbe im Jahre 1793 bewirkten Subscription, vermittelst welcher es nach einem von dem verstorbenen Architecten *Arens* angefertigten Risse erbauet wurde. Während der Sommermonate ist es Jedermann gegen ein zu lösendes Einlassbillet zum Gebrauch geöffnet. Es enthält viele Bequemlichkeiten, (Siehe Art. Gesellschaft zur Beförderung der Künste etc.) Eine eben nicht vorzüglichere, doch theurere Badeanstalt befindet sich unter dem Namen .

Etablissement de bains

im Hause eines geschickten französischen Arztes, des Dr. *Pinçon* auf den grossen Bleichen. Alle möglichen Arten kalter und warmer, Mineral- und Kräuterbäder zum Gebrauch für Kranke und Gesunde findet man hier. Allenthalben herrscht die grösste Reinlichkeit und Eleganz; zugleich ist für eine prompte und schnelle Bedienung gesorgt und überall ist der feine und ausgebildete Geschmack des Unternehmers sichtbar. Aehnliche Badeanstalten finden sich im Garten *Sanssouci*, Dammthorstrasse No. 28, und bei der *Wittwe Beckmann*, am Zuchthause No. 90. (Ueber das zu Cuxhaven angelegte hamburgische Seebad, sehe man den 5ten Abschnitt dieses Werks unter der Rubrik: *Ritzebüttel.)*

Der Alsterpavillon,
Der Schweizerpavillon,
Der Elbpavillon,

sind drei fast immer stark besuchte Erfrischungshäuser *(Buffets)*, von denen die beiden ersten im Jungfernstiege, letzteres auf dem Wall unweit des Altonaerthores liegen. In letzteren finden zuweilen Bälle für die mittlere Volksklasse Statt; im Schweizerpavillon ist es herkömmliche Sitte *keinen Taback zu rauchen.*

Der Jungfernstieg.

Ein ungefähr 400 Schritt langer, verhältnissmässig breiter, mit drei Reihen Linden bepflanzter
Spatzierweg. Auf der einen Seite desselben befindet sich eine Reihe grösstentheils wohlgebaueter
Häuser und auf der andern der blaue Wasserspie-
gel des innern Alsterbassins; durch die majestätisch auf ihm einherschwimmenden Schwäne belebt, welches nicht wenig zu den Annehmlichkei-
ten dieser Promenade beiträgt. Im Sommer ist das
Gewühl der Spatziergänger, besonders gegen
Abend, ausserordentlich gross. Eine Menge kleiner und grösserer Lustfahrzeuge, schwimmen theils
mit, theils ohne Instrumentalmusik auf der Alster.
Wird die Scene durch das Mondlicht erleuchtet,
so gewährt sie einen doppelt schönen Anblick und
macht die Promenade noch interessanter. Leute
aus allen Ständen und Classen, Einheimische und
Fremde, Reiche und Arme, Herren in runden Wol-
kenperücken und junge Elegants mit struppigen
Titusköpfen, oder neudeutsche Altdeutschthümler,
wohlbeleibte Damen und schlanke Nymphenfiguren,
ehrbare Mädchen und Hetären, die auf den Fang
ausgehen, Zuckerbäckerknechte und Dienstmäd-
chen, idealische Schönheiten und Gilraische Karri-
katurgestalten; alles wandelt hier in traulicher Eintracht untereinander. Bis gegen zwölf Uhr währt
insgemein das Gedränge, dann vermindert es sich

und die Priesterinnen der Venus Vulvivaga sind gewöhnlich die letzten, welche am Arme irgend eines für diese Nacht eroberten männlichen Begleiters die Promenade verlassen. Auch an heiteren Wintertagen, wenn das Alsterbassin mit einer Eisdecke belegt ist, versammelt sich besonders in den Mittagsstunden die schöne Welt hier häufig, um die künstlichen Bewegungen der Schlittschuhläufer zu betrachten. Gezelte und Hütten sind dann auf der Alster errichtet, wo Erfrischungen aller Art zu haben sind, und das Ganze gewährt einen angenehmen und überraschenden Anblick. Das letzte Point de vue vom Jungfernstieg aus, ist die Lombardsbrücke, welche das innere Alsterbassin von dem äussern trennt.

Der Garten Sanssouci,

ist ein an der Westseite der Alster gelegenes Wirthshaus mit einer guten Badeanstalt, und einem kleinen Garten. An schönen Sommerabenden pflegt dieser Garten nicht übel erleuchtet zu seyn.

Die Harmonie,

ist ein seit mehreren Jahren errichteter Club, welcher jetzt aus mehr als 500 Mitgliedern besteht, und den weisen und angenehmen Genuss der Erholungsstunden zum Zweck hat. Die Versammlungs- und Lesezimmer der Gesellschaft, in dem ihr zuständigen Hause auf den grossen Bleichen, sind den ganzen Tag den Mitgliedern und den von ihnen eingeführten Fremden offen. Die Concerte für die Mitglieder werden im Apollosaal gegeben. Die Einrichtung dieses Clubs, und die manchfaltigen gesellschaftlichen Unterhaltungen desselben lernt man kennen aus der Sammlung seiner Gesetze, welche 1794 revidirt und zum Druck befördert worden. Auch der Catalog der Bibliothek ist bereits gedruckt.

Die Erholung

ist, wie alle vorhergenannten öffentlichen Belustigungsörter, eine Privatunternehmung. Sie ist das jüngste Institut dieser Art in der Stadt und unstreitig am zweckmässigsten eingerichtet. Die strengsten Gesetze der Sittlichkeit sind bei der Stiftung desselben berücksichtigt worden, und mit Vergnügen nimmt man wahr, dass diese Gesetze sich in ihrer Kraft zu erhalten wissen. Erwägt man, wie selten das bei solchen Unternehmungen der Fall zu seyn pflegt, so muss man dem Stifter dieser *Erholung* Dank für dieses sein Etablissement wissen. Dieser Stifter ist unser würdiger, bescheidener Mitbürger, Herr *J. J. Hanfft*, eben derselbe *Hanfft*, der im Bedrückungsjahre 1813-14, so thätiger Theilnehmer an der Ausrüstung der hanseatischen Legion war und der, obwohl Rittmeister seiner wackern Schwadron, mehr wohlwollender Bürger als Krieger zu seyn strebte. Wahre Vaterlandsliebe leitet dieses wackern Mannes Handlungen und selbst in der Stiftung dieser reinbürgerlichen „Erholung" liegt diese obwohl nicht prunkende, doch sinnige Wahrheit am Tage.

Der Zweck der Erholung soll seyn, gebildeten und gesitteten Personen beiderlei Geschlechts einen angenehmen und anständigen Versammlungsort zu gewähren und besonders Familienvätern Gelegenheit zu verschaffen, mit den Ihrigen ohne bedeutenden Kostenaufwand zu jeder Zeit geselliger Unterhaltung zu geniessen. Tanz und jedes anständige Spiel ist gestattet. Hazardspiele werden durchaus nicht geduldet.

Der untere Theil des Locals besteht aus einem Vorsaale, den die aufgestellten Blumen und Orangerlegewächse zu einem besonders lieblichen Aufenthalte machen, ferner aus einem Lesezimmer, einem Gesellschaftszimmer, einer Billard - und Kegelstube und einer Garderobekammer. Der schöne grosse Garten erhöht im Sommer das Angenehme des Aufenthaltes.

Der obere Theil der Erholung bietet dem Auge einen Anblick dar, der in der That äusserst überraschend ist. Der herrliche Saal, welcher schwerlich in Hamburg seines Gleichen finden mögte, ist ein Werk des Herrn Architecten Krug. Das Gewölbe ruht auf 40 einander gegenüber stehenden Säulen. Der Saal ist 120 Fuss lang, 42 Fuss breit und 30 Fuss hoch. Es bedarf wohl nicht erinnert zu werden, dass das Ganze, wie die Einzelnheiten dieses vortrefflichen Baues, mit ausgezeichneter Kunst und in einem sehr geschmackvollen Style ausgeführt ist. Der Raum erlaubt hier keine weitere Beschreibung; wir verweisen auf die sehr genauen Angaben in No. 138 des Hamburgischen Morgenblatts von 1816.

Dieser obere Theil des Gebäudes ist am Sonntage, Donnerstage und an Festtagen allein für die Mitglieder und die durch sie eingeführten Fremden geöffnet. An anderen Tagen bleibt der Saal zur Disposition des Eigenthümers.

Die Direction der Erholung besteht aus 6 Directoren und dem Eigenthümer. Ein Protocollist hat für die richtige Einzeichnung aller Eingeführten, ein Inspector des Hauswesens für die Beförderung des Vergnügens und der Bequemlichkeit der Gesellschaft zu sorgen. Das Abonnement zum Besuch der Erholung ist für ein Jahr 36 Mark Crt. und für 3 Jahre 72 Mark Crt. Hiesige Einwohner können nur durch Mitglieder zur Mitgliedschaft vorgeschlagen und nur einmal im Jahre eingeführt werden, wenn das sie einführende Mitglied den Tag vorher bey dem Protocollisten für sie eine Karte nimmt, welche unentgeldlich ausgegeben wird. Auch Fremde können durch Mitglieder eingeführt werden, müssen aber eine Monatskarte zu 1 Species Rthlr. lösen, wenn sie mehr als einmal die Erholung besuchen wollen. Das Nähere über Zweck und Einrichtung, Wahl der Mitglieder, Direction,

Einführung der Fremden und hiesiger Freunde, findet man in den „Gesetzen für die Mitglieder der Erholung in Hamburg. Hamburg, 1817. 4." Die Geschichte des jetzt beinahe fünf hundert Familien als Mitglieder zählenden Instituts, befindet sich in der wackern Rede Hanfft's, gesprochen am 18ten October 1816.

Obwohl Herr *Hanfft* nur bis zum 31. May 1822 die Unternehmung der *Erholung* selbst verwalten wird, so ist doch durch eine auf Actien vertheilte Uebereinkunft von Einhundert Interessenten, die Verwaltung in demselben Local und unter den bisher bestandenen Einrichtungen und Gesetzen, so wie dieselben im Jahr 1819 revidirt ausgegeben wurden, wenigstens noch auf fünf auf einander folgende Jahre völlig gesichert und der Plan hierüber im Local der Erholung abzufordern.

VIERTER ABSCHNITT.

Vermischte Merkwürdigkeiten Hamburgs.

Academisches Handelscomptoir.

Hamburg entbehrte, seitdem die Academie der würdigen verstorbenen Professoren *Büsch* und *Ebeling* eingegangen war, eine Anstalt zur höheren Ausbildung junger Handelsbeflissener, welchem Mangel nun durch das Bemühen des Herrn *Carl Crüger*, Verfasser des bekannten Werkes: *Der Kaufmann* abgeholfen ist. Die eigentliche Tendenz dieser Academie genauer zu bezeichnen, legte ihr der Director, welcher früher selbst bedeutenden Handelsgeschäften vorstand, der Herr *Crüger*, die obige Benennung bei, indem sie sich von der ehemaligen Handelsacademie dadurch unterscheidet, dass ihr Hauptzweck dahin geht: tüchtige Comptoirarbeiter zu bilden und denselben zugleich das Practische und Theoretische des Grosshandels anschaulich zu machen, um so richtige Begriffe des Faches und taugliche Materialien zur kaufmännischen Speculationslehre bei den Angehenden zu

verbreiten. Es ist zu dem Ende ein regelmässiger
Cursus auf die Dauer von zwölf Monaten eingerichtet, in welchem die Geschäfte einer Handlung
in der ganzen Correspondenz in deutscher, englischer und französischer Sprache, alle Neben - und
Hauptbücher etc. practisch durchgearbeitet werden,
wozu die Vormittage bestimmt sind. Die Nach-
mittagsstunden werden zur Vervollkommnung in
den nothwendigen Hülfswissenschaften verwandt,
als: Sprachen, *gründliche* Handelsgeographie
(einschliessend die Handelspolitik), practische
Waarenkunde (durch Makler ertheilt), Rhederey-,
Navigations-, Assecuranz - und Wechselwesen etc.
Ausserdem stehen die dem Kaufmanne unentbehr-
lichen Künste der Calligraphie und des Rechnens
(in Anwendung der practischen Hülfsmittel bey
Waaren - Wechsel- und Discontorechnungen), mit
dem Ganzen in der innigsten Verbindung, und
werden ganz vorzüglich berücksichtigt und geübt.
Endlich wird der Abend zu den Arbeiten, die am
folgenden Tage für das Comptoir zu liefern sind,
angewendet; aus welchem Grunde auch die Individuen, welche nicht im Hause des Directors
wohnen, Nachmittags Erfrischungen erhalten, um
ungestört bey ihren Arbeiten verharren zu können.
Diese Academie ist nicht allein für *die* Jünglinge
bestimmt, welche erst in ein Handelscomptoir
zu treten gesonnen sind, (und welche ausser dem
Vortheil, dass die Principale ihnen bey der Lehr-
zeit, das in der Academie wohl angewandte Jahr

gern in Abrechnung bringen, den grossen Nutzen haben, dass man ihnen früher als Anderen die wichtigeren Arbeiten im Comptoir überträgt, wodurch sie denn gleich den Weg eigener Erfahrung betreten,) sondern auch für Fremde, welche in ihrer früheren Laufbahn den Seehandel nicht gründlich kennen lernten, und hieher kommen, diesen Mangel durch Dienen par honneur zu ersetzen, welchen Zweck sie aber selten erreichen, weil ein Individuum, das nicht schon eine richtige Ansicht von den Geschäften erhalten, zu den wichtigern Arbeiten nicht gelangt, und mithin auch zu tieferer Kenntniss entweder nie, oder erst nach geraumer Zeit gelangen kann. Solche Fremde, welche einen wesentlichen Nutzen von ihrem Aufenthalte in Hamburg ziehen wollen, finden daher in dieser Academie ein unfehlbares Mittel zur Beförderung ihrer Absichten. (Der Director wohnt *Krayenkamp No.* 29.)

Das
Antiquarische Etablissement
oder die
Handlung wohlfeiler gebundener Bücher,
des Herrn *F. H. Nestler*, grosse Bleichen No. 323,

umfasst eine Niederlage von mehr als 40,000 litterarischen Werken in älteren und neueren Sprachen, wovon Cataloge, nach den verschiedenen Wissen-

schaften geordnet, unentgeldlich im Etablissement
zu haben sind. Da der Eigner oft grosse Bücher-
sammlungen im Ganzen ankäuft, so findet man hier,
neben den neuesten belletristischen Büchern, die
seltensten alten Denkmale der Buchdruckerkunst,
Pergament - und andere rare Manuscripte, besonders aber im Fache der classischen Literatur, eine
grosse Auswahl der geschätztesten Ausgaben in oft
ganz vorzüglichen Exemplaren. Es ist jedem Gelehrten und Bücherfreunde unverwehrt, die aufgestellten Bücher nach Gefallen durchzusehen, oder
dieses oder jenes Werk sich vorlegen zu lassen.
Jedes ist mit dem möglichst niedrigsten Preise versehen, so dass, von dem Grundsatz der strengsten
Rechtlichkeit und Billigkeit geleitet, hier nie eine
Ueberforderung, aber auch kein weiterer Handel
Statt findet. Dieses Institut gewährt dem Literatus
auch dadurch grossen Nutzen, dass er etwanige
Dubletten guter Werke, gegen andere vertauschen,
überhaupt aber seine literarischen Wünsche zu
jeder Zeit befriedigen kann, ohne erst auf einen
höchst ungewissen Auctionszufall warten zu dürfen.

Das Denkmaal
zu Ehren des Professors Büsch.

Dieses durch die hamburgische Gesellschaft
zur Beförderung der Künste und nützlichen Gewerbe,
vermittelst Subscriptionen errichtetes, und am
27. July 1802 geweihete Ehrendenkmaal für einen

würdigen Gelehrten und hochverdienten Patrioten
der Vaterstadt, steht auf der Wallhöhe, welche
die schönsten Aussichten auf die beiden Alsterbassins,
des Jungfernstiegs und der Ufergegenden der Alster
ausserhalb der Stadt beherrscht. Das Denkmaal ist
ein *Obelisk*, woran das Profilbildniss des weil. Prof.
Büsch, ein allegorisches Basrelief und mehrere In-
schrifttafeln von Bronze befindlich sind. Die übrigen Verzierungen sind von carrarischem Marmor,
Sockel und Postamenten aus röthlichem Sandstein
und Granit. Der *Obelisk* selbst ist aus weissem
Sandstein gehauen. Die ganze Höhe des Monu-
ments beträgt 20 Fuss 7 Zoll. Seit der Zerstörung
der trefflichen Baumgruppe um das Denkmaal her,
die im Jahre 1813 Statt fand, ist der Stein wieder
mit einem kleinen Pappelhain umpflanzt worden.
Die Höhe wird hoffentlich bei der bevorstehenden
Demolirung und Gartenanpflanzung des Stadtwalles
durch neue Anlagen noch sehr verschönert werden.

Das Denkmaal
der ausgewanderten Hamburger

welches im Jahre 1815 errichtet wurde, steht in
Ottensen, einem dänischen Dorfe, hinter der Nach-
barstadt *Altona*, dessen nähere Beschreibung nebst
Abbildung man in der Schrift findet, betitelt:
„Worte der Weihe, gesprochen an den Gräbern
„der vertriebenen Hamburger, vom Dr. und Dom-
„herrn F. J. L. Meyer etc. Hamburg 1815 etc."

Das Denkmaal
zu Ehren und zum Gedächtniss Adolphs IV.
Grafen von Schauenburg

ist zwar jetzt, wo man dies schreibt, noch nicht
vorhanden, allein der Platz, der durch dasselbe
geziert werden soll, der Marien-Magdalenen Kirchhof (Adolph - Schauenburgs - Platz) ist bereits geebnet und bepflanzt, und der Mittelpunkt desselben
hat bereits den Schooss zur Aufnahme des Grund-
steins des Standbildes geöffnet. Wem auch Erfindung und Ausführung dieses Standbildes anvertrauet
seyn möge: ist er nur wahrer Patriot und vertraut
mit der Geschichte der Altvordern Hamburgs, so
wird das Bild ihm wohl gelingen.

Die Gedächtnisspyramide,

wegen der Elbüberschwemmungen im Jahre 1771
steht vor dem Deichthore. Sie ist eine viereckige
mit einer Vase gekrönte Pyramide, die eine auf jene
Elbüberschwemmung sich beziehende Inschrift hat.

Gräber und Begräbnissplätze
und Todtenhallen.

Schon viele Jahre früher als das Begraben der
Todten in der Stadt aufgehoben worden, wurden
von den Hauptkirchen Begräbnissplätze vor dem

Damm - und Steinthore angelegt, worin die Sanct
Jacobikirche im Jahr 1793 den übrigen Kirchen
mit rühmlichem Beispiel voranging. Die Plätze,
welche seitdem um das Doppelte vergrössert sind,
wurden mit Todtenhallen bebauet, mit Pappeln
und Hecken umpflanzt, und im Innern mit Schatten-
gängen von Linden und Ulmen und mit Gebüsch-
und Stauden - Gruppen besetzt. Schon waren die
Pflanzungen üppig empor gewachsen, als während
der Belagerung Hamburgs die schönen Todtenhaine
vor dem Dammthor umgehauen, und die Gräber
ihrer schattenden und duftenden Gebüsche beraubt
wurden. Jetzt sind sie hergestellt, die Gräber
wieder umpflanzt und die umgestürzten Denksteine
aufgerichtet. Einige Jahre noch, und der junge
Hain wird „die Saat von Gott gesäet" wieder be-
schatten, und „dem Wanderer über den Gräbern"
Kühlung wehen. Der Begräbnissplatz von Sanct
Jacobi vor dem Steinthore blieb in jener unglück-
lichen Zeit von verwüstenden Händen unangetastet,
daher denn seine trefflichen Baumpflanzungen schon
jetzt einen düstern heiligen Hain bilden. In den
Todtenhallen, denen die Wohnungen des Todten-
gräbers angebauet sind, wird bei feierlichen Lei-
chenzügen der Sarg niedergesetzt, und von den
ihren Entschlafenen begleitenden Freunden eine
Todtenfeyer gehalten, durch Anstimmung von
Choralliedern und Auferstehungshymnen.

Der botanische Garten

dicht vor dem Dammthor, ist bis jetzt freilich nur
in Plan und Grundriss vorhanden; allein es steht zu
erwarten, dass bald auf dem schon geebneten
Platze, diess unter keineswegs ungünstigen Auspicien beginnende Etablissement sich herrlich versicht-
baren wird.

Die Gemäldegallerie,

ist zur Ansicht des Publikums im vormaligen Schimmelmannschen Palais, in der *Mühlenstrasse* ausgestellt. Sie enthält dem gedruckten Verzeichnisse
zufolge, Gemälde von Italienischen, Niederländi-
schen, Französischen und Deutschen Meistern,
unter denen sich einige vorzügliche Werke befinden.
Es würde gewiss nicht ohne Nutzen seyn, wenn
der Plan der Direction, unterstützt von ausgezeichneten Künstlern Hamburgs, mit dieser Gallerie
eine Maler - und Zeichnenacademie zu verbinden,
realisirt werden könnte.

Ausserdem giebt es in Hamburg noch etliche
Privatsammlungen von Gemälden, in welchen zum
Theil bedeutende Kunstwerke anzutreffen sind.
Die namhaften derselben sind:

1) die des Herrn Senator *Sonntag* Frau Wittwe.
2) die des Herrn *Dr. Spangenberg.*
3) Herr *Wilh. Fried. Gültzow.*
4) Die Erben des verstorbenen Hofr. *Ehrenreich.*
5) Herr *Mettlerkamp.*

Der Gesangverein.

Da der Geschmack an Musikwerken des sogenannten *strengen Stils* seit einigen Jahren in Hamburg wieder sich gezeigt, haben die Herren Grund
und Steinfeldt, nach dem Beispiele anderer grossen
Städte Deutschlands, im Jahre 1819 eine musika-
lische Gesellschaft gestiftet, deren ausschliesslicher
Zweck gemeinschaftliche Uebung des religiösen
Gesanges ist. Directoren sind die beyden Stifter.
Alle übrigen Verwaltungsangelegenheiten des Vereins besorgt eine Committée, bestehend aus den
Directoren, dreien Vorstehern, dem Bibliothekar
und dem Secretär. Die näheren Bestimmungen, z. B.
Bedingungen der Aufnahme, innere Einrichtung
u. dgl., sind in den Gesetzen des Vereins enthalten.
Es steht zu erwarten, dass diese sehr zweckmässig
eingerichtete Singacademie recht viel zur Veredl-
lung des Sinnes für Musik, der zwar in den letzten
zehn Jahren bey uns allgemeiner wurde, aber auf
Irrwege zu leiten drohte, beytragen werde.

Kupferstichsammlungen und Handzeichnungen

besitzen Folgende:
1) Die *Gesellschaft zur Beförderung der Künste und nützlichen Gewerbe.*
2) Herr Senator *Dr. Schaffshausen*

3) Herr *Peter Friedrich Röding*.
4) Herr *J. Specter*.
5) *Frau Wittwe Sillem.*
6) Herr Dr. und Domherr *F. J. L. Meyer.*
7) Herr *Mettlerkamp.*
8) Herr *J. Noodt*, Makler in Kunstsachen, wohnhaft grosse Reichenstrasse, No. 28. Dieser besitzt gewöhnlich eine schöne Auswahl von Oelgemälden der vorzüglichsten älteren und neueren Meister aller Schulen, so wie von Radirungen, Kupferstichen und Kunstsachen aus allen Zeiten die sämmtlich sowohl zum Kaufe feil sind, als für Kunstfreunde zur Ansicht bereit stehen, wenn dem Besitzer der Wunsch, die Sammlungen zu sehen geäussert wird.

Kunst - und Naturaliencabinette,

die als öffentlich zu würdigen sind hat die Stadt *zwei*, nemlich die der *Stadtbibliothek* und der patriotischen Gesellschaft. Ausserdem gehört besonders hieher eine in ihrer Art *einzige* sehr interessante Sammlung von *Chinesischen Kunstwerken* der Malerei und Sculptur, im Besitz der Erben des verstorbenen Dr. und Domsecretärs *Beckmann;* ferner die grosse, vollständige und lehrreiche Mineraliensammlung des kaiserl. russischen Ministers Sr. Excell. des Herrn *v. Struve*, und einige zahlreiche Schmetterlings - und Insectensammlungen.

Leihbibliotheken

zählt die Stadt mehrere. Das bei weitem vorzüglichere Institut solcher Art bilden unstreitig die *Lesebibliotheken* und *Lesegesellschaften* von *W. Bernhardt*, kleine Johannisstrasse No. 21. Dies reichhaltige, wohlgeordnete Etablissement gehört zu den vorzüglichsten dieser Art in ganz Deutschland. Die grosse Lesebibliothek enthält jetzt, die häufigen Duplicate vielgelesener Bücher nicht gerechnet, über *zwölf Tausend* Bände. Von Jahr zu Jahr wird sie in besonderer Rücksicht auf das gebildete Publicum, selbst mit Aufopferung von Seiten des Unternehmers überaus reichlich vermehrt. Das Verzeichniss dieser Bibliothek, nebst dem Anhange, beweiset die Reichhaltigkeit derselben, besonders im Fache der neuesten unterhaltenden Lectüre. Ausser den vorzüglichsten deutschen Uebersetzungen griechischer und lateinischer Classiker, Reisebeschreibungen, historischen, merkantilischen, politischen und andern Werken, und einer sehr zahlreichen Sammlung von Romanen, Gedichten und Schauspielen, enthält sie eine kürzlich stark vermehrte Anzahl der besten französischen, und eine Auswahl von englischen Schriften. Neben der Hauptbibliothek bestehen noch besondere Bibliotheken und *Lesegesellschaften*, oder Lesezirkel, nach den verschiedenen Bedürfnissen des gebildeten und wissenschaftlichen Publicums, mit vorzüglicher

Umsicht geordnet. Es sind folgende: 1) Grosse
Hamburger Lesegesellschaft. Sie umfasst die gesammte deutsche Literatur, und enthält die neuesten
besten Werke, als: Romane, Gedichte, Schauspiele, Reisebeschreibungen, historische, philoso-
phische und merkantilische Schriften, überhaupt
alle Werke, die ein allgemeines Interesse haben;
ferner die merkwürdigsten Flugschriften, alle neuesten Almanache, Taschenbücher und sämmtliche
Journale Deutschlands. Die Bücher werden wöchentlich einmal, die Zeitschriften zweymal, den
Theilnehmern ins Haus gebracht, und die durch-
gelesenen wieder abgeholt. 2) Journal-Lesegesell-
schaft. Diese, der Journallectüre ausschliesslich
gewidmete Gesellschaft, enthält, ausser den merkwürdigsten politischen Flugschriften, ebenfalls die
vorzüglichsten Journale Deutschlands, welche zweymal wöchentlich den Theilnehmern ins Haus gebracht und wieder abgeholt werden. 3) Lesegesellschaft für gebildete Stände. Enthält die neuesten belletristischen Werke, Romane, Schauspiele
und Gedichte, die vorzüglichsten Reisebeschreibungen, historische, politische und merkantilische
Schriften. Die Theilnehmer erhalten wöchentlich
wenigstens zwei der neuesten, besten Werke ins
Haus geschickt, und die Leihbibliothek von deutschen und französischen Werken ist damit in Verbindung gesetzt, wodurch die freie Auswahl nach
dem Geschmack eines jeden möglichst befördert
wird. 4) Gelehrter Lesezirkel. In dieser Lese-

gesellschaft zirkuliren die ausschliessend der allgemeinen Literatur und Gelehrsamkeit bestimmten Zeitschriften, welche in der Uebersicht der Leseinstitute zu sehen sind. 5) Medicinisch-chirurgisch-pharmacevtischer Lesezirkel. Es werden in diesem Lesezirkel alle vorzüglichsten erscheinenden Werke, und die besten Zeitschriften, welche für die Herren Aerzte, Wundärzte und Pharmacevtiker ein unmittelbares Interesse haben, ausgegeben. 6) Lesebibliothek für Aerzte, Wundärzte und Pharmaceutiker. (Ist nicht mit dem Lesezirkel in Verbindung, sondern besteht für sich.) Eine Sammlung vorzüglicher älterer und neuerer medicinischer Werke und Zeitschriften; sie wird fortgehend vermehrt, und ist ein bequemes und wohlfeiles Hülfsmittel des Studiums, besonders für Anfänger der Heil - und Apothekerkunst. 7) Bibliothek für die Jugend. Sorgsame, verständige Aeltern und Erzieher können durch Benutzung dieser Sammlung, welche die vorzüglichsten und nützlichsten Jugendschriften enthält, die Bildung ihrer Töchter und Söhne mit geringem Kostenaufwande sehr befördern. Diese Bibliothek enthält höchst kostbare Kupferwerke. Für die Erwachsenen kann auch die Sammlung der vorzüglichsten deutschen Uebersetzungen griechischer und lateinischer Classiker benutzt werden. Eine Uebersicht sämmtlicher Institute ist unentgeldlich, und das Verzeichniss der deutschen, englischen und französischen Lesebibliothek für 12 ß zu haben, in der kleinen Johannisstrasse No. 21.

Das Magazin von optischen, mathematischen und physicalischen Instrumenten, von *Harris & Campbell, Optici aus London,*

befindet sich am *Rathhause.* Man findet in diesem Magazin stets die vollkommenste Auswahl der eben genannten Instrumente. Sie sind von der vollendetesten englischen Arbeit und werden ohne Erhöhung zu dem Londoner Preisen verkauft. Ausser den allgemein bekannten und gebräuchlichen Instrumenten findet man in dieser Niederlage auch noch jede neue interessante Erfindung in physicalischer, optischer und mathematischer Hinsicht, gleich nach ihrem Erscheinen. Diess Magazin verdient in der That, die Aufmerksamkeit eines Jeden, und Keiner wird es bereuen, Herrn Campbell einen Besuch gemacht zu haben, da dieser mit eben so viel Sachkenntniss als zuvorkommender Artigkeit die Erklärung der manchfaltigen Gegenstände seines Magazins übernimmt.

Museum für Gegenstände der Natur und Kunst des Herrn P. F. Röding, bei dem Infanterie - Zeughause, am Deichthorwall.

Unstreitig eine der bedeutendsten Sehenswürdigkeiten in Hamburg. Dieses Cabinet vereinigt

die schönsten und seltensten Gegenstände aus allen
Reichen der Natur, die in einer grossen Vollstän-
digkeit, in systematischer Ordnung, und mit eben
so viel Geschmack als Zweckmässigkeit, in einem
grossen Saale aufgestellt sind. In einem zweiten
Zimmer befindet sich eine Sammlung von Kunstwerken verschiedener Art, von Alterthümern, Waffen etc., eine Kupferstichsammlung und naturhisto-
rische Bibliothek. Das Museum ist jeden Sonntag
und Mittewochen von 10 bis 1 Uhr, und von Ostern
bis Michaelis jeden Donnerstag, Nachmittags von
$3\frac{1}{2}$ bis $6\frac{1}{2}$ Uhr, von Michaelis bis December am
Sonnabend von 10 bis 1 Uhr geöffnet, und wird
dann von dem Eigenthümer selbst gezeigt. In den
Monaten December, Januar und Februar ist das
Museum geschlossen. Die Erklärung der manchfaltigen Gegenstände nimmt eine halbe Stunde nach
der Eröffnung ihren Anfang und dauert bis zum
Schluss.

Seit mehreren Jahren ist diese Sammlung mit
den grössten Seltenheiten ansehnlich und mit Auswahl vermehrt. Grosse Naturforscher, als Cuvier,
Tilesius, Lichtenstein u. A. haben eingestanden,
dass dieses Privatmuseum zu den ersten Europa's
gehöre. Das Kostspielige und Mühsame des Unter-
nehmens lässt wünschen, dass der würdige Eigenthümer sich künftig eines zahlreicheren Zuspruches
seiner Mitbürger erfreuen möge. Denn fast nur
Fremde haben die herrliche Sammlung ganz so
gewürdigt, wie sie es verdient. Die geringe

Beachtung des Museums ist um so weniger begreif-
lich, da der Eintrittspreis sehr mässig, und der
Besuch desselben eine eben so angenehme als lehrreiche Unterhaltung gewährt. Manche Hauptstadt
oder Hochschule eines Königreichs würde stolz auf
den Besitz solcher Schätze seyn, den unser kleine
Freystaat dem rastlosen Eifer eines Privatmannes
verdankt.

Niederlage von Mobilien,

ein Etablissement des hamburgischen Tischleramtes,
(Local in der Paulstrasse) enthält einen ausgesuch-
ten Vorrath der vorzüglichsten Mobilien jeder Gattung zu den billigsten Preisen.

Die optischen Panoramen

des hiesigen Malers und Mitbürgers, Prof. *Suhr*,
(wohnhaft Königsstrasse No. 243), zeigen eine beträchtliche Anzahl der schönsten und interessan-
testen Ansichten der Stadt, der Elbe, des Havens
und der Umgegend Hamburgs, mehr als zwanzig
an der Zahl; so wie die vortrefflichsten Darstellungen der Rheingegenden, der Wilhelmshöhe bei
Cassel, von Ffurt a. M., des Paradeplatzes in Ffurt
a. M., Heidelberg in doppelter Ansicht; Berlin, dem
Gensd'armesplatz in Berlin, Potsdam, Aachen,
Ofen und Pesth, Wien, der Stephanskirche in
Wien, Salzburg, München, Regensburg, Nürn-

berg, Lübeck, St. Petersburg, Baden bei Wien, Linz, des wilden Falls des Traunflusses bei Linz, des Sundes, Copenhagen, des Havens von Copenhagen, Helsingör, des Lago di Nemi, der Gegend am Vierwaldstädter See nach dem Rigi und Küssnacht; Ansicht von Isola, an Italiens Grenze, das Denkmaal der Horatier und Curiacier in Rom, das Pantheon in Rom; die nunmehr wieder abgebrochene lange Elbbrücke zwischen Hamburg und Harburg.

In allen Hauptstädten und bedeutenden Orten die der wackere Künstler mit diesem seinem höchst sehenswürdigen Cabinet besuchte, ward er nicht nur mit verdienter Auszeichnung aufgenommen, sondern mehrere Zeitschriften, namentlich: der unpartheiische Correspondent von und für Hamburg, das Morgenblatt u. m. A. zollten dem fleissigen Pinsel des Hrn. Prof. Suhr, zu mehrerenmalen das gerechteste Lob. Die Ausführung dieser Panoramen ist von der eignen Erfindung des Künstlers. Die dargestellten Gegenstände sind mit grösstem Fleiss nach der Natur perspectivisch treu gezeichnet, und sie gewähren einen überraschenden, manchfaltigeren und angenehmeren Anblick, als die gewöhnlichen Panoramen. Gedruckte sorgfältig abgefasste Programme erläutern die einzelnen Gegenstände der Panoramen. Das Cabinet ist nur während der Wintermonate, am Sonntag, Mittewochen und Donnerstage, Abends von 5 bis 9 Uhr geöffnet. Des Künstlers (eines bekanntlich sehr geschickten Portraitmalers) Attelier, wo jedem Kunstfreunde auf die gefälligste Art, nicht nur eigene Original-Gemälde, Zeichnungen und Kupferstiche, sondern auch Gemälde anderer Künstler von ausgezeichneter Schönheit und Seltenheit, von dem Eigenthümer gezeigt werden, wird zugleich mit dem Panorama gezeigt.

Der Bruder des Professors, Herr Cornelius Suhr, ist Kupferstecher. Derselbe hat nach den Handzeichnungen des Herrn Professors, folgende für Hamburg in historischer Hinsicht merkwürdige Blätter in Tuschmanier gestochen: Den Einzug der Cosacken in Hamburg, im März 1813; die Baschkiren auf den Ruinen des Krankenhofes und des Hamburgerberges; die grosse Brücke von Hamburg nach Harburg, in 2 Blättern, u. m. a. Auch sind in dem Verlage des Herrn Professors die bekannten hamburgischen Trachten in 36, der Ausruf in 120, und das Spanische, nach Norddeutschland geschickte Militär, in 18 Blättern zu haben.

Auch sind die benannten Herren Brüder, in Gesellschaft des Bruders Peter Suhr, Eigenthümer einer Spielkartenfabrik, die, nebst ihrem Kupferstichverlage, in der Bohnenstrasse No. 3. belegen ist. Ihre Karten, die sowohl in Holz geschnitten, wie in Kupfer gestochen und auf Stein gearbeitet sind, zeichnen sich durch Feinheit und Schönheit der Zeichnung, der Farbengebung und des Materials sowohl, als durch billige Preise sehr vortheilhaft aus. Auch die sogenannten (Militärkarten) liefert diese Fabrik in vorzüglicher Güte.

Mit diesem Etablissement steht ferner in Verbindung: *die Steindruckerei der Gebrüder Suhr,* welche sich unter der Leitung von Peter Suhr, in der Bohnenstrasse befindet. Es ist zu erwarten, dass in der Folge noch manches Kunsterzeugniss dieser Art ans Licht kommen wird. Bis jetzt ist ausser *einem Heft Köpfe,* nach des Raphael d'Urbino Gemälden im Vaticau zu Rom, noch eine getreue Abbildung des *männlichen Nashorns, (Rhinoceros),* nach dem Leben auf Stein gezeichnet in diesem Verlage erschienen. Ebenfalls in ihrer Art schätzenswerth ist die

Steindruckerei

der Herren *Specter* und *Herterich* am Valentinskamp No. 274. Sie verbindet in ihren Leistungen das Schöne mit dem Nützlichen, und schon sind seit ihrer Entstehung viele treffliche, von hiesigen Künstlern auf Stein gezeichnete Bildnisse daraus hervorgegangen, die den gelungensten Werken ähnlicher Anstalten vollkommen zur Seite stehen, ja solche zum Theil weit übertreffen. Sie lieferte ausserdem mehrere wohlgerathene Kreide - und Federzeichnungen, Skizzen, Vignetten, Karten u. s. w. So auch viele Schriftblätter, Documente, Formulare, Tabellen, Ueberdrucke von Handschriften etc., für Verwaltungsbehörden und Geschäfte treibende Stände. Nach dem, was bisher schon geleistet worden, berechtigt der Eifer, die Thätigkeit und der Kunstsinn der Unternehmer, vereint mit den Talenten unserer Künstler, zu den gerechtesten Erwartungen von dem ferneren Gelingen dieser trefflichen Anstalt, der die Verwendung und Unterstützung des dabei vielseitig gewinnenden Publicums nicht fehlen kann.

Dem Vernehmen nach ist diese Steindruckerei hochobrigkeitlich privilegirt, und darf ausser derselben keine in Hamburg angelegt werden. So wenig diess mit der Grundverfassung unserer guten Stadt im Einklang seyn kann, so sehr ist anzunehmen, dass solches Privilegium mit solchen Einschränkungen ertheilt wurde, die denselben das Prädicat *Privilegium* völlig absprechen.

Physikalisches Cabinet bei Gabory.

Es enthält eine in mehrere Zimmer vertheilte Sammlung der trefflichsten Maschinen und Instrumente für alle Zweige der Physik und Astronomie, ähnlich dem obenerwähnten Magazin von *Harris* und *Campbell.* Auf der Neuenburg No. 14.

FÜNFTER ABSCHNITT.

———

Hamburgs Umgegend.

Hamburgs nächstliegende Umgebungen boten vor dem Verwüstungsjahre 1813-14 manchfaltige Schönheiten dar, die zwar nicht mit Schweizergegenden oder mit anderen durch hohe malerische Schönheit sich auszeichnenden Landschaften zu vergleichen sind, die aber dafür den Character einer stillen, ländlichen Anspruchlosigkeit zeigten. Jetzt wo nur noch einzelne Gebäudegruppen und an Schatten noch keineswegs reiche Anpflanzungen aus der durch *Davoust* rings um Hamburg her verbreiteten Wüstenei hervorgehen, muss man erst in Gegenden fremden Gebietes gehen, um ohne betrübende Nebenerinnerungen sich ganz dem Genusse zu überlassen, den eine freundliche ländliche Gegend gewährt. Der Leser findet hier die vorzüglichsten Puncte der hamburgischen Umgegend und zwar zuvörderst

die Wallpromenade,

die besonders, sobald die im Werke stehende Demolirung und neue Anpflanzung des Stadtwalles vollendet seyn wird, die herrliche Aussicht die man von mehreren Puncten dieser Höhe herab hat, noch angenehmer machen und folglich der Lieblingsspatzierort der Hamburger werden wird. Auf dem Walle, nahe dem Millernthor liegt der *Elbpavillon.* (Siehe oben Seite 160.) In Hamburgs Umgegend findet sich vor dem Altonaer Thor zunächst

der Thorpavillon,

auch *Trichter* genannt; ein kleines aus Holz errichtetes rundes Gezelt, wo Erfrischungen aller Art zu bekommen sind, und welches besonders gegen die Zeit der Thorsperre (Sonnenuntergang) stark besucht zu werden pflegt. Unfern demselben liegt

Joachims - Thal,

ein grosses, im Jahr 1815 aus seinen prunkenden Ruinen noch schöner hervorgegangenes, mit einer prunkenden Colonade geschmücktes Gebäude, welches einen sehr geräumigen hohen Tanzsalon und mehrere Gastzimmer enthält. Im Tanzsalon versammelt sich ein sehr gemischtes Publicum. Diesem gegenüber, hart vor dem Eingange der Stadt Altona liegt als Copie desselben

Davidshausen

ein von Leuten aus der niedern Volksclasse besuchtes Local. Histrionen geben an Winterabenden hier sogenannte dramatische Darstellungen. Schreiber dieser Blätter fand keinen Beruf in sich, demselben zuzusehen, so wie überhaupt dies Wirthshaus zu besuchen, und muss deswegen das Nähere darüber verschweigen.

Ehe man nach *Joachimsthal* gelangt, trifft man ein niedliches Wirthshaus

die Dröge

genannt, in dessen grossen Garten sich besonders an Sonn- und Festtagen ein zahlreiches Publicum, grösstentheils aus den feineren Classen einfindet. Hier wird nicht getanzt, sondern ein schön und elegant verzierter Salon dient blos zu gesellschaftlichen Versammlungen, Concerten, Bällen u. s. w. Auch wird hier Sonntags wohl an einer Wirthstafel gespeisst. Den sonderbaren Namen *(Dröge)* hat das Haus deswegen erhalten, weil dicht neben demselben der Trockenplatz der getheerten Schiffstaue befindlich ist.

Rechts seitwärts führt der Weg nach dem sogenannten *Schulterblatt*, wo ein ähnliches Wirthshaus wie Davidshausen:

Die Glashütte,

ein Freudenort für Handwerker und Handwerksgesellen, befindlich ist, Tanz und alle Arten von Getränke, eine Kegelbahn u. dgl. bieten hier dem

Besuchenden Erholung vom Gewühl des Tagewerks. In der Nähe des Schulterblatts liegt an einem Nebenwege

der Schäferkamp,

ein isolirter Pachthof, wo man bei dem Pachter Erfrischungen aller Art, besonders treffliche Schaafmilch erhalten kann. Von hier aus leitet ein durch Gärten hinführender angenehmer Pfad nach

Eimsbüttel

einem weitläuftigen, mit reichen Gartenhäusern gezierten Dorfe mit einem erquickenden Lustgehölz. Das Dorf hat der Wirthshäuser viele. Kurz vor dem Dorfe liegt das anständige viel besuchte Wirthshaus

Belle Alliance

mit einem angenehmen Garten und billiger guter Bedienung. — Nahe dem Eimsbüttler Gehölz liegt

der Heussische Garten

in einer äusserst reizenden Gegend, mit weitläuftigen und geschmackvollen Gartenanlagen. Dieser Garten wird in der Regel nur von Leuten aus der feinsten Classe besucht. Im Sommer ist hier alle Sonn- und Feiertage Table d'Hôte.

Dies wären die vorzüglichsten ländlichen Belustigungsörter ausserhalb des Altonaerthores. Die Gegend ausser dem Dammthor gewinnt ihren vorzüglichsten Reiz durch den *Alstersee,* welcher in Osten seinen silbernen Spiegel ausdehnt und dessen freundliche Gestade mit neuen Gartenhäusern und Anlagen bekränzt sind. Hier sind unter vielen Wirthshäusern und Kneipen wohl nur zwei Lustörter bemerkenswerth, nemlich

Harvstehude,

rectius: *Herwertshuud,* ein Pachthof, dem Johanniskloster gehörend, an einem kleinen Arm der Alster, in einem reizenden, durch englische Gartenparthieen ungemein verschönerten Thale gelegen. Auch hier findet sich nur eine sehr ausgewählte Gesellschaft ein, so wie in dem näher bei der Stadt ebenfalls an der Alster liegenden Wirthshause

zum Raben.

Zu dem Gebiete *Herwertshuud* gehöret noch das Kirchdorf

Eppendorf,

mit einem Institut für Taubstumme, einer Wassermühle und einer Wachsbleiche, welchem ausser den erwähnten Ortschaften *Herwertshuud* und *Eimsbüttel* auch die folgenden hamburgischen Dörfer eingepfarrt sind, nemlich

Winterhude,

ein freundliches jenseit der Alster, Eppendorf gegenüber liegendes Dorf. Ein kümmerlicher Steg verbindet hier die beiden Alsterufer;

Ooldsdorf,

ein Dörfchen dreiviertel Meilen von der Stadt an
der Alster;

Gross - Borstel,

eine Meile von der Stadt, unfern der Alster an der
Gränze des hamburgischen Gebiets;

Alsterdorf,

auch an der Alster, dreiviertel Meilen von der Stadt.
Es ist die neueste von Hamburg erworbene Be-
sitzung, die 1802 durch einen Tausch zwischen
Dänemark und dem St. Johanniskloster zu Hamburg,
an die Stadt fiel.

Neben Gross - Borstel, doch nicht als Länderei
des St. Johannisklosters, sondern als Hospitalgebiet
der Vorstadt Sanct Georg liegt

Klein - Borstel

mit der Ortschaft *Struukholt;*

Fuhlsbüttel

an der Alster, eine Meile von Hamburg. Dies ist
das erste Dorf das an Hamburg kam, und zwar
durch Kauf im Jahr 1283; endlich

Langenhorn,

ein reiches, stark bevölkertes Dorf, drei Stunden
von der Stadt, unter Jurisdiction des Hospitals Sanct
Georg.

Alle diese letzteren acht Ortschaften sind die
geräuschlosesten Umgebungen der Stadt und werden
von der Menge nur selten und spärlich besucht.

Ehe wir nun das vor dem Steinthor belegene
hamburgische Gebiet durchwandern, machen wir
besonders die Fremden auf einige in Hamburgs
Nähe auf nachbarlichem Gebiete, sämmtlich am
Elbstrom, belegene ländliche Vergnügungsörter
aufmerksam. Der nächstliegende ist

Ottensen,

ein dänisches Dorf hinter Altona, mit dieser Stadt
durch eine schöne Allee verbunden. Der Kirchhof
dieses Dorfes ist für den Hamburger jetzt in zwiefacher Hinsicht wichtig, nemlich: durch den Grab-
stein des unsterblichen Odendichters *Klopstock* und

seiner *Meta* und durch das von der hamburgischen patriotischen Gesellschaft, den im Jahr 1813 in der Weihnachtsnacht durch Davoust vertriebenen, in Altona an böser Seuche um's Leben gekommenen, und durch Altona's wohlthätige Bewohner auf einer Wiese bei Ottensen begrabenen 1138 Hamburgern errichtete *Denkmaal*. Die beiden berühmten Lustörter Ottensens sind

Rainville's Garten

am hohen Elbufer, und

Slavenhof

unten am Elbstrom selbst.

Der *Rainvillesche* Garten hat unstreitig die reizendste Lage, die sich denken lässt. Natur und Kunst haben sich hier mit einander verbunden, ein liebliches Ganze hervorzubringen, das sowohl dem Freunde jener, als dem Liebhaber dieser Genüge leistet. Geist und Sinne können hier nach Belieben in einer Fülle von Genüssen schwelgen und *der* Mensch müsste sehr unglücklich seyn, bei dem hier nicht Eine frohe Empfindung noch rege gemacht würde. Man findet hier eine majestätische Rotunde mit Stuccaturarbeiten und grossen Spiegeln verziert, prächtig möblirte Prunkzimmer mit elastischen Sophas, Colonaden und niedlich geformte Speisezelte, Eremitagen und otaheitische Hütten, einsame im Schatten versteckte Ruheplätze und eine Aussicht von der Höhe hinab auf die Elbe, die alles Grosse und Erhabene in sich vereint. In allen Anlagen dieses Belustigungsortes herrscht der raffinirteste feine Geschmack und die interessanteste Abwechselung und nirgends findet man die Auswahl der hamburgischen und altonaischen schönen Welt so auf einem Puncte versammlet, als hier.

Flottbeck.

Ein freiherrliches Landgut und Dorf, das in Ansehung der Landbewirthschaftung ganz auf englischen Fuss eingerichtet ist. Der Weg von Ottensen hierher führt durch eine der reizendsten Gegenden, die man sehen kann. Rechts blühende Saatfelder, mit Lusthainen und Gartenanlagen, mit grünenden Hügeln und freundlichen Dörfern abwechselnd. Links die majestätisch dahin strömende Elbe mit Inseln und Schiffen bedeckt, deren abhängige Ufer mehrere im edelsten Styl erbauete Landhäuser und schöne Gärten schmücken. Jeden Moment eine überraschende Veränderung der Scenerei! Allenthalben neue, nie vorher geahnete Schönheiten! Die Natur scheint gleichsam zu kokettiren und mit ächter Weiblichkeit ihre Reize nur theilweise dem Auge Preis geben zu wollen, um die Bewunderung und Lüsternheit des Sehers desto stärker zu fesseln. In dem Dorfe Flottbeck ist ein recht hübsches Wirthshaus, das häufig besucht wird. — Den grössten Reiz gewährt der dortigen Gegend die hüglige, wellenförmige Beschaffenheit des Bodens, welche dem Ganzen eine Manchfaltigkeit von schönen Partieen mittheilt, die in einer von Bergen gänzlich entblössten Gegend, wie die hiesige ist, ein doppeltes Interesse erweckt. In dem kleinen, niedlichen Lustgehölz, hat man diesen Umstand gut benutzt. Man findet hier sanft sich erhebende Hügel mit malerischen Baumgruppen bekränzt, von denen der Blick die trefflichsten Aussichten auf den Elbstrom und auf die umliegenden Gegenden umspannt. Bald führt den Lustwandelnden der Pfad in ein stilles, einsames Thal hinab, wo das feierliche Rauschen der Baumwipfel, der Gesang der Nachtigallen und das monotonische Murmeln eines über Kieseln gleitenden Quells ihn in süsse Schwärmereien einwiegen, bald ladet eine kleine, unter Gebüschen versteckte Einsiedelei mit einem weich gepolsterten Moossitze zur Ruhe ein. Auf dem mit einem üppigen Graswuchse bedeckten Wiesen weiden englische und schweizerische Kühe von den vorzüglichsten Raçen, deren Glocken ein harmonisches Geläute hervorbringen. Selbst das Fremde in der Kultur der Aecker, die ganz auf englische Manier mit Hecken und Gebüschen eingefasst sind, die ungewohnte Form des Ackergeschirrs, der Anblick manches hier neuerzeugten Productes: alles vereinigt sich, um das Gemüth mit den lieblichen Bildern einer genussreichen Gegenwart zu schmeicheln und das Vergnügen zu exaltiren. Bei Flottbeck ist eine Brücke über ein kleines Flüsschen erbaut, das sich

durch blumige Wiesenthäler schlängelt und hier
in den Elbstrom ergiesst, die sehr uneigentlich den
Namen *Teufelsbrücke* trägt. Gleich hinter dieser
erhebt sich der Weg an einem Sandhügel, auf dessen
Höhe man die Kirchthurmspitze von

Nienstädten

erblickt. Auch in diesem, dicht am steilen Ab-
hange des hohen Elbufers liegenden Dorfe befinden sich viele, reichen Hamburgern und Altonaern zuständige Landhäuser und Gärten. Besonders zeichnen sich die an Umfang wie an seltenen
Pflanzen überreichen, Sonntags jedem Besuchenden
geöffneten Gärten des Herrn *Baur* und des Herrn
Parish aus. Es ist hier eine sehr wohl eingerichtete
Wirthschaft, wo zur Sommerszeit sonn - und fest-
täglich Table d'hôte gehalten wird. — Von hier
aus entfernt sich der Weg von der Elbe und führt
durch Aecker und Saatfelder nach

Dockenhuden.

Hier sind vorzüglich die beiden Landhäuser
und prachtvollen Gartenanlagen der Herren Caesar
und Peter Godefroy sehenswerth, wo jedem den
Eintritt gegen ein Trinkgeld an den Gärtner
erlaubt ist. Auch in diesem Dorfe ist ein Wirthshaus, wo man gut bedient wird. — Der letzte
und merkwürdigste Ort, und das gewöhnliche Ziel
der hamburgischen Spatzierfahrten nach dieser Gegend hin, ist das Fischerdorf

Blanknäse.

Es liegt nur ungefähr eine Viertelstunde von dem vorigen entfernt. Der Weg ist an manchen Stellen für Fuhrwerke etwas unbequem, weil er oft an und auf ziemlich steilen Abgründen vorbei und hinabführt. — Desto angenehmer ist der Fusspfad, welcher von Dockenhuden wieder an das hohe Elbufer leitet, das sich kurz vor Blanknäse, landeinwärts zu einem kleinen Gebirge erhebt und erweitert, auf welchem die Häuser des Dorfs in den bizarresten Gruppirungen zwischen Bäumen, Gebüschen und kleinen Gemüsegärten zerstreut liegen. Blanknäse selbst überrascht durch seinen grotesken Anblick. Die Bauerhäuser scheinen gleich den Schwalbennestern über, neben und an die Sandhügel geklebt zu seyn. Grosse Fischernetze, Hamen und anderes zum Fischfange gehöriges Geräth ist überall an den Hecken und Zäunen zum Trocknen aufgehängt. Beim Eintritt in das Dorf wird man von zahlreichen Haufen halb nackter, von der Sonne braun gebrannter Buben umringt, welche mit wildem Geschrei, ein Geldgeschenk ertrotzen. Männer sieht man hier selten; nur Greise und Weiber hüten im Dorfe das Haus. Die jüngern und rüstigern Dorfbewohner sind fast beständig zur See auf den Fischfang oder dienen den Schiffern als Lootsen. Eine unruhige, gefahrvolle, mit so vielem Ungemach und Strapatzen verbundene Lebens-

weise, wie diese, muss sowohl auf die physische
Constitution, als auf die moralische Bildung der
Menschen einen besondern Einfluss haben. Die
Blanknäser sind ein kühner, trotziger Menschen-
schlag. Sie zeichnen sich durch ihren starken,
musculösen Gliederbau, durch ihr grobes, unge-
hobeltes Wesen und durch mehrere, ihnen ausschliesslich eigne Sitten und Gewohnheiten von den
Bewohnern der benachbarten Dörfer merklich aus,
und bilden einen für sich abgesonderten Stamm.
Der Fischer nimmt seinen fünf- oder sechsjährigen
Sohn schon mit zur See, um ihn in der zartesten
Jugend an diese Lebensart zu gewöhnen, und sobald
der junge Bursch confirmirt worden ist, muss er
alle Arbeiten mit den Erwachsenen theilen. Die
häufigen Unglücksfälle, die von dieser gefahrvollen
Beschäftigung unzertrennlich sind, machen keinen
tiefen Eindruck auf die kalten Gemüther dieser
Wassermenschen. Sie lieben mit der wärmsten
Anhänglichkeit ihren Beruf und wählen, wenn sich
ihnen auch die Gelegenheit darböte, so leicht
keinen andern. Auf dem gleich hinter Blanknäse
sich erhebenden *Süllenberge* ist die Aussicht einzig
in ihrer Art und umfasst einen Horizont von mehreren
Meilen im Umkreise. Vorzüglich fesselt den Blick
die sonderbare Lage des Dorfs, das man zu seinen
Füssen erblickt. Auf einigen entfernten Anhöhen
steigen prächtige Landhäuser empor, die man den
schönen Aussichten zu Liebe, welches ein charac-
teristischer Zug des hamburgischen Geschmacks zu

seyn scheint, auf diese kahlen Sandhügel erbauet
hat. Man sucht zwar mit vielem Kostenaufwand
den dürren, unfruchtbaren Boden zur Cultur zu
zwingen, indess wird er die Mühe sowohl als die
Kosten immer nur mit einer kärglichen Vegetation
belohnen. Die sonderbare Bauart der hiesigen
Fischerfahrzeuge verdient erwähnt zu werden. Sie
sind zum möglichst schnellen Segeln eingerichtet
und haben nur Einen Mast aber ein ungeheuer
grosses viereckiges Segel. Da sie ohne Verdeck
sind, und doch in der See dem Wellenschlage
widerstehen müssen, so ragt ihr spitziges Vorder-
theil hoch über die Wasserfläche hervor. Um
beim Laviren das Abtreiben zu verhüten, führen
sie Schwerdter an beiden Seiten. In der Mitte des
Fahrzeugs befindet sich ein geräumiger länglicher
Kasten, der vermittelst einer Vorrichtung immer
mit frischem Wasser angefüllt werden kann und zur
Aufbewahrung der gefangenen Fische dient. Weiter
vornhin ist die niedrige Kajüte des Fischers. Diese
Fahrzeuge segeln, besonders vor dem Winde,
ausserordentlich schnell und sicher, und es kommt
ihnen in diesem Stücke so leicht kein anderes gleich.
Die äusserst starke Bauart derselben macht es auch
möglich, dass die Blanknäser oft beim Sturm ohne
eingereefte Segel segeln können, obwohl auch
zuweilen ihre grosse Verwegenheit ihnen zum Ver-
derben gereicht. —

Im Fährhause zu Blanknäse, von wo aus
eine Ueberfahrt nach dem hannöverischen Orte,

zum Kranz geschieht, kann man zwar einige Erfrischungen erhalten, doch ist die Bedienung nicht die beste.

Wir führen jetzt unsere Leser zu dem Punct von dem wir ausgingen, also nach Ottensen zurück und beginnen eine neue Spatzierreise durch das Dorf

Ottmarschen,

das in einer äusserst reizenden Thalgegend liegend, mehrere ländliche Besitzungen altonaischer Einwohner aber kein sonderliches Wirthshaus in sich fasst, nach dem ihm rechts liegenden

Barenfeld.

Hier ist ein grosses wohleingerichtetes Wirthshaus mit einem weitläuftigen Garten, das häufig besucht wird. Der Wirth hieselbst hat von der königl. dänischen Regierung die Erlaubniss bekommen, jährlich ein Vogelschiessen zu halten und diese Belustigung findet unter den Hamburgern und Altonaern viele Liebhaber und lockt ausser den Theilnehmern eine Menge Zuschauer herbei. — Von hieraus führt der Weg nach Eimsbüttel, und von dort nach

Stelling

einem angenehmen Dorfe mit einem ansehnlichen Wirthshause, etwas von der grossen Landstrasse seitwärts gelegen. Noch eine halbe Stunde von diesem entfernt, liegt

Eidelstädt,

woselbst ebenfalls ein zur Bewirthung wohleingerichtetes Haus, unter dem Namen *Sola bona, quae honesta* mit einem weitläuftigen Garten sich befindet. Hier geht die grosse holsteinische Landstrasse durch, nach Rellingen, Pinneberg u. s. w. ins Innere von Holstein. Südöstlich von Eidelstädt liegt das Dorf

Lookstädt,

in welchem viele Landhäuser der Hamburger befindlich sind. Nördlich von diesem liegt

Wellingsbüttel,

und eine kleine Viertelstunde davon entfernt

Poppenbüttel.

Auch in diesen beiden Dörfern haben mehrere Hamburger niedliche Landhäuser, doch wegen der weiten Entfernung von der Stadt fangen sie an sparsamer zu werden. Wellingsbüttel sowohl als Poppenbüttel haben reizende Lustwäldchen und elegante Wirthschaftsetablissements und sind das häufig besuchte Ziel der hamburgischen Spatzierfahrten. Man kann von hieraus entweder über die obenerwähnte Ortschaft *Eppendorf*, die beinahe gänzlich aus Landhäusern und Gartenwohnungen besteht, durch das Dammthor, oder auch über

Barmbeck,

ein dem heiligen Geisthospital zugehörendes an dem, Eppendorf gegenüberliegenden Alsterufer gelegenen Dorfe, durch das Steinthor nach Hamburg zurück-kehren.

Ausserhalb des Steinthors sind folgende Lust-örter und Gegenden besonders besucht:

Wandsbeck.

Ein dem Königl. Privatschatze von Dänemark gehörender nahrhafter Marktflecken mit einem schönen herrschaftlichen Schlosse und einem Lust-park. Hier befinden sich eine Menge Wirths-häuser, die an Sonn - und Festtagen mit Ham-burgern, besonders aus dem Mittelstande angefüllt sind, welche sich hier bei Tanz und Musik des Lebens freuen und den Rost der durcharbeiteten Woche abschleifen. Die Dorfschaften

Hamm und Hörn,

die sich von der Gegend des letzten Vorstadtthores zu St. Georg, dem *Hammerbaum*, bis an den sogenannten *letzten Heller,* (einem isolirten Soldaten-Wachthause an der dänischen Grenze) erstrecken, werden gleichfalls sehr häufig besucht. Hier und in dem angrenzenden

Billwärder

sind die Landhäuser der Hamburger sehr zahlreich, doch gleichen sie in Absicht ihrer Bauart meistens nicht jenen geschmackvollen Landpallästen an den Ufern der Elbe hinter Altona. Hier sind die Landhäuser mit wenigen Ausnahmen von einem düstern klösterlichen Ansehen, vorvher mit Holzplanken, oder eisernem Gitterwerk menschenfeindlich dem Blick der Vorübergehenden entzogen. Die Gärten sind grösstentheils im altholländischen Geschmack, mit dichten, glatt unter der Scheere gehaltenen Hecken in geraden Linien durchzogen und mit dünnen Schwibbögen, Buchsbaumfiguren, Auster-schaalen- und Porcellangrotten und allen Unformen der altfränkischen Gartenkünstelei geziert. Die mehrsten dieser Gartenhäuser wurden zu Anfang und in der Mitte des vorigen Jahrhunderts erbauet und der damals herrschende steife und gedrechselte Kunstgeschmack spricht sich in ihren Formen noch überall aus.

Die Vierlande.

Mit diesem Namen belegt man vier, von Deichen überall eingeschlossene Landschaften, welche zwischen der Elbe und der Bille liegen. Sie heissen: *Kirchwärder*, *Altengamm*, *Neuengamm* und *Curslak* und stehen unter der gemeinschaftlichen Herrschaft Lübecks und Hamburgs. Jeder dieser Districte macht ein besonderes Kirchspiel aus und hat seinen eigenen Prediger. In Kirchwärder, dem südlichsten District, dem hannöverischen Elbufer gegenüber, ist der *Zollenspieker* zu bemerken, von wo aus die Ueberfahrt über die Elbe nach dem hannöverischen Dorfe *dem Hoopt* geschieht. Die Vierlande sind ein ausserordentlich gesegneter Erdstrich. Die niedrige Lage der Ländereien, welche jährlich vom Ende des Herbstes, bis zu Anfange des Frühlings mit Wasser überflossen sind, machen es zu einem nordischen Aegypten, denn hier so wie dort, lassen diese Ueberschwemmungen den fettesten Dünger zurück, der die üppigste Vegetation hervorbringt. Unabsehbare Waizenfelder wechseln mit weitläuftigen Gemüsegärten, wo Blumenkohl, Spargel, Erbsen und dergleichen gebauet werden, und mit Aeckern voller Erdbeeren und Blumen aller Art, Rosen, Levköjen, Lilien und Jasmin. Auch die Obstcultur ist hier zu Hause. Die Landleute sind sehr geschickte Obstgärtner und ziehen selbst die vortrefflichsten Pfirsiche und Aprikosen. Auf den fetten Weiden der Vorländer — uneingedeichte Ländereien, die grösstentheils aus Wiesen bestehen — schwelgen die Kühe im hohen Grase und die Vierländer sind ausserdem durch die Mästung ihrer Kälber und des Geflügels aller Art

bei den Hamburgern vorzüglich bekannt. Die
Bewohner der Vierlande sind ein ganz besonderer
Schlag Menschen. Sie zeichnen sich durch ihre
Kleidertracht sowohl, als durch mehrere, ihnen
ausschliesslich eigene Sitten und Gebräuche aus und
scheinen ein von ihren übrigen Nachbaren ganz
verschiedener Völkerstamm zu seyn. Die Hypothese
ihrer ursprünglichen Abkunft hat viel Wahrschein-
liches: Der hamburgische Erzbischof *Friedrich* in
Verbindung mit *Adolph I,* Grafen von Schauenburg
hat zu Anfang des zwölften Jahrhunderts einen
grossen Theil seiner Unterthanen zur Besetzung
der holsteinischen Gegenden an der Ostsee gebraucht; hierdurch seyen die Ländereien an der
Elbe nicht wenig entvölkert, und er bewogen
worden aus Holland, Friesland und Flandern neue
Colonisten herzurufen und ihnen Wohnplätze in den
verlassenen Gegenden anzuweisen. Von jenen
Fremdlingen sollen die jetzigen Bewohner der Vierlande abstammen, welche noch bis diesem Augenblick in der Körperform, Kleidertracht und Sitten,
Aehnlichkeit mit ihren Urältern behalten haben.
Ein Umstand, der unstreitig viel dazu beigetragen
hat, die Vierlander von ihren übrigen Nachbaren
zu isoliren und ihren moralischen Character unver-
mischt zu erhalten, ist unstreitig der, dass sie
sich nur unter sich selbst verheirathen. Auf diese
Weise sind beinahe alle unter einander verschwä-
gert und gewisse Eigenheiten werden in den Familien unverändert fortgepflanzt.

Uebrigens kann man sich kein kunstfleissigeres Völkchen denken, als die Vierlander, und man muss wirklich ihren stets regen Speculationsgeist bewundern. Da giebt es, ausser den von ihnen selbst erzeugten Producten, als Getraide, Gemüse aller Art, Früchte, besonders Erdbeeren, (von welchen jährlich mehrere hunderttausend Pfunde in Hamburg und den umliegenden Gegenden verspeist werden) ausser einer Menge von Blumen und Kräutern, noch viele andere Artikel, mit denen sie einen bedeutenden Handel treiben. So bringen sie z. B. frischen und geräucherten Elblachs, Neunaugen (Bricken), gemästete Gänse, Enten und Kapaunen und eine Menge fetter Kälber und Schweine zum Verkauf. Selbst bis nach Leipzig zur Messe ziehen sie mit Lachsen und Neunaugen und versorgen die dortigen Italienerkeller mit diesen Leckereien. Ausserdem sind mehrere Vierlander in Hamburg für beständig ansässig, die alles, was zum Lebensbedarf gerechnet wird, aufkaufen und mit bedeutendem Vortheil vereinzeln. Der Weg von Hamburg nach den Vierlanden führt durch den vorhin gedachten Billwärder. Unter diesem Namen begreift man den ganzen Strich Landes, der vom *Ausschlägerweg* an, — einem gepflasterten Damm, der durch eingedeichte sumpfige Wiesen sich von *Hamm* und *Horn* aus in einer gekrümmten Linie nach dem grossen Elbdeich hinzieht, — zwischen der Elbe und Bille liegt und an beiden Seiten dieser Flüsse eingedeicht ist. An der Billseite endigt er

kurz vor Bergedorf und an der Elbseite bei der
Curslaker Schleuse, und wird daher auch in
Billwärder an der Bille und Billwärder an der Elbe
eingetheilt. Dies Ländchen enthält drei Kirchspiele, das eigentliche *Billwärder*, *Moorfleth* und
Allermöh. Es hat den fruchtbarsten Boden, der
sich denken lässt und seine Bewohner gehören zu
den wohlhabendsten Landleuten der hiesigen Gegend. In ihren Häusern herrscht Luxus bei vielem Wohlstande. Ihre Sitten sind nichts weniger
als bäuerisch, sondern nähern sich vielmehr dem
feinern städtischen Betragen. Ihr Anzug ist halb
städtisch, halb ländlich, und besonders bei dem
weiblichen Geschlecht in Absicht der Bestandtheile
oft so kostbar, dass die eleganteste Dame sich nicht
schämen würde, in dem Anzuge einer Billwärderin
zu erscheinen. Man sieht den feinsten ostindischen
Zitz, den feinsten Mull, die schönsten brüsseler
Spitzen, ja selbst Diamantenschmuck, bei einer
billwärder Landdame, *en grande parure*. Mehrere
Töchter reicher Landleute sind in städtischen Pen-
sionsanstalten erzogen worden, und haben einen
Grad von Ausbildung erhalten, der in Verwun-
derung setzt. Viele Landleute besitzen Bücher-
sammlungen, oder in Ermangelung derselben abon-
niren sie sich in den Leihbibliotheken von Hamburg, um mit dem Geist des Zeitalters fortzuschreiten. Man bauet hier viel Getraide, besonders
Waizen und Hafer und die Viehzucht ist ebenfalls sehr ansehnlich. Viele unter den hiesigen

Landleuten treiben auch einen bedeutenden Pferde-
handel und besuchen alle benachbarten Märkte.

Auch die dänischen Dörfer *Schiffbeck* (welches
eine besonders anmuthige Lage hat) und *Steinbeck,*
an der bergedorfer Landstrasse liegend, so wie das
weiter im Holsteinischen gelegene reizende Dorf,
Reinbeck, werden häufig von den Hamburgern
besucht.

Noch bemerken wir als hamburgische Besitzungen, folgende ungefähr drei Meilen von der Stadt
entfernten Dörfer: *Wohldorf, Ooldstäde, Volksdorf,*
Grossenhansdorf und *Schmalenbeck.*

Auch gehört der Stadt an der Mündung des
Elbstroms eine Strecke Landes, deren Westseite
an die Nordsee gränzt. Sie macht ein besonderes
Amt aus, und heisst

Amt Ritzebüttel,

zu Wasser funfzehn Meilen von der Stadt entfernt.
Es wird von einem hamburgischen Senator, der
den Titel Amtmann führt, verwaltet. Auf der zu
diesem Amte gehörenden Insel befindet sich ein
Leuchthurm und in den Ritzebüttler Flecken *Cux-*
haven ist seit dem Jahre 1816, ein von Hamburgern
wie von Fremden zahlreich besuchtes Bad das unter
dem Namen

18*

Cuxhavener Seebad

bekannt ist, angelegt worden: Da eine Anstalt dieser Art aber nie stille stehen darf, so wird fortdauernd an der grösseren Vervollkommnung derselben gearbeitet.

Im Jahre 1816 wurden 669 Bäder genommen; 1817, 2234; im Jahre 1818, 3081; im Jahre 1819, 4209 Bäder. Die Zahl der Gäste betrug nach den gedruckten Badelisten 1817, 565 Personen; im Jahre 1818, 767; 1819, 796.

Die Vorzüge des Nordseewassers sind so hinreichend erwiesen, dass darüber gar nichts gesagt zu werden braucht.

Die Ebbe und Fluth bewirkt noch überdies eine tägliche gänzliche Erneuerung des Wassers. Die Hauptschwierigkeit, bey der wechselnden Ebbe und Fluth nicht immer zu einer bestimmten Vormittagszeit baden zu können, ist nicht nur gänzlich gehoben, sondern es wird sogar der Nutzen des Bades durch dieses Naturereigniss noch vergrössert.

Die ganze Anlage zerfällt in zwey Theile:

Das Badehaus ist gewissermaassen das Haupt-Etablissement. Es befinden sich daselbst 8 kupferne Wannen zu kalten und warmen Bädern, die mit aller Bequemlichkeit für Badende versehen sind; drey Zimmer haben Betten. Noch sind besondere Zimmer für Regen-, Tropf-, Douche- und Dampfbäder eingerichtet, auch ist der Apparat zu Douche-Lavements, die bey Schwäche des Unterleibes so heilsam sind, augeschafft. Das Wasser fällt zu diesen künstlichen Bädern 30 Fuss; es kann der Fall jedoch auch nach Erforderniss der Kranken verringert werden. Ein electrischer Apparat, nebst einer kleinen Hausapotheke, ist in den Zimmern der Aerzte, deren Einer beständig von 6 — 1 Uhr hier anwesend ist. Das Schwefelbad ist in einem besondern Gebäude angelegt, so dass es den übrigen Badegästen nicht beschwerlich ist. Das Dampfbad ist ganz den neuen Erfindungen gemäss, eingerichtet.

Der erste Saal im Badehause ist den Herren überlassen, und kann dort geraucht werden. Es finden sich daselbst deutsche und ausländische Zeitungen. Für Damen ist ein hübscher Pavillon seewärts erbauet, der, seiner Lage und Eleganz wegen, allgemeinen Eeifall gefunden hat.

Die in England so beliebten Strandspaziergänge sind zwar ausgebaaket; allein, wegen der Unbekanntschaft mit denselben, wenig besucht worden.

Der Bademeister hat eine Restauration; es befindet sich noch daselbst Stallraum und Wagen-Remise für Reit- und Wagenpferde, nebst Kutscher-Stube.

Hier versammeln sich gewöhnlich die Badegäste, zum Frühstück und zur Gesellschaft am Vormittage Die Benutzung des vor dem Badehause liegenden

grossen Platzes zu Spaziergängen, rückt in diesem
Jahre wieder weiter fort, und es wird mit den
Anpflanzungen eifrigst fortgefahren. Diese Anlage
hat wegen des Wellenschlages bei hoher Fluth
und wegen der kalten Frühlingswinde mit grossen Schwierigkeiten zu kämpfen, indess muss man
mit aller Anstrengung es zu erforschen suchen,
ob durch Ausdauer diese Schwierigkeiten zu be-
siegen sind.

Die *Badekarren* stehen, der Ebbe und Fluth
wegen, nicht, wie in der Ostsee, im Meere selbst,
sondern auf trockenem Lande, und werden jedesmal, wie es der Wasserstand erfordert, in's Wasser gefahren. Der Boden besteht aus vestem
Sandgrund. Wirkliche Besorgnisse können nie
hier eintreten, da nicht nur der Grund sorgfältig
untersucht ist, sondern auch der Fuhrmann mit
den Pferden bei den Badenden bleibt. Bei der
grossen Nutzbarkeit dieser Karrenbäder, sind sie
ein Hauptgegenstand der Vorsorge der Direction.
Um bequemer zu ihnen zu gelangen, ist Land
angekauft worden, so dass man auf einem mit 4 Reihen Bäumen bepflanztem Wege von dem Döserweg
gerade bis an den Deich, zu dem binnen Deiches
erbauten bequemen Hause fährt, woselbst ebenfalls eine Restauration ist.

Diese Karrenbäder theilen sich jetzt in Fluth-
und Ebbebäder, die beide durch die getroffene
Einrichtung mit derselben Sicherheit genommen,
werden können; erstere sind stärkender, theils

der häufigeren Salztheile wegen, theils weil die auflaufenden Wellen und der Wellenschlag belebender auf den Körper wirken; es ist ein dem Körper heilsamer Uebergang, von den warmen zu den Ebbebädern fortzuschreiten und dann mit den Fluthbädern zu schliessen. Die Zahl der Karren wird jährlich nach dem Bedürfniss vergrössert. Hier befindet sich auch zum Baden im Freyen eine bedeckte Schaluppe.

Für Fuhrwerke nach den Bädern ist hinlänglich gesorgt, sie haben eine billige Taxe; auch werden die Fusssteige mit grosser Sorgfalt unterhalten, und sind zum Theil mit Bäumen bepflanzt. Für ganz schwache Personen ist eine Sänfte angeschafft.

Für den Mittagstisch, so wie für hübsches Local zu Bällen und Concerten ist hinlänglich gesorgt. Der Abendtisch ist in der Harmonie.

Die Harmonie ist im Jahre 1817 eingerichtet, und 1818 sehr vergrössert; sie enthält einen grossen geschmackvoll angelegten englischen Garten und in dem Hause die Ess- und Spielsäle, auch Spiel - Lese - Conversations - und Rauchzimmer, um der Gesellschaft auch ausser der Badezeit Unterhaltung und Zerstreuung zu gewähren. Es sind hier 30 vollständig möblirte Schlaf - und Logirzimmer, so dass dieses Haus die Stelle eines Logirhauses vertreten kann; hier sind auch die privilegirten Hazardspiele, und ein grosser Saal zur Abendrestauration.

Die Schönheit der umliegenden Gegend, die Reisen nach Helgoland, Neuwerk, Otterndorff, Dobrok u. s. w. sind bekannt genug; auch ist in Brockswalde ein Jägerhaus erbauet.

Wer sich selbst ein Logis aussuchen will, findet bei seiner Ankunft bequeme Absteigequartiere in den Wirthshäusern: dem König von England, der Harmonie und der Stadt Hamburg, welche bei dem vielen Raum, den sie enthalten, die Stelle der Logirhäuser vertreten. Da der Wunsch sehr lebhaft geäussert worden, dieses alles, auch *am Haven* zu haben, so ist die Direction beschäftigt, so grosse Schwierigkeiten sich auch dabei zu zeigen scheinen, denselben zu erfüllen, worüber seiner Zeit das Erforderliche bekannt gemacht werden wird. Aufträge zur Besorgung solcher Privatlogis nimmt Herr *Wächter* entgegen.

Für eine schnelle und bequeme, nicht theure, Communication mit Hamburg, Altona und den an der Elbe liegenden Oertern, ist gesorgt. Drey äusserst schnellsegelnde Packetböte mit Betten und allen Bequemlichkeiten, auch besonderen Cajüten für Damen versehen, besorgen diese Reise. Auch Beköstigung findet man am Bord dieser Schiffe. Bey der Abneigung mehrerer Badegäste gegen Wasserreisen, wird auch dafür gesorgt werden, dass man bequem zu Lande hinreisen kann, was bei schöner Witterung, durch das *alte Land* etc. einer immerwährenden Lustreise ähnlich ist.

Damit die Gesellschaft sich nicht allzu sehr zerstreue, so sind im Jahre 1819 die Badegäste mit sehr günstigem Erfolge ersucht worden, sich an vorgeschlagenen Tagen bestimmt an einem der verschiedenen Belustigungsörter zu versammeln.

Ueberhaupt erwartet es die Direction von der Gefälligkeit der Besuchenden, sie von allen etwanigen Mängeln oder möglichen Verbesserungen zu unterrichten.

Die Badeärzte, Herr Physicus *Neumeister* in Ritzebüttel und Herr *Dr. Luis* in Hamburg, werden mit Vergnügen über alle Anfragen Auskunft geben.

Nähere Nachrichten über das Ganze findet man ausser in den allgemeinen Schriften über Bäder von Hufeland, Mosch, etc. in

1) Ritzebüttel und das Seebad zu Cuxhaven, mit Karten und Kupfern. Hamburg, bei Perthes und Besser. Preis 7 ℳ 8 ß.

2) Einrichtung des Seebades zu Cuxhaven, revidirt 1817. Hamburg bei Schmiebes. Pr. 8 ß.

3) Regulations of the Sea - Baths of Cuxhaven. London by R. Watts. 1818.

4) Beobachtungen über das Seebad zu Cuxhaven im Sommer 1818, von den Badeärzten Dr. Neumeister und Ruge. Hamburg 1819, bei Perthes und Besser. Preis 12 ß.

SECHSTER ABSCHNITT.

Besondere Adressen und Notizen für Fremde.

Consulatcanzeleien fremder Höfe.

Americanisches Consulat (vereinigte Staaten) *bei der Alster No. 114.*

Königl. Baier'sches Consulat, *hohe Bleichen No. 222.*

— Dänisches — *Pastorenstrasse No. 151.*

— Hannöverisches — *am Fischmarkt No. 46*

— Französisches — *gr. Drehbahn No. 393.*

— Grossbrittann. — *Neuenwall No. 131.*

Grossherz. Mecklenb. — *Jungfernstieg No. 20.*

Königl. Niederländ. — *Neuenwall No. 153.*

Kaiserl. Königl. Oesterr. — *gr. Reichenstrasse No. 82.*

Königl. Portugiesisches — *Jungfernstieg No. 27.*

— Preussisches — *hohe Bleichen No. 226.*

Kaiserl. Russisches — *zweite Marktstr. No. 122.*

Königl. Sächsisches — *neuer Wandrahm No. 91.*

— Sardinisches — *Neuenwall No. 60.*

— Schwed. u. Norw. — *Pastorenstrasse No. 153.*

— Spanisches — *Dammthorstr. No. 153.*

Einige Gasthöfe in der Stadt..

Im schwarzen Adler, grosse Johannisstrasse.

Im blauen Engel, Schweinmarkt.

Im schwarzen Elephanten, Hopfenmarkt.

à L'Hôtel de Saxe, Valentinskamp.

Zum Hanöverischen Hause, Neueburg.

Holsteinisches Haus, Kohlhöfen.

Kaisershof, am Rathhause.

Zum König von England, Neuenwall.

Kramer-Amthaus, grosse Johannisstrasse.

Obergesellschaft, Pelzerstrasse.

St. Petersburg, Jungfernstieg.

In der Sonne, Neuenwall.

Alte Stadt London, Jungfernstieg.

Traube, Pferdemarkt.

Im wilden Mann, Hopfenmarkt.

Zum römischen Kaiser, Jungfernstieg.

Zum russischen Kaiser, Dammthorstrasse.

Im weissen Schwan, alten Steinweg.

Im König von Preussen, grosse Bäckerstrasse.

Im russischen Hotel, (Hôtel de Russie) Jungfernstieg.

König von Hanover, Jungfernstieg.

Zur Krone, Zollenbrücke..

Im Wiener Hof, grossen Buurstah.

Vorzügliche Caffeehäuser.
In der Stadt:

Bei der Börse: Wollmer & Comp.
Grossen Buurstah: Cohrs.
Ellern (Millern)- Thorsbrücke: Wöltyen.
Am Ness: Stuart.
Am Rathhause: Wagener.
Am Rathhause: Schramm.
Grosse Reichenstrasse: Oswald.
Zollenbrücke: Rese.
Zollenbrücke: Müller.

Dicht vor den Thoren der Stadt:

Die *Rotunde* (*Trichter* genannt) vor dem Alto-
naer - Thor.
Die *Rotunde* (*Trichter* genannt) vor dem Stein-
Thor.

Schweizer Conditoreien.

Im Jungfernstieg: der Alsterpavillon.
Im Jungfernstieg: der Schweizerpavillon.
Bei der Börse: Giosty & Laurent.

Restaurationen.

Cohrs, (im Wiener Hof), grossen Buurstah No. 50.
Guillaume, grosse Bleichen No. 376.
Schramm, beim Rathhause No. 24.

Likörhandlungen.

Unter diesen zeichnet sich seit vielen Jahren die hier und im Auslande rühmlichst bekannte grosse Fabrik und Niederlage von *Nicolaus Hinrich Helmers*, auf dem Zeughausmarkt No. 128 vor allen andern aus. Es sind daselbst über hundert Sorten Liqueure vorräthig, welche in Hinsicht der Güte sowohl, als der Billigkeit, die ehemals so berühmten Danziger und Breslauer weit übertreffen. Die Liqueur-Fabrik der *Wittwe Helmers* auf dem Schaarmarkt liefert ähnlich gute Waare.

Aerzte, Wundärzte und Geburtshelfer.

(Zur augenblicklichen Notiz für Fremde ist es genug, *einige* als geschickte und gelehrte Aerzte und Wundärzte bekannte Männer anzuführen, obgleich deren weit mehrere, als die hier bezeichneten in Hamburg vorhanden sind. Das nämliche gilt in ähnlichen Rücksichten von den folgenden Adréssen der Apotheker, Kaufleute, Künstler, Professionisten etc.)

Die Physici.

Dr. Med. *Ebeling*, hohe Bleichen No. 224.
— *Schleiden*, kleine Michaeliskirche No. 109.

Boie, Med. & Chir. Dr., Schmiedestrasse No. 37.

Büsch, Med. Dr. & Accouch. Heuberg No. 281.

Caspar, Med. Dr. Vorstadt St. Georg, Lange-
reihe No. 78.

Chaufepié, Med. Dr. Neuenwall No. 147.

Crusius, Med. Dr. & Chir. Pastorenstrasse No. 149.

Danzel, M. Dr. & Accouch. Herrengraben No. 194.

Ebeling, Med. Dr. & Augenarzt, hohe Bleichen
No. 224.

Grasmeyer, Med. & Chir. Dr. & Augenarzt,
Herrengraben No. 14.

Heidrich, Chir. Dr. & Accouch. hohe Bleichen
No. 213.

Kunhardt, Med. Dr. & Accouch. Catharinenkirchhof No. 35.

Schmidt, Medicinalrath & Med. Dr. Schmiedestrasse No. 84.

Schröder, Med. & Chir. Dr. & Augenarzt, hohe
Bleichen No. 208.

Schrödter, Med. Dr., grosse Bleichen No. 315.

Siedenburg, Med. Dr., Böhmkenstrasse No. 212.

Siemers, Med. & Chir. Dr. Schopenstegel No. 19.

Simon, Med. Dr. & Accoucheur, Pastorenstrasse
No. 140.

Skobel, Med. & Chir. Dr. Krayenkamp, englische
Planke, No. 208.

Stierling, Med. Dr. A-B-C-Strasse No. 165.

Willert, Med. Dr. grossen Buhrstah No. 50.

Zwanck, Med. Dr. & Accouch. Steinhövd, No. 47.

Zahnärzte.

Calais, Gänsemarkt, Schwiegershof No. 49.
Derily, Krayenkamp.
Fürth, Gänsemarkt No. 133.
Jacoby & Sohn, Zahnärzte & Leichdornoperateure,
A- B- C - Strasse No. 140.

Bandagisten.

Madame Abel, (Addresse Hauptfleisch.) Neueburg
No. 133.
Goette, grossen Buurstah No. 38.

Apotheken.

Barkhan, Steinstrasse No. 119.
Bieber, Neustädter Fuhlentwiete No. 5.
Brandt, Mühlenstrasse.
Crone, (auch chemische Fabrik) Teielfeld No. 164.
Cruse, Neustädter Fuhlentwiete No. 384.
Eimbcke, Neuenwall No. 174.
Gravenhorst, Zuchthausstrasse No. 119.
Hasse, grossen Neumarkt No. 92.
Oberdörffer, grossen Buhrstah No. 45.
Schaumann, Speersort No. 94.
Ueltzen, Alsterthor No. 21.

Buchhandlungen.

Campe, unter der Firma: *Hoffmann & Campe*, Neueburg No. 22.

Gundermann, Nicolaikirchhof No. 120.

Herold, grosse Johannisstrasse No. 47, (im Hause der patriotischen Gesellschaft.)

Nemnich, Neuenwall No. 131.

Nestler, Buchhandlung, Buchdruckerei und Antiquarisches Etablissement, grosse Bleichen No. 323. (Siehe 5r Abschnitt, Art. Antiquarisches Etablissement.)

Perthes und Besser, Jungfernstieg No. 22.

Handlung wohlfeiler gebundener Bücher.

Nestler, grosse Bleichen No. 323, (woselbst die Catalog gratis ausgegeben werden.)

Buchdruckerei.

Nestler, grosse Bleichen No. 323. (Es sind deren, ausser dieser, des Verlegers, gewiss eine der bedeutendsten, aus welcher man auch einige Proben ächt englischer Lettern zu Ende dieses Buches findet, noch an zwanzig andere in der Stadt.)

Musikalienhandlungen.

Böhme, grosse Bäckerstrasse No. 34.

Cranz, (hat auch ein musikalisches Leihinstitut), grosse Reichenstrasse No. 40.

Kunst = Landkarten = und Kupferstich-
handlungen.

Busch, grossen Buhrstah No. 56.

Nemnich, Neuenwall No. 131.

Noveletto, Ness, unter No. 74.

Suhr Gebr. Bohuenstrasse No. 3.

Mathematische und optische Instrumenten-
handlungen.

Gabory, Neueburg No. 14.

Harris & Campbell, bei dem Rathhause No. 26.

Tuchhandlungen.

Färber & Comp., Fischmarkt No. 112.

Rösing, am Berge No. 111.

Schröder, (en gros Handel) Cremon No. 74.

Schröder & Oertzen, Schaartbor No. 82.

Siehl, alten Steinweg No. 80.

Englische = und Seidenwaarenhandlungen.

Beger, Neuenwall No. 132.

Blanck, Gänsemarkt No. 110.

Bonsen, Schmiedestrasse. No. 81.

Feldmann & Comp. Mühlenbrücke No. 62.

Hagedorn, Breitengiebel No. 166.

Krull & Sohn, Hopfenmarkt No. 62.

Ruperti & Comp Bohnenstrasse No. 155.

Schrader, Neueburg No. 15.

Schultz & Steding, Fischmarkt No.

Walther, Bohnenstrasse No. 9.

Federn - und Blumenfabriken.

Ascolie, grosse Bleichen No. 308.
Dümont, Gänsemarkt.
Fonder, Neuwalls - Brücke No. 143.
Philippi, Pelzerstrasse No. 12.

Galanteriewaarenhandlungen.

von Axen, Jungfernstieg No. 21.
Dellevie Gebrüder, alte Wallstrasse No. 86.
Erich, grossen Buurstah No. 91.
Gödelt, Neueburg No. 36.
Lüdemann, Jungfernstieg No. 17.

Graveur in Messing und Stahl.

Eschkötter, Michaelisstrasse No. 134.
Nathansen, bei der Börse, unter Kayershof, der
    Bank gegenüber.

Meublen - Handlungen.

von Axen, Jungfernstieg No. 21.
Gödelt, Neueburg No. 36.

Niederlage des Tischleramts.

Magazin von Meublen, Paulstrasse.

Putz - und Modenhandlungen und Industriecomptoire weiblicher Handarbeiten.

Blanck, Gänsemarkt No. 101.
Beets & Hinrichsen, Mühlenbrücke No. 184.
Gérard, kleine Johannisstrasse No. 12.
Hagedorn, Breitengiebel No. 166.
Rickheim, bei der Alster No. 109.
Schröder, Wwe. Jungfernstieg No. 68.

Porcellan - und Bronzeniederlagen.

von Axen, Jungfernstieg No. 21.
Gödelt, Neueburg No. 36.
Lüdemann, Jungfernstieg No. 17.

Assecuranzcompagnien und Assecuradeurs.

Deren giebt es in Hamburg gegenwärtig *fünf und dreissig*, die für Gefahren mancherlei Art zeichnen. Im hamburgischen Adressbuche kann man das Verzeichniss und die Firmen derselben finden.

Banquiers - und Geldwechsler.

Berger, Graskeller No. 14.
Grellmann & Sohn, grosse Bäckerstrasse No. 74.
Grossmann & Schröder, Fischmarkt No. 106.
Stresow, Grimm No. 22.

Privatlehranstalten.

Baylis & van der Berg, Lancastersches Institut, Scharmarkt No. 74.

Krämer, Phil. Dr., am Berge No. 111.

Rüding, Phil. Dr., hinter St. Peter No. 84.

Roesing, Phil. Dr., Neuenwall No. 33.

Ruete, Phil. Dr. & Theol. Cand. Mönkendamm No. 84.

Stahlschmidt, Phil. Dr., Neuenwandrahm No. 96.

Wächter, Leonhard, (beigenannt Veit Weber), Theol. Candid., Gänsemarkt Bindfords Hof.

Buchhalter und Lehrer im Buchhalten.

Decker senior, Altewallstrasse No. 94.

Kratz, Wandbereiterbrook No. 25.

Schäffer, Brook No. 40.

Schäffler, Spitalerstrasse No. 74.

Sprachlehrer.

Bastanzi, Lehrer der italienischen Sprache und Literatur, Breitestrasse No. 69.

Bärmann, Phil. Doct. & L. L. A. A Magister, Lehrer und Translator in der deutschen, englischen, französischen, italienischen, spanischen und portugiesischen Sprache, hinter St. Peter No. 84.

Baur, Lehrer der englischen Sprache, Dovenfleth No. 24.

Dürand, Lehrer der französischen Sprache, Dovenfleth No. 18.

Paasche, Lehrer der deutschen, französischen, italienischen und englischen Sprache, und beeidigter Dollmetscher und Uebersetzer, Schmiedestrasse No. 37.

Schüssler, Lehrer der englischen Sprache, und Lector derselben am Johanneo, Buhmkenstrasse No. 76.

Smout, Lehrer der englischen Sprache, Zollenbrücke No. 54.

Translatoren.

Deranco, Schaarsteinweg No. 3.

Paasche, Schmiedestrasse No. 37.

Bürmann, Phil. Dr., hinter St. Peter No. 84.

Webse, Thielbeck No. 200.

(Die beiden ersteren sind *beeidigte* Dolmetscher und Uebersetzer.)

Musiklehrer.

Beer, Violine, Dammthor - Wall.

Clasing, Tonkünstler und Clavierlehrer, Domskirchhof No. 130.

Dufaur, Clarinetbläser, Königsstrasse neben No. 239.

Eule, Fortepiano, auch Musikdirector im Stadttheater, hohe Bleichen No. 263.

Fischer, Clavierlehrer, Caffamacherreihe No. 252.

Gladow, Musikus, Neuenwall No.

Goode, Lehrer für Guitarre, Kajen No. 87.

Graff, Violinist, Fürstenplatz No. 119.

Gross, Violinist, Hütten No. 88.

Grund, Musiklehrer, Fischmarkt No. 107.

Kollmann, Organist und Musiklehrer, Catharinenkirchhof No. 26.

Petersen, d. Vater, Tonkünstler und Virtuos auf
der Flöte, hohe Bleichen No. 299.

Petersen, d. Sohn, Tonkünstler, und Lehrer in
Violin- und Clavierspiel, ebendaselbst.

Rodatz, Organist und Lehrer im Gesang, General-
bass und Pianoforte, Catharinenkirchhof
No. 47.

Romberg, erster Virtuos auf dem Violoncello,
ABC-Strasse No. 139.

Wollrabe, Musiker, grosse Drehbahn, Wüpper-
manns Hof No. 385.

Tanzlehrer.

Brulo, Madame und Demoiselle, Neuenwall.

Lafond, Drillhaus, hinter No. 129.

Lindow, Poolstrasse No. 230.

Porträtmaler.

Aldenrath und Gröger, holländischen Brook No. 55.

Freundt, kleine Reichenstrasse No. 123.

Suhr, Prof. der Malerei, Königsstrasse No. 243.

Weidemann, Altewallstrasse No. 89.

Fechtmeister.

Lafond, Drillhaus, hinter No. 129.

Wagenlackirer.

Kruse, Gänsemarkt No. 149.
Schütt, Valentinskamp No. 165.

Die hier angeführten Männer sind vollendete Künstler in ihrem Fach. Ihre Lackirung übertrifft an Glanz, Dauer und Farbenvestigkeit die englischen Arbeiten. Was unsern Lobspruch bewahrheitet, ist der Umstand, dass mehrere englische Wagenerbauer ihre Wagen hierher sandten, um sie von diesen Künstlern lackiren zu lassen. Thatsachen, wie diese, sollten doch wohl hinreichend seyn, das leider, in Deutschland noch so allgemein herrschende Vorurtheil: vaterländische Kunst stehe der ausländischen nach, bis auf die Wurzel auszurotten? —

SIEBENTER ABSCHNITT.

Hamburgs merkwürdigste Jahre.

(Ein gedrängter Ueberblick der wichtigsten Vorfälle die diese Stadt betrafen.)

Jahr 808.

Kaiser *Carl der Grosse* gründet Hamburg durch Erbauung der *Hammaburg (Hochbuchi, Hohenbühel.)*

Jahr 809.

Zerstörung dieser jungen Pflanzung durch die Wilsen. — *Erste Zerstörung.*

Jahr 811.

Wiederanbau des Ortes und eines Kirchleins daselbst, der heiligen Jungfrau Maria gewidmet, und geweiht durch den Bischof *Amalhar.* (Später hiess diese Kirche die *Domkirche.*) — *Heridag* war der *erste* Geistliche an derselben.

Jahr 831.

Kaiser *Ludwig der Fromme* kann für seines Vaters Pflanzung Hammaburg jetzt erst wieder etwas thun. Anscharius *(Ansgarius)* wird durch ihn Bischof zu Hamburg. Das Kloster des Doms.

Jahr 845.

Hamburg und die Domkirche zerstört durch dänische Völker. — *Zweite Zerstörung.* — *Ansgar* rettete nichts von den Klosterschätzen als er fliehen musste.

Jahr 860.

Ansgar, durch eine fromme Dame Namens *Ikia* unterstützt, sammelt die zerstreueten Hammaburger wieder; neue Gebäude, unter andern, die Domkirche mit dem Kloster- und Schulgebäude, erheben sich durch des Edlen Bemühen aus ihren Trümmern.

Jahr 865.

Ansgar stirbt am 3. Februar oder 3. September.

Jahr 880.

Hamburg wird durch die Normänner, „*aischen Mannen*" (dänische und andere nordische Küstenvölker, von älteren latinisirenden Autoren fälschlich und ohne alle Bedeutung Ascomannos genannt,) abermals fast ganz zerstört. — *Dritte Zerstörung.*

Jahr 915.

Hamburg wird durch die Dänen unter ihrem Könige *Gorm*, *der Alte* beigenannt, wieder zerstört. — *Vierte Zerstörung.*

Jahr 950.

Hermann der Billinger wird kaiserlicher Schirmvoigt zu Hamburg und hilft der Stadt so sehr auf, dass sie um diese Zeit schon drei Kirchspiele: den *Domsprengel*, *Sanct Petri* und *Sanct Nicolai* zählt. — Hamburgs bisherige Gerichtsschöppen erhielten insgesammt den Namen eines *Collegiums* oder *Rathes* und eine Einschränkung ihrer bisher ausgeübten Macht und Gewalt findet Statt.

Jahr 965.

Papst Benedict stirbt als kaiserlicher Gefangener in Hamburg, in dem Verwahrsam des Bischofs *Adaldag* und wird in der Domkirche zu Füssen der Kanzel unter einem erhöheten Leichenstein begraben. Eine Kupferplatte mit dem in Lebensgrösse darin geformten Bildnisse jenes Gegenpapstes deckte den Stein.

Jahr 1012.

Schreckliche Verwüstung Hamburgs durch den Wendenfürsten *Mistavoi* oder *Mistaveon*, als Folge eines Zwistes zwischen diesem Fürsten und Bernhard II. (dem Billinger). *Fünfte Zerstörung*, vor deren Gräueln die Beschreibung zurückbebt. (Siehe *Bärmanns* Chronik von Hamburg, Neue Aufl. Hamburg bei Nestler 1822, Th. I. Cap. IV.)

Jahr 1015 u. f.

Durch Bischofs *Unwann* Bemühung erhebt sich das in Blut und Flammen untergegangene Hamburg wieder. Hölzerne Häuser führen bald wieder den Namen Hamburg. Durch die Gunst des Dänenkönigs *Canut II.* erholt die Stadt sich bald ganz

wieder von den erlittenen Unfällen. Bischof Unwann wendet Alles an die Religion Jesu in Nordalbingien zu verbreiten und zu vestigen. Er son-
dert von den Mönchen des Doms zwölf Geistliche,
als Aufseher des Schul- und Kirchenwesens ab,
aus denen das *Collegium der Domherren* entstand.

Jahr 1037.

Die Domkirche wird von gehauenen Steinen
neu durch Bischofs *Bezelin Alebrand* Mühwal-
tung prächtig aufgebauet. Durch die *Wiedeburg*,
die er an der Stelle wo die alte Hammaburg, Carls
des Grossen Castell stand, also an der Nordseite
des heutigen Fischmarktes, errichten lässt, gewinnt
Hamburg ebenfalls ein schönes Gebäude, das der
Stadt zugleich zu nicht geringer Schutzwehr dient.
Ihr entgegen bauet der Sachsenherzog, Hermann
Billing II. unfern der Alster ebenfalls eine veste
Burg, die späterhin den Namen „alte Burg" erhält.
Bezelin lockt durch äusserliche Feier der Heiligen-
tage, der schaulustigen Fremden so viele nach Hamburg, dass die Bewohner der Stadt dadurch reichlich
in Nahrung gesetzt werden, und Hamburg bald
wieder unter allen Städten der Umgegend das Haupt
stolz empor heben kann.

Jahr 1061.

Hermann, der zweite Billinger, stirbt. Sein
Sohn *Ordulf* wird sein Nachfolger. Misstrauisch
wie sein Vorgänger gegen den Nordalbingischen
Bischof *Adalbert I.,* dessen geistlicher Gewalt die

weltlichen Fürsten nicht hold waren, bauet er in der Gegend der Stadt die heut zu Tage noch „die neue Burg" heisst, ein Castell um sich gegen den geistlichen Herrn Hamburgs zu bewahren. Die Burg am *Süllenberge*, *(Syltberge)*, unweit des heutigen *Blanknäs* wird durch Adalberts Trotz die Gegnerinn der neuen Burg, und Hamburg seufzt unter dem Zwiespalt seiner geistlichen und weltlichen Machthaber. Die Süllenburg wird bald ein Nest räuberischer Gesellen, die den fahrenden hamburgischen Handelsmännern nicht geringen Schrecken und Schaden verursachen. Ergrimmte heidnische Völker: *Slaven*, *Wenden* und *Obotriten* ziehen unter Anführung ihres Königs *Kruko*

Jahr 1066

und

Jahr 1072

wiederholt gegen Hamburg. Die Alsterburg wird von den herandringenden unmenschlichen Feinden niedergerissen, und Hamburg und Hamburgs Umgegend auf das Fürchterlichste heimgesucht. — *Sechste und siebente Zerstörung.*

Jahr 1100 *ff.*

Dies Jahr wird mit denen ihm folgenden eins der wichtigsten für die Stadt. Ein Graf *Gottfried*, als sächsischer Landpfleger vom Sachsenherzoge *Magnus*, dem *vierten* und *letzten Billinger* eingesetzt, wird Hamburgs vorzüglicher Wohlthäter.

Er ist es, der Kaiser *Heinrichs IV.* weltkundige Freigebigkeit auf die mit Hunger und Blösse kämpfen ten
hamburgischen Christen lenkt; dass die Hungrigen
gespeiset und die Nackten gekleidet werden. Mit
ihm wirkt segenbringend für die Hamburger der
Erzbischof *Friedrich*, der aus Friesland und den
Niederlanden Colonisten in Hamburgs Umgegend
zu locken und durch Milde an ihre neue Ansiedlung,
deren Grund und Boden üppige Frucht erzeugt, zu
fesseln weiss. — *Vierlanden* heisst die fruchtbare,
einem Paradiese zu vergleichende Gegend, in der
die Nachkommen jener Colonisten wohnen, die unter
dem Namen Vierlander, sich vor allen übrigen in
Hamburgs Umgegend anzutreffenden Landleuten
durch Mundart, Sitten, Kleidung, Gebräuche und
erhöheten Kunstfleiss im Ackerbau auszeichnen. —
(M. s. oben 5r Abschnitt, Art. *die Vierlande.*)

Jahr 1106.

Graf *Gottfried* stirbt für Hamburg. (Siehe *Bär-
manns* Chronik, 1r Theil, Cap. VI.) Hamburg
wird im Lauf der Zeit immer bedeutender. Der
Bürgerstand erhebt sich innerhalb der Mauern der
Stadt; dem *Ritterstand* entgegen gesetzt, wird der
Nutzen den er dem Gemeinwesen durch Betrieb-
samkeit und Handelsfleiss gewährt, herrlich belohnt.
Hamburg ist

Jahr 1120 *ff.*

schon eine bedeutende Handelsstadt. Ihre um diese
Zeit waltenden Schirmherren scheuen nicht Mühe,

nicht Opfer die Stadt immer mehr zu heben. Der
erste unter diesen ist *Adolph der Edle von Sanders-*
leben, historisch bekannt unter dem Namen
Adolph I. Graf zu Schauenburg. Vom Kaiser
Lothar II. mit den Landen *Holstein*, *Stormarn* und
Wagrien belehnt, wird er

Jahr 1122

Lehnsherr von Hamburg. Obwohl schon Greis,
wird durch seine und seiner frommen Gemalinn
Heilwiga Fürsorge die Domkirche, die Alsterburg
und manch anderes stattliche Gebäu in den Ring-
mauern Hamburgs aufgerichtet. Adolph I. stirbt

Jahr 1125

und sein Sohn und Nachfolger im Lehen, *Adolph II.*
wird Schirmherr der Hamburger. Nicht so glücklich wie sein Vater es war, und in langwieriger
Fehde mit dem Sohn des Sachsenherzogs *Heinrichs*
des Stolzen, dem so merkwürdigen *Heinrich Leo*,
und dem Grafen *Heinrich von Orlamünde* verwickelt,
vermag er für Hamburgs Flor wenig oder nichts zu
thun; im Gegentheil erwächset der Stadt aus seinen
Fehden mancher Nachtheil. Doch ist seine Treue
für sie und das deutsche Reich unerschütterlich bis
an sein Ende. Er besiegelte diese Treue mit seinem
Tode. Er fällt

Jahr 1164

in einem Treffen gegen den Wendenfürsten *Pri-*
bislav, der nicht minder gegen Hamburg, als gegen

den Dänenkönig *Waldemar I.* und *Heinrich den Löwen*
mit dem *Adolph II.* sich zuletzt versöhnt hatte, und
in ein Bündniss getreten war, zu Felde zog. —
Adolph III. von Schauenburg bleibt als Knabe
noch unter Vormundschaft seines Stiefvaters, des
erwähnten Grafen Heinrich von Orlamünde, als
sein Vater auf dem Bett der Ehre stirbt.   Im

Jahr 1172 ff.

wird *Adolph III. von Schauenburg* Schirmherr von
Hamburg. Obwohl er dem Geiste seines Jahrhunderts, der Mahnungen seines Jahrzehends gemäss, dem Zuge der Schaaren der Pilger und
Kämpfer zum heiligen Grabe sich anschliest,
unterlässt er doch nicht sein Hauptaugenmerk auf
Hamburg zu richten. Er vernimmt am heiligen
Grabe, dass *Heinrich der Löwe*, aus seiner Ver-
bannung aus England zurückgekehrt, Lübeck und
Hamburg bereits überwältigt habe, und eilt auf
den Flügeln des Heldenmuthes herbei, dem mäch-
tigen, ehrenvollen Feinde kühn zu begegnen. Es
gelingt ihm, in Verbindung mit dem Sachsenherzog
Bernhard von Anhalt und dessen Bruder *Otto von
Brandenburg* den Löwen aufs Haupt zu schlagen,
und sein Erblehen wieder an sich zu bringen. —
Vorüber ist dieser Sturm für die Hamburger, als
neue kriegerische Ereignisse die Stadt in nicht
geringem Maasse schädigen. *Kanut VI.* von Dänemark, begünstigt durch die Treulosigkeit der
holsteinischen Adlichen, sendet unter dem Com-

mando seines Bruders und nachherigen Nachfol-
gers auf dem dänischen Throne, des Siegers *Waldemar* ein Heer aus, um das Land Holstein und
die Städte Lübeck und Hamburg zu bezwingen.
Adolph III. kann so schleunigem Ueberfall nicht
von *Hamburg* aus genügend begegnen. Er muss
in *Stade* sich vestsetzen, und Hamburg geräth

Jahr 1201

unter *dänische* Botmässigkeit. *Rudolph*, ein hol-
steinischer Edler wird ihr königlicher Statthalter.
Adolph III. dringt nun heran, vertreibt den mehr
als feigen Heerführer *Rudolph* und bevestigt Hamburg, so gut die rauhe Winterzeit es zulässt.
Der Hamburger Entzücken über sein Herannahen
ist gross, ist überschwänglich; doch der ausserordentlichen Freude ist wie dem übermässigen
Schmerze enges Ziel gesteckt. Wenige Wochen
vergehen den Hamburgern in frohem Erkennen
der Gegenwart und in hoffnungsreichem Erwarten
glücklicher Zukunft, als am Weihnachtabend desselben Jahres — ein Donnerschlag für Hamburg! —
der Sieger, der Gefürchtete, der schreckliche
Waldemar plötzlich mit Ross und Mann vor
Hamburgs Thoren die Fackel des Krieges flammen
lässt. *Adolph III.* erlöset die Stadt, die zu ver-
theidigen ihm nicht möglich ist, von dem Drangsal
das Waldemars Kriegerschritten unerbittlich zu
folgen pflegte, durch freiwillige Gefangenschaft.
Hamburg fällt dem Sieger zu, indess *Adolph III.*

der Vater seiner Bürger als niedrer Knecht mit Ketten
beladen, nach *Söburg* in dänische Gefangenschaft
geschleppt wird. Holstein ist ihm verloren, denn
er muss durch Eidschwur darauf verzichten. Er
entkommt den Banden nur dadurch, dass er zwei
seiner Söhne auf zehn auf einander folgende Jahre
als Geisseln in dänische Obhut liefert. Geplün-
dert, kinderlos, vom Grame mehr als vom Alter
gebeugt, trauert er macht- und wehrlos länger
als ein Jahrzehend auf seiner Stammveste, ehe der
sonst so rasche Engel des Todes seine müden
Augen zu schliessen herannaht. Endlich (1232)
stirbt er lebenssatt, eines bessern Schicksals wür-
dig. Bei all' seinen vielfachen Kriegsfahrten und
Bedrängnissen verdankt ihm doch die Stadt manche
zweckdienliche Einrichtung, manchen das Gemeinwohl fördernden Bau. Er bewirkt der Stadt bei'm
Kaiser *Friedrich dem Rothbart* einen stattlichen
Freiheitsbrief, der sie von allem Zoll von ihrem
Haven bis zur See freispricht, ihr das Recht ertheilt,
Geld zu münzen, und sie von jeglicher Kriegs-
steuer losspricht. Er giebt dem Kirchspiel Sanct
Nicolai eine stattliche Kapelle, bauet die Strasse an
der „neuen Burg" weiter an, lässt Mühlen anlegen,
verordnet Jahrmärkte in dem neu angelegten Stadt-
viertel St. Nicolai und beschenkt vor seinem lang
von ihm ersehnten Hinscheiden noch reichlich das
Domcapitel Hamburgs. — Wo ist der Hamburger
der dem Andenken dieses Edlen nicht eine heisse
Thräne weihet? — Der jüngere Sohn des Ver-

blichenen, auch *Adolph* (seines Namens der *Vierte*)
genannt, wird durch Vermittlung der holsteinischen
Adlichen die unter dänischer Zwangherrschaft bittre
Reue über ihren Treul ruch an Adolph III. von
Schauenburg empfinden lernten, zum Helden erzogen. Unterd ss empört sich der holsteinische Land-
mann gegen die Erpressungen der dänischen Vögte.
Zu *Segeberg*, wo man den Amtmann mit Fusstritten
verjagt, beginnt der Aufruhr. Der Adel muss dem
Strome folgen, wenn ihm nicht Alles verloren gehen
soll. Er ruft Kaiser *Otto IV.* zu Hülfe, der denn im

Jahr 1215

die Dänen aus Holstein verjagt und sich von den
Städten, also auch von Hamburg den Eid der Treue
schwören lässt. So wird Hamburg denn zu dieser
Zeit *des Reiches Stadt*, und vermöge der ihr schon
gewordenen, bestätigten und im Lauf der Folgezeit
noch mehr erweiterten Freibriefe eine wirkliche
kaiserliche freie Reichsstadt. Aber *Otto IV.* kann
bei seinem dringend nothwendigen Zuge zum Rhein
hinab, die Stadt nur schwach beschirmen und *Waldemar II.* allzu sehr gelockt durch Hamburgs vor-
theilhafte Lage und Handelsbetriebsamkeit erscheint

Jahr 1216

schon wieder mit zahlreichem Heere vor den Thoren
der geängsteten Stadt. Die Hamburger treu dem
Kaiser, suchen den Gewalthaber von ihren Mauern
abzuhalten. Dieser aber zwingt die Stadt durch
Hunger. Er lässt die Elbe durch eine grosse Kette

sperren, erbaut zu beiden Seiten des Stroms veste
Schlösser, eins in der Nähe von *Schiffbeck*, das
andere in der Gegend wo heut zu Tage das Stadt-
gebiet sich ausgebreitet zeigt und *das Eichholz* heisst.
Die Hamburger ergeben sich endlich dem Sieger,
gegen dessen Versprechen, menschlich und nach-
sichtig mit ihnen umgehen zu wollen. So zieht der
Dänenkönig denn ein; hält aber der Stadt nicht
Wort, denn er giebt Hab und Gut, Leben und
Wohlseyn Hamburgs der Begierde und Raubsucht
seiner Kriegsknechte preis. Doch bald fürchtend,
seine Beute mögte ihm, dem zwiefach Wortbrü-
chigen nur allzubald wieder entrissen werden, verkauft er nun sein Zwangrecht über Hamburg an
seinen Freund und Statthalter, den Grafen *Albrecht
von Orlamünde*, für Siebenhundert Mark löthigen
Silbers (etwa 24,000 Mark Lüb.) Indess sucht die
Rachegöttinn ihn bald heim. In Osten und Westen
seines Erbreiches verliert er die gemachten Eroberungen, ja geräth endlich sammt seinem Sohne, auf
der Insel *Lyoe* unweit Fühnen, als Weinrausch und
Jagdermüdung ihn auf's Lager hingestreckt haben,
in die gefängliche Haft seines Todfeindes, des Grafen
Heinrich von Schwerin. Mit seinem Unglück wächs't
auch des Orlamünders Missverhältniss gegen Hamburg und dieser verhandelt daher

Jahr 1224

am 9. Januar die Stadt Hamburg an die Stadt Hamburg für Funfzehn Hundert Mark löthigen Silbers

21

(etwa 50,000 Mark Lüb.) Der wichtigste Handel den Hamburg je in und ausser seinem Besitzthum abschloss!

Adolph IV. von Schauenburg tritt nun auf als Rächer seines Vaters, als Vorfechter der Insassen seiner ihm geraubten Erblande. Er verheisst den Hamburgern feierlich alle ihnen vom Kaiser und Reich zustehenden Rechte, und die Stadt öffnet ihm als ihrem Schirmherren.

Jahr 1225

ihre Thore, nachdem der Graf die Hamburger als freie Gemeinde anerkannt hat. Die Burgen, die Waldemar hatte erbauen lassen, werden durch *Adolph IV.* sogleich geschleift, um sofort einer Hauptclausul in Hamburgs Privilegien Genüge zu leisten. Noch heut zu Tage heisst der Platz unweit Schiffbeck wo die Burg Waldemars gestanden haben soll, im Munde der Landleute *der Spökelberg.* *(Gespensterberg.)*

Auch Lübeck macht sich frei durch List und Gewalt von dem dänischen Joche, und endlich muss eine blutige Schlacht zwischen dem aus seiner Haft sich losgekauften *Waldemar* und dem Grafen *Adolph IV.*, den durch Kaisers Aufgebot mehrere Fürsten des Nordens zur Seite stehen, über das Mein und Dein in den Landen, Holstein, Stormarn und Wagrien entscheiden.

Jahr 1227

am 22. July wird auf der Ebene von *Bornhöved* diese

denkwürdige Schlacht geliefert, die in der Chronik der Stadt (*Bärmanns* Chronik, 1r Theil, Seite 86 ff.) des Weitern nachzulesen ist, und die für Hamburg in Folge eines Gelübdes, das *Adolph IV.* auf dem Schlachtfelde leistet, die Erbauung zweier Klöster nach sich zieht, nemlich der Klöster *St. Johannis* und *St. Mariä Magdalenä.*

Jahr 1240

sind diese Klöster längst mit Mönchen besetzt und *Adolph IV.* selbst, vom Papst *Innocenz* geweiht, zieht als niedrer Mönch am 13. August dieses Jahrs, dem Ritterthum entsagend, in das Marien Magdalenenkloster ein. Fromme Werke, bald hier bald in Kiel verübt, wo er ebenfalls von gesammelten Almosen ein Kloster bauet, beschäftigen ihn bis an sein Ende, welches am 8. July

Jahr 1261

zu *Kiel* erfolgt, wo er auch in Mönchskleidung hinter dem Altar der Klosterkirche begraben wird. *Adolph IV.* der Ritter und der Mönch ist in zwiefacher treuer Abbildung noch heutiges Tages auf dem Magdalenenkloster zu Hamburg zu schauen. 1821 am 18. October ward ihm ein Denkmaal auf dem vormaligen Magdalenenkirchhof gesetzt. Gleichzeitig mit *Adolphs IV.* Klosterbau ist auch die Erbauung des Klosters zu *Herwertshud* einer hamburgischen Grundbesitzung; denn *Heilwiga*, die fromme Gemalinn Adolphs IV. stiftete dieses Kloster.

Wohl wird um diese Zeit der Handel und dessen

Ausbreitung der Hamburger vorzügliches Augenmerk. Eigene Kunstproducte, *verarbeitet Pelzwerk*, *Wollenwaaren*, *Getreide*, *Fassdauben*, *Bretter*, *Potasche*, *Sammet*, *Passementarbeiten*, besonders aber selbstgebrauetes, weit und breit berühmtes *Bier*, das anfänglich eine rothe, späterhin eine weisse Farbe hat, sind die vorzüglichsten Gegenstände des hamburgischen Handels; auch *Herings-* und *Lachsfang*, Versendung des Lüneburger- und Bardowieker *Salzes*, *Hopfenhandel* mit Magdeburg u. s. w. erhöhen den Betrieb. — Viel mogte dem freien Verkehr so zu Wasser wie zu Lande im Wege stehen, daher kommt's, dass die Städte Lübeck und Hamburg sich zu Schutz und Trutz vereinen, woraus späterhin die mächtige Städteverbindung, die *Hansa* genannt, entsteht. Mehr denn hundert deutsche Städte schliessen sich diesem Verbündniss nach und nach an, gebieten auf dem Meere mit ihren Flotten, Könige werben um der Hansa Gunst und Beistand, Fürsten rufen die Hansa zu Vermittlern und der Bürgerfleiss ist die Seele der diesem Verbündniss Wachsthum und Gedeihen, den Städten selber Ansehen, Ehre, Reichthum gewährt. —

Nichts Ewiges unter der Sonne! Wenn die Hansa auch in ihren äussern Beziehungen (hauptsächlich durch die Entdeckung von Amerika) späterhin verliert: der Geist der Hansa belebt noch immer die Hauptstädte des Nordalbingerlandes und der Nachklang aus hochherziger Vorzeit, ward in der erst jüngst vom noch lebenden Menschengeschlechte geschaueten Zeit ein herrlicher Feldruf die Waffen zu ziehen gegen Raub, Schmach und Bedrückung! —

Während sich also Hamburg in mercantilischer und selbst politischer Beziehung als ein stralender Nordstern hervorhebt, grauet durch die Nacht womit Mönchswesen und Pfaffentrug das Heiligthum der Glaubenslehre bedeckt hat, der erste Strahl, der wohl Hoffnung geben mogte zum Aufdämmern kommender hellerer Tage: Hamburg bemüht sich nemlich

Jahr 1257

beim Papste *Alexander IV.* die bei Gerichtssprüchen bisher übliche Feuerprobe als widersinnig und lieblos, abschaffen zu dürfen, und der würdige Kirchenvater verheisst durch eine Breve, datirt von Viterbo den 1. Juny 1257 den Hamburgern, als seinen geliebten Söhnen, in Allem zu willfahren, was der gesunden Vernunft nicht zuwider wäre. Auch das Strandrecht eins der furchtbarsten Rechte damaliger Zeit, wissen

Jahr 1265

die Hamburger im Norden Europa's zu mildern. Kardinal *Guido*, der päpstliche Legat, der durch die Stadt zieht, wird ihnen dabei eine wohlwollende Mittelsperson.

Nicht minder umsichtig und sorgfältig ist die Stadt zu eben dieser Zeit für ihre innere Verfassung bemüht. Anfänglich nach dem blos mündlich vorhandenen Sachsenrecht zu urtheln gewohnt, dann theilweise das römische Recht in Verbindung mit dem päpstlichen Gesetzbuche (dem „Jus canonicum") dazu ziehend, entwerfen Rath und Bürgerschaft nunmehr

Jahr 1270

ein eigenes Gesetzbuch, auch Stadtbuch, oder in der damaligen Volksmundart *Ordeel-* (Urtheils) *book* genannt. Dieses Ordeelbuch in Verbindung mit den später hinzu getragenen *Gesetz*beschlüssen, (Recesse) enthält die noch immer für Hamburg und dessen Gebiet gültigen Gesetze und Verordnungen. Dazu vermehrt Hamburg seine Privilegien noch

Jahr 1325

durch den Ankauf der Münzgerechtigkeit im ganzen Lande Holstein, so dass die Schauenburger sich verbriefen, dass von nun an in keinem holsteinischen Orte Geld geprägt werden solle. —

Nicht wenig musste dies zum Wachsthum des Flors der Stadt beitragen. (Die Mark Silber (16 Loth) ward damals in Hamburg zu 41 ß 6 ₰ ausgemünzt, so dass solche 41½ ß nach heutiger Währung etwa 34 bis 35 ₰ gelten würden, und es also klar ist, dass jene damals in Hamburg übliche Schillinge ungefähr vierzehnmal mehr werth waren, als unsere heutigen Schillinge.)

Mitten in den Kämpfen zu Wasser und zu Lande, die die Hansa und folglich auch Hamburg bald mit diesem, bald mit jenem Machthaber,

Freibeuter und Wegelagerer auszufechten hat, erweitert und verschönert sich bedeutend das Weichbild der Stadt. Das Nicolaikirchspiel, früher nur Vorstadt Hamburgs wird zur Stadt genommen, aller Unterschied zwischen Alt - und Neustadt aufgehoben;

Jahr 1342

der Thurm zur St. Petrikirche,

Jahr 1384

der Thurm zur St. Nicolaikirche erbauet.

Unter den Feinden der Hansa werden um diese Zeit die *Victualienbrüder* höchst merkwürdig. Ihre Geschichte hängt genau mit einen Theil der hanseatischen Geschichte und den Eroberungen der Königin *Margarethe von Dänemark* zusammen. Hamburg rüstet

Jahr 1400

eine Flotte gegen sie aus, und schlägt diese furchtbaren Widersacher des Seehandels der Städte, macht die Rädelsführer, unter denen die vorzüglichsten *Claus Störtebeker*, *Michel Gätke* und *Otto Wigbald* sind, zu Gefangenen und lässt sie am Grasbrook, am Elbufer, durch den Henker enthaupten.

Jahr 1410.

Erster Recess (Gesetzbeschluss) der Stadt zwischen Rath und Bürgerschaft.

Jahr 1421

ertheilt Kaiser *Sigismund* der Stadt ein merkwür-

diges Privilegium, das den edlen Zweck hat, mancherlei Misshelligkeiten, die zwischen Rath und Bürgerschaft zu Hamburg sich eingeschlichen hatten,
zu beseitigen. (Siehe *Bürmanns* „hamburgische
„Denkwürdigkeiten" Hamburg, Schulbuchhandl.
1817. Theil I. Seite 87. f.)

Jahr 1458.

Zweiter Recess der Stadt zwischen Rath und
Bürgerschaft.

Jahr 1461

nimmt Hamburg den König von Dänemark *Christian I.* als nachbarlichen Monarchen an, und verspricht ihm, sich „zu ihm zu halten" und gegen
Dänemark zu thun, was recht und gebührlich ist.
Der König dagegen leistet der Stadt das Gelübde:
Hamburgs Gerechtsame zu schirmen, als ein *frommer* Fürst und *von Rechtswegen.*

Jahr 1483.

Dritter Recess der Stadt Hamburg zwischen
Rath und Bürgerschaft.

Jahr 1497.

Revision des Ordeel- oder Stadtbuches; besonders wird dasselbe durch Criminalgesetze vermehrt.

Jahr 1500.

Hamburg empfindet zuerst die Spuren der gif-
tigen Seuchen, die durch die Entdeckung Amerika's
nach Europa gebracht wurden. Tausende von Kindern werden von den Blattern („variolae") hinge-

opfert. Ein wackerer hamburgischer Bürger und Kaufherr, *Hans Treptow* stiftet in Folge dessen eine frommgesinnte Brüderschaft „Unserer lieben Frauen „Krönung im Dom" genannt, durch deren milde Beiträge im Jahr

Jahr 1505

das *Pocken*- (Blattern-) *Haus* — auch Hospital St. Hiob — genannt, für die Verpflegung hülfsbedürftiger, mit böser Seuche behafteten Personen erbauet wurde. — Mehr noch durch das Faustrecht und durch den Druck und die Verfinsterung des Mönchswesens, als durch jene Seuchen, leidet Hamburg um diese Zeit, bis

Jahr 1510

Kaiser *Maximilian I.* durch den allgemeinen Landfrieden, Ruhe auf deutschem Boden schafft, auch Stadt Hamburg in seinen besondern Schutz nimmt, indem er sie in eben diesem Jahre für eine *kaiserlich freie Reichsstadt* erklärt.

Jahr 1517

— in eben dem Jahre in welchem Dr. *Martin Luther* zu *Wittenberg* zu lehren anfing — stirbt zu *Hamburg*, *Albert Cranz*, Doctor der Gottesgelahrtheit und der Rechte, Canonicus und erster Theolog. Lehrer am Dom zu Hamburg, auch beständiger Syndicus dieser Stadt.

Hamburg verdankt diesem Würdigen viel, sehr viel. Er war Geistlicher und Staatsmann und in einer Hinsicht so schätzenswerth, wie in der andern. (Siehe „Blick auf die Domkirche in Hamburg, von *J. F. L. Meyer*, Dr. und Domherr. Hamburg 1804 bei Nestler, Seite 59"). Bald nach Cranzens Tode

Jahr 1521

erhebt sich in Hamburg ein zweiter Geistlicher, der nicht minder wie *Cranz* es gethan haben würde, wenn diesem längeres Leben geworden wäre, in Luthers hochherzige Zwecke eingeht. Er verdient in dieser Beziehung wohl der hamburgische Luther genannt zu werden. Sein Name ist *Ordo Stemmel* oder *Stiefel,* Vicar am Dom und Pastor zu Sanct Catharinen.

Jahr 1523

unterstützt ihn auf dem Predigtstuhl in der Ausbreitung der reinen Lehre der Franciscanermönch *Stephan Kempe*, Prediger am Marien - Magdalenenkloster. Wie eifrig besonders ein *Mathäus unter der Kluft*, (d. i. unter dem Chor der Domkirche) auch gegen die neue Lehre eifert, wie heftige Streitigkeiten auch unter den hamburgischen Geistlichen ob dem Für und Wider in Glaubenssachen ausbrechen, so legt doch der Zwist sich bald; denn

Jahr 1529

hat Dr. *Johann Bugenhagen*, Luthers Freund, der in Person nach Hamburg kommt, alles dahin Gehörende zu Beruhigung und Befriedigung des hamburgischen Volkes geordnet; hat das Kirchenwesen

verbessert, die Schulen geordnet, die neue *Johannisschule (Johanneum)* geweiht, und eine Bibel-
ausgabe in der Mundart des Volkes veranstaltet.
Ein Recess — der *vierte* und sogenannte *lange
Recess* — beseitigt vollends alle durch die Reformation zwischen Rath und Bürgerschaft entstandenen Uneinigkeiten und ordnet die etwa nothwendig gewordenen Regierungsveränderungen an.
Auch wird in Folge dessen

Jahr 1531

der hamburgische Bürgermeister, *Hinrich Salsborg*,
der 1523 von König *Friedrich I. von Dänemark* zum
Ritter geschlagen worden war, genöthigt, sein
Bürgermeisteramt niederzulegen.

Er war einer der eifrigsten Gegner der lutherischen Lehre gewesen.

Unruhige Mönche, die das Feuer der Zwie-
tracht im Volke anzublasen bemüht gewesen waren,
erhalten einen Zehrpfenning und müssen dann die
Stadt und deren Gebiet meiden, und die Heiligen-
tage werden aus dem Calender ausgemerzt; so dass

Jahr 1536

nachdem Hamburg sich dem *Schmalkaldischen Bund*
angeschlossen hat, die Reformation Luthers in Hamburg völlig begründet und bevestigt ist.

Herzog *Heinrich von Braunschweig*, hauptsächlich um Rache an der Stadt zu nehmen, wegen
ihres Beitritts zu jenem Bunde, fällt

Jahr 1554

in *Bergedorf* und die *Vierlande* ein und nur durch
ein Lösegeld von Vierzig Tausend Mark Lübisch
können die Hamburger die Aufhebung dieses Ein-
griffes in ihre Freiheits - und Eigenthumsrechte
erlangen.

Jahr 1556

wird zu Hamburg das Schiffer-Armenhaus und

Jahr 1557

das Gasthaus — beides milde Stiftungen — errichtet.
In eben diesem Jahre kömmt der *fünfte Recess* zu
Stande.

Jahr 1559

wird Hamburg auf dem Reichstage zu Augsburg,
den Kaiser *Ferdinand I.* hält, in den Religions-
frieden mit eingeschlossen, wodurch denn die manchfaltigen Streitigkeiten, die die Stadt bisher mit dem
Domcapitel — das gleichsam einen Staat im Staat
bildete — beigelegt werden.

Jahr 1561

erheben sich in Hamburg schreiendere Klagen als je,
dass der Senat sich nicht habe bequemen wollen,
den Bürgern Rechnung der Stadtgelder vorzulegen.
Endlich wird die Verwaltung dieser Gelder einem
Bürgerausschusse — den sogenannten *Cämmereibürgern* — übertragen.

Jahr 1562.

Sechster Recess der Stadt.

Jahr 1564

wüthet die Pest in Hamburg, die die wohlthätige Folge hat, dass zwei Kirchhöfe, *ausserhalb* der Stadt angelegt werden. Einer wird vor dem Stein-thor angelegt, eben da, wo derselbe verschönert noch jetzt liegt, der andere vor dem ehemaligen Milleruthor, da wo heut die Sanct Michaeliskirche steht.

Jahr 1570, 1579 u. 1582.

Siebenter, *achter* und *neunter* Recess zwischen Rath und Bürgerschaft.

Jahr 1600

begiebt sich König *Christian IV. von Dänemark* feierlich aller Processe gegen Hamburg beim Reichs-kammergericht.

Jahr 1603.

Zehnter Recess.

Jahr 1617

erfolgt die gänzliche Auflösung des hanseatischen Bundes. Nur *Lübeck, Hamburg* und *Bremen*, neuer-dings auch *Frankfurt am Mayn*, sind dem alten Bunde treu geblieben, und heissen daher bis auf den heutigen Tag *die freien Hansestädte.*

Jahr 1618

bestätigt das Reichskammergericht der Stadt Ham-burg Freiheit und Reichsunmittelbarkeit.

Jahr 1619

wird das Spital der *Pesthof*, später *Krankenhof*
genannt, vor dem Millernthor erbauet. Später
1771 erhält diess Gebäude eine Kirche, die 1813-14
vom französischen Gewalthaber in Hamburg, dem
Marschall *Davoust-Eckmühl* mit allen Gebäuden
jener Vorstadt niedergebrannt wird. — In diesem
Jahre (1619) wird die *Bank* zu Hamburg errichtet.

Welche unter den Hansestädten für die bedeu-
tendste zu halten gewesen seyn mag, davon giebt
eine Taxation Kunde, die

Jahr 1620

gemacht wurde, und zufolge welcher jede dieser
Städte ihre Kriegsbeiträge zu einem Bündnisse das
sie mit Holland gegen Dänemark, Spanien und dem
Papst geschlossen hatte, leisten musste. Die Taxation lautet wie folgt: Die Hansa stellt im Fall eines
feindlichen Angriffes achttausend Mann Fussvolk,
zwölfhundert Reiter und zwanzig bemannte Kriegs-
schiffe, und zu den Kriegskosten entrichtet:

Greifswalde............ $\frac{1}{3}$ Tonne Goldes.

Wismar .... $\frac{1}{2}$ "   .   "

Lüneburg 1   "   "

Magdeburg 1   "   "

Stralsund 1   "   "

Rostock 1   "   "

Bremen ....1$\frac{1}{2}$ "   "

Braunschweig 2   "   "

Hamburg.............3$\frac{1}{2}$ "   "

Lübeck aber..........5$\frac{1}{2}$ "   "

Jahr 1621

wird zu Hamburg die *letzte* Hinrichtung von See-
räubern und Freibeutern vollzogen.

Jahr 1623

wird das Zucht- (nachher auch Werk- und Armenhaus genannt) vollendet.

Es ist von dem Ertrage einer besonders dazu
bewilligten Zahlenlotterie erbauet worden.

Jahr 1625

erhebt sich in Hamburg eine grosse Wasserfluth,
die besonders die Catharinenkirche und das Marien-
Magdalenenkloster beschädigt. Eine Inschrift unter
der Orgel der Catharinenkirche beurkundet diese
entsetzliche Wasserfluth.

Jahr 1626

wird in Hamburg die *erste* Windmühle, in der
Gegend, die jetzt die Mühlenstrasse heisst, erbauet.

Jahr 1634

zahlt Hamburg Zweihundertachtzig Tausend Reichsthaler an die Krone Dänemark um der Aufhebung
des Glückstädter Zolles willen, den König *Christian IV. von Dänemark* hatte anlegen lassen.

Jahr 1636

wird in Hamburg die *erste* revidirte Bancordnung
publicirt.

Jahr 1651

wird daselbst das Stadtleihhaus, der *Lombard,* errichtet.

Jahr 1660

wird *Peter Lambek,* verdienter Historiograph dieser Stadt, beständiger Rector am hamburgischen Gymnasium.

Jahr 1663

wird der *eilfte* Recess, der sogenannte *Wahlrecess,* zu Stande gebracht.

Jahr 1664

wüthet die Pest so fürchterlich in Hamburg, dass das benachbarte *Altona* allen Verkehr mit der Stadt unterbricht. Von diesem Jahre an erheben sich die widerwärtigsten Streitigkeiten zwischen Rath und Bürgerschaft zu Hamburg. Der Recess der

Jahr 1666

durch den kaiserlichen Commissär *von Selb,* so wie der sogenannte *Windischgrätzische Recess,* der

Jahr 1674

durch den kaiserlichen Commissär, Grafen von Windischgrätz entworfen wird, können nicht den Misshelligkeiten abhelfen; bis endlich

Jahr 1686

Hieronimus Snitger und *Cord Jastram*, zwei hamburgische Bürger, auf dem Blutgerüste den unseligen Streit versühnen. Kaum sieht man also jenen Zwist zu Ende gelangt als bis zum Jahre

Jahr 1710

ein Streit in kirchlichen Angelegenheiten sich zuvörderst zwischen den Predigern der Stadt *Johann Friedrich Mayer* und *Horbius* erhebt, an welchem die Einwohner partheisüchtig und rebellisch Theil nehmen, bis die Rädelsführer eingezogen, enthauptet oder eingekerkert oder verbannt werden, und eine ausserordentliche kaiserliche Commission die empörte Stadt wieder beruhigt. Der sogenannte Hauptrecess, der *zwölfte* Recess, der

Jahr 1712

zu Stande gebracht, stellt für alle folgende Jahre endlich Ruhe und Eintracht zwischen Rath und Bürgerschaft zu Hamburg her.

Jahr 1700

wird in Hamburg, der auf dem Regensburger Reichstage verordnete neue verbesserte Calender eingeführt.

Jahr 1710

wird das Reglement der Bürgerconvente zu Stande gebracht, nach welchem bis auf den heutigen Tag nur derjenige als *erbgesessener Bürger* angesehen

wird, der in seinem Erbe innerhalb der Stadt *Ein-
tausend* Thaler (ausserhalb der Stadt *Zweitausend*
Thaler) eigenes Geld besitzt, und lutherischer
Religion ist, (Siehe den zweiten Abschnitt dieses
Buches.)

Jahr 1713

wird wieder ein gedoppelt qualvolles Jahr für Hamburg. Nicht genug, dass König *Friedrich IV. von
Dänemark* die Stadt um 230,000 Thaler brandschatzt,
sondern die Pest wüthet wieder so stark in der Stadt,
dass monatlich mehr als 1500 Menschen sterben
und die Seuche überhaupt mehr als Eilf Tausend
Einwohner hinrafft.

Jahr 1716

hat Hamburg die Ehre den grossen Monarchen
Czaar *Peter I.* von Russland eine Zeitlang in seinen
Mauern zu sehen.

Jahr 1719

stürmt der Gassenpöbel das gottesdienstliche Privatgebäude der katholischen Glaubensgenossen, wodurch die Stadt viel Ungemach vom Wiener Hofe
her zu erleiden hat. Sie muss nicht nur den Frevel
mit einer Tonne Goldes büssen, sondern auch dem
kaiserlichen Gesandten, Grafen *von Lembke*, das
Geraubte und Zerstörte wieder ersetzen, und überdies zwei Senatoren (einer von ihnen war der als
Staatsmann und Dichter berühmte *Brockes*) nach
Wien senden, um des Vorfalls wegen bei dem

Kaiser Vergebung zu erflehen. Dem kaiserlichen Gesandten wird überdies ein grosses, in edlem Styl aufgeführtes Gebäude in der Strasse am neuen Wall eingeräumt. Späterhin hat die Stadt dies Gebäude für Cämmereigelder wieder an sich gekauft, so dass es noch heutiges Tages den Namen *Stadthaus* führt. Es ist nächst dem neuen Waisenhause das trefflichste Gebäude Hamburgs.

Jahr 1724

erbauet ein reicher hamburgischer Handelsherr, *Johann Hanker*, den noch stehenden Altar in der Sanct Petrikirche. — Von den Verdriesslichkeiten die sich um diese Zeit zwischen der dänischen Krone und der Stadt ereignen, erzählen die Chroniken Hamburgs ein Weitläuftiges. Des Haders Grund war das hamburgische Münzwesen und der allerdings für das damalige schlechte dänische Geld höchst nachtheilige Münzfuss der Stadt. Die Zwistigkeiten darüber dauern vom

Jahr 1725 *bis* 1736,

wo endlich zu Copenhagen ein Vertrag geschlossen wird, der der Stadt nicht wenig Geld kostet.

Jahr 1736

stirbt zu Hamburg der berühmte *Johann Albert Fabricius*, Professor des Stadtgymnasiums.

Jahr 1740

herrscht ein strenger Winter, dem in Hamburg eine grosse Theurung folgt.

Jahr 1741

erhält Hamburg zuerst ein einigermaassen einge-
richtetes *Theater*. Der Schauspieldirector *Schöne-
mann* eröffnet es mit dem Trauerspiel: „Cid" nach
dem französischen Autor *Corneille*.

Jahr 1747

wird die neuerbaute *Dreifaltigkeitskirche* in der
Vorstadt *St. Georg* eingeweihet.

Jahr 1748

feiert die Stadt, wegen des vor hundert Jahren zu
Aachen geschlossenen *westphälischen Friedens* ein
Jubelfest.

Jahr 1749

wird die Umgegend Hamburgs durch Heuschrecken
verheert.

Jahr 1750

am 10. März, Morgens 10½ Uhr, während des
Gottesdienstes, schlägt ein Blitzstrahl in den Thurm
der grossen Sanct Michaeliskirche, wodurch die
ganze Kirche, bis in ihre Gruftgewölbe ein Raub
der Flammen wird. Im folgenden Jahre wird der
Grund zum Bau der neuen Kirche, so wie sie jetzt
noch steht, gelegt. Oeconomische Hindernisse
verzögern die Vollendung des Baues bis 1778.
Ernst Georg Friedrich Sonnin hat die Kirche erbauet.

Jahr 1752

wird das neuerrichtete Gymnasiumsgebäude gewei-
het, und die Stadt hat um diese Zeit nicht nur eine
deutsche, sondern auch eine *französische* und *lateinische* Zeitung.

Jahr 1753

erscheint zuerst das jedem Kaufmann so wichtige
Handbuch: „Allgemeiner und besonders hambur-
„gischer Contorist, von *Jürgen Elert Kruse*, Schul-
„lehrer zu Sanct Nicolai." Auch eine neue Falliten-
ordnung wird von Obrigkeitswegen publicirt und
die Verfügung getroffen, die Namen vorsätzlicher
Falliten an ein schwarzes Bret an offener Börse
anzuschlagen.

Jahr 1754

stirbt zu Hamburg der Oden- und Liederdichter
Friedrich von Hagedorn.

Jahr 1755

leidet Hamburg bedeutenden Schaden, durch das
Erdbeben das am 1. November dieses Jahrs zu
Lissabon Statt findet. — Die Chroniken melden,
dass die hamburger Kaufherren mehr als zehn Mil-
lionen Mark Banco dadurch verloren, dass dieser
Schaden, jedoch durch Conjuncturen, die für
Hamburg höchst glücklich sind, (und durch den
siebenjährigen Krieg herbeigeführt werden,) einigen
Ersatz findet.

Jahr 1756

stirbt der als geistlicher Liederdichter berühmte Pastor zu Sanct Jacobi, *Erdmann Neumeister* und

Jahr 1761

der als Dichter, Satyriker und Sprachforscher hochberühmte *Michael Richey*, Professor am hamburgischen Gymnasium.

Jahr 1763.

Feier des Friedens nach dem siebenjährigen Kriege.

Jahr 1765.

Erbauung des Fortificationshauses: eines Locals zu anständigen Bürgervergnügungen an der Wallbastion *Albertus* an der Elbe. — In eben diesem Jahre bringt der Doctor *Johann Ulrich Pauli* jene treffliche Vereinigung in Vorschlag, die bald darauf von 97 Mitgliedern gebildet wird, und den Namen „*patriotische Gesellschaft zur Beförderung der Künste* „*und nützlichen Gewerbe*" führt. Berühmte Männer, würdige Staatsbürger, sind noch diesen Tag Mitglieder dieser in aller Welt als musterhaft anerkannten Gesellschaft, der die Stadt die trefflichsten Forschungen, die herrlichsten Localeinrichtungen verdankt. (Siehe *F. L. Meyers* Drs. und Domherrn Verhandlungen dieser Gesellschaft.)

Jahr 1768

wird Hamburg endlich, vermöge des *Gottorpschen Tractates* von der Krone Däuemark — versteht sich gegen schweres Geld — als *stimmfähige Reichsstadt* anerkannt.

Jahr 1769

bestätigt Kaiser *Joseph II.* diesen Vergleich und

Jahr 1770

nimmt Hamburg durch den Syndicus *Schuback* Sitz und Stimme auf dem Reichstage zu *Regensburg.*

Jahr 1771

wüthet eine Ueberschwemmung in Hamburgs Umgegend. Die Verwüstung dauert vom 8ten bis zum 22sten Julius. Deichbrüche verursachen einen Schaden von mehr als anderthalb Millionen Mark. Auf dem *Gedächtnisssteine*, der in Form einer gutgearbeiteten Spitzsäule ausserhalb des Deichthors steht, lies't man Jahr und Tag und eine kurze Erzählung der verheerenden Flut, deren schreckliche Folgen nur durch die Mildthätigkeit edler und begüterter Einwohner Hamburgs einigermaassen gemildert werden können. Ein jährlicher *Buss- Fast-* und *Bettag* wird zum Gedächtniss dieser Ueberschwemmung angesetzt, der aber späterhin auf den ersten Donnerstag im Novembermonat verlegt wird. Neuerrichtete Assecuranzsocietäten erhöhen um diese Zeit sehr den Credit der Stadt und werden ein neuer Erwerbszweig mehrerer Individuen.

Jahr 1784

hat Hamburg zum erstenmal den Anblick eines *steigenden Luftballons*. Ein hamburgischer Bürger und Cattunfabrikant, *Champel*, giebt diese Belustigung zum Besten einer verarmten Familie. — 1786 hält Blanchard zu Hamburg seine zwanzigste Luftfahrt.

Jahr 1785

wird das *neue Waisenhaus*, wie es noch steht, so weit vollendet, dass die Pfleglinge es beziehen können. — Das alte (ehemalige) Waisenhaus lag zwischen der Strasse *an den Kajen* und der *Scharthorsbrücke* und ward 1801 als baufällig abgebrochen.

Jahr 1786

am 1. April eröffnet *Friedrich Ludwig Schröder* mit Lessings bekanntem Trauerspiele: „Emilia „Galotti" das am Gänsemarkt im Opernhof belegene *stehende Theater*, jetzt *Stadttheater* genannt.

Jahr 1798

wird die Sperre des Steinthors eingeführt.

Jahr 1801

am 29. März, am Palmsonntage, besetzen dänische Truppen die Stadt, machen Requisitionen und Anforderungen, die grossen Nachtheil für Hamburg hätten zuwege bringen können, wenn nicht die mörderische Seeschlacht bei Copenhagen am 2. April, und der Tod Pauls I. von Russland die politische

Lage der Dinge plötzlich umgestaltet hätte. Am 28. Mai desselben Jahres sieht man die dänischen Truppen, deren Betragen übrigens musterhaft war, fast ganz unverrichteter Dinge wieder abziehen.

Jahr 1802

am 1. December erhält Hamburg als Indemnisation die Abtretung des Domgebietes vom Churhause *Hannover.*

Jahr 1803

blokiren die Engländer im Kriege mit Frankreich die Elbe.

Jahr 1806

am 19. November besetzt der französische Marschall *Eduard Mortier* mit italienischen Truppen die Stadt. Die *Certificats d'origine* werden ein höchst drückender Zwang für den hamburgischen Handel.

Jahr 1811

am 1. Januar wird die alte Republik Hamburg zur „bonne ville" des französischen Regenten (Bonaparte) erklärt.

Jahr 1813

am 24. Febr. ziehen die Franzosen (etwa 2000 Mann) unter dem Befehl des Generals *Carra St. Cyr* von Hamburg ab. Die Stadt bleibt drei Wochen lang, ohne Regierung, ohne Gesetz, ohne Vorstand. Am 18. März zieht der russische Oberst, nachmaliger *General von Tettenborn*, mit etwa 2000 Mann Kosacken und Baschkiren in die Stadt ein. — Einer der denkwürdigsten Tage die Hamburg erlebte; der freudenreichste Tag war es gewiss! In Folge der obwaltenden politischen Bedrängnisse wird nun die *hanseatische Legion* errichtet, zu deren Reihen sich die ersten Söhne der Hansestädte stellen. — Die ferneren Begebenheiten Hamburgs bis auf die neueste Zeit, in der jeder Tag fast etwas Neues, selten etwas Gutes mitbrachte, erfordern eine andere Behandlung als die dürre Aufzählung der merkwürdigsten und merkwürdigeren Jahre Hamburgs. Die Chronik der Stadt spricht ausführlicher darüber und auf sie (*Bürmann's* Chronik von Hamburg, Hamburg bei Nestler, Neue Auflage 1822. Thl. II. Seite 481 bis 527) hinzuweisen, ist Alles was hier übrig bleibt.

ACHTER ABSCHNITT.

Reiserouten von Hamburg

nach den

bedeutendsten Plätzen Europas,

mit genauer, nach den Tarifen der resp. Postämter
geordneten Angabe der Poststationen

und

Meilenentfernungen.

(Alphabetisch abgefasst.)

Von Hamburg nach:

Aachen : 60 Meilen,

über Bückeburg, (*s. Bückeburg*) sind 23 Meilen
dann über Detmold 4, Paderborn 2, Rittberg 3,
Warendorf 2, Münster 1½, Dulmen 2½, Dorsten 3, Essen 3, Düsseldorf 3, Obladen 2,
Cölln 2, Elsen 3, Jülich 3, Aachen 3; sind
60 Meilen.

Oder über Düsseldorf: 56 Meilen,
bis Düsseldorf (*s. Düsseldorf*) 47 Meilen, dann
über Elsen 3, Jülich 3, Aachen 3, sind 56 Meilen.

Altenburg: **45 Meilen,**

bis Merseburg (s. *Merseburg*) sind 38½ Meilen, dann über Rippach 2, Pegau 2½, Altenburg 2, sind 45 Meilen.

Amsterdam: **45 Meilen,**

über Haarburg 1 Meile, Tostedt 3, Rothenburg 3, Ottersberg 3, Bremen 3, Wildeshausen 4, Kloppenburg 3, Löningen 2, Haseläne 2, Lingen 2, Nordhorn 2, Otmarsen 2, Ameloo 2, Holten 2, Deventer 2, Loo 2, Amersfort 2, Amsterdam 5 Meilen, sind 45 Meilen.

Anspach: **70½ Meilen,**

über Cassel (bis Cassel 32 Meilen, s. *Cassel*,) Melsungen 2½, Morschen 1½, Bebra 2, Hersfeld 1½, Hünefeld 3, Fulda 2, Brückenau 3, Hammelburg 3, Carlsstadt 3, Würzburg 3, Ochsenfurt 3, Uffenheim 3, Windsheim 2, Oberzenn 3, Anspach 3 Meilen, sind 70½ Meilen.

Aschaffenburg: **57 Meilen,**

bis Frankfurt am Mayn (s. *Frankfurt a. M.*) sind 51 Meilen, Hanau 2, Dettingen 2, Aschaffenburg 2 Meilen, sind 57 Meilen.

Aschersleben: **29½ Meilen,**

bis Halberstadt (s. *Halberstadt*) sind 24 Meilen, dann über Quedlinburg 2, Hoym 1½, Aschersleben 2, sind 29½ Meilen.

Augsburg : 95 Meilen,

bis Frankfurt am Mayn (s. *Frankfurt a. M.*)
sind 51 Meilen, dann über Darmstadt 3,
Heppenheim 3½, Weinheim 1½, Heidelberg 2,
Mauer 2, Sinzheim 2, Fürfelden 2, Heilbronn
2, Ludwigsburg 4, Stuttgard 2, Blochingen 3,
Göppingen 2, Geislingen 2, Westerstädten 2,
Ulm 2, Günzburg 3, Zusmarschhausen 3,
Augsburg 3 Meilen, sind 95 Meilen.

Aurich : 24 Meilen,

über Haarburg 1 Meile, Tostedt 3, Rothenburg 3, Ottersberg 3, Bremen 3, Delmenhorst 1½, Oldenburg 2½, Gross-Sander 4,
Aurich 3 Meilen, sind 24 Meilen.

Bamberg : 57 Meilen,

über Hamburg 1 Meile, Welle 3, Soltau 3,
Bergen 2½, Celle 1½, Elze oder Ohof 3, Braunschweig 3, Wittmar 2, Hessen 2, Blankenburg 4, Hasselfeld 2, Nordhausen 3, Sondershausen 2, Weissensee 2, Weimar 4, Jena 2,
Uhlstädt 3, Saalfeld 2½, Gräfenthal 2, Juden-
bach 2½, Coburg 3, Gleissen 2, Rattelsdorf 2,
Bamberg 2 Meilen, sind 57 Meilen.

Basel : 107 M. oder 87½ M. oder 106½ Meilen.

über Stuttgard (bis Stuttgard sind 74 Meilen;
s. *Stuttgard*) dann über Blochingen 3, Göppingen 2, Geislingen 2, Donaueschingen 1½,

Villingen 1½, Schiltach 1½, Hornberg 1½, Haslach 1½, Biberach 1½, Offenburg 1½, Friesenheim 1½, Kenzlingen 3, Emmendingen 1½, Freyburg 2, Krozingen 1, Mühlheim 2, Kalteherberg 2, Basel 2½ Meilen, sind 107 Meilen.

Ueber *Strassburg*, 87½ Meilen.
bis Strassburg (s. *Strassburg*) sind 75 Meilen; dann über Kraft 2, Fiesenheim 1½, Markolsheim 2, Neubreisach 2, Fessenheim 1½, Ottmarsheim 1½, Kempt 1½, St. Louis 1½, Basel 1 Meile, sind 87½ Meilen.

Auch über Stuttgard bis Rastadt (s. *Rastadt*) sind 85½ Meilen; dann über Bühl 2, Appenweiher 2½, Offenburg 1½ M. u. s. w. wie hier oben sind 21 Meilen, zusammen 106½ Meilen.

Bautzen: 64 oder 61½ Meilen.
bis Dresden (s. *Dresden*) sind 57 Meilen, dann nach Schmiedefeld 3½, Bautzen 3½ Meilen, sind 64 Meilen.

Oder bis Leipzig (s. *Leipzig*) sind 42½ Meilen, dann nach Eulenburg 3, Torgau 3, Cosdorf 2, Grossenhayn 3, Königsbrück 3, Camenz 2, Bautzen 3 Meilen, sind 61½ Meilen.

Berlin: 36½ Meilen.
über Escheburg 3 Meilen, Boitzenburg 4, Lübtheen 3½, Lenzen 3, Perleberg 3½, Kieritz 2½, Kyritz 2½, Wusterhausen an der Dosse 1, Fehrbellin 3½, Oranienburg 4½, Berlin 3¼ M. sind 36½ Meilen.

Bern: 97 Meilen,

über Strassburg, (bis Strassburg sind 75 Meilen, s. *Strassburg*) dann über Kraft 2 Meilen, Fiesenheim 1½, Marktolsheim 2, Neubreysach 2, Fessenheim 1½, Ottmarsheim 1½, Ketopt 1½, St. Louis 1½, Basel 1, Lichtsall 1, Waldenburg 2, Wietlispach 1, Solothurn 1, Bern 2½ Meilen, sind 97 Meilen.

Bernburg: 41½ Meilen,

über Escheburg bis Perleberg sind 19½ Meilen, (s. *Berlin*) dann Wilsneck 2 M. Havelberg 2, Sandau ½, Arneberg 2, Tangermünde 2, Kehnett 3½, Magdeburg 4½, Atzendorf 3¼, Bernburg 2½ Meilen, sind 41½ Meilen.

Bielefeld: 23¼ Meilen,

bis Minden (s. *Minden*) sind 18 Meilen, dann über Rehme 2, Herfort 1¼, Bielefeld 2 Meilen, sind 23¼ Meilen.

Blankenburg: 25 Meilen,

bis Braunschweig (s. *Braunschweig*) sind 17 Meilen, dann über Wittmar 2, Hessen 2, Blankenburg 4 Meilen, sind 25 Meilen.

Boizenburg: 7 Meilen,

über Escheburg 3 Meilen, Boizenburg 4 M. sind 7 Meilen.

Bonn : **72½ Meilen,**

bis Frankfurt am Mayn (s. *Frankfurt a. M.*)
sind 51 Meilen, dann über Königstein 2 Meilen, Wirges 3, Limburg 3, Montabaur 3,
Coblenz 3, Andernach 2, Remagen 3, Bonn
2½ Meilen, sind 72½ Meilen.

Botzen : **138 Meilen,**

bis Augsburg (s. *Augsburg*) sind 95 Meilen,
dann über Lechfeld 3., Landsberg 3, Baier-
dissen 2, Weilheim 2, Murnau 2, Partenkirch
3, Mittewald 2, Seefeld 3, Zierl 2, Inspruck 2,
Schönberg 2, Steinach 2, Brenner 2, Sterzingen 2, Mittewald 2, Brixen 2, Collmann 3,
Deutschen 2, Botzen 2 Meilen, sind 138 Meilen.

Brandenburg : **40 Meilen,**

bis Magdeburg (s. *Magdeburg*) sind 28½ Meilen, dann über Nedlitz 2½, Hohenziag 2½,
Ziesar 2¾, Brandenburg 3¼ M. sind 40 Meilen.

Braunschweig : **17 Meilen,**

bis Celle (s. *Celle*) sind 11 Meilen, dann über
Elze oder Ohof 3, Braunschweig 3 Meilen,
sind 17 Meilen.

Bremen : **12 Meilen, oder 12½ Meilen.**

über Haarburg 1 Meile, Tostedt 3, Rothenburg 3, Ottersberg 2, Bremen 3 Meilen, sind
12 Meilen. (Diesen Weg geht die Postkutsche.)

Oder 12½ Meilen,

über Blankenäs 1 Meile, Kranz ½, Buxtehude 1, Kloster Zeven 4, Ottersberg 3, Bremen 3 Meilen, sind 12½ Meilen.

Breslau: 90¾ Meilen,

über Dresden und Bautzen (s. *Dresden* und *Bautzen*) sind 64 Meilen; dann von Bautzen über Rothkretscham 3, Görlitz 3, Waldau 3, Bunzlau 3, Haynau 3¾, Liegnitz 2½, Neumark 4¼, Breslau 4½ Meilen, sind 90¾ Meilen.

Oder über Berlin: 81 Meilen.

bis Berlin (s. *Berlin*) 36½ Meilen, dann über Vogelsdorf 3, Münchenberg 3¾, Frankfurt an der Oder 5, Ziebingen 3½, Crossen 3½, Grünberg 4¼, Wartenberg 2½, Neustädel 2½, Polkwitz 4½, Lüben 2, Parchwitz 2½, Neumarkt 3, Breslau 4½ Meilen, sind 81 Meilen.

Brünn: 115½ Meilen,

bis Olmütz (s. *Olmütz*) sind 106½ Meilen, dann über Prossnitz 2, Wischau 3, Posoritzer Posthaus 2, Brünn 2 Meilen, sind 115½ Meilen.

Brüssel: 83 Meilen, oder 80 Meilen.

bis Aachen (s. *Aachen*) sind 60 Meilen, dann über Battisse 3, Lüttich 2, Orey 2½, St. Trond 2½, Tirlemond 4, Löwen 4, Brüssel 5 Meilen, sind 83 Meilen.

Oder über Düsseldorf: 80 Meilen.

bis Düsseldorf (s. *Düsseldorf*) sind 47 Meilen, dann über Elsen 3, Jülich 3, Aachen 3, Battisse 3, Lüttich 3, Orey $2\frac{1}{2}$, St. Trond $2\frac{1}{2}$, Tirlemond 4, Löwen 4, Courtenberg 2, Brüssel 3 Meilen, sind 80 Meilen.

Bückeburg: 23 Meilen,

über Buxtehude 4 Meilen, Sittensen 3, Rothenburg 3, Verden 3, Nienburg 4, Bückeburg 6 Meilen, sind 23 Meilen.

Carlsbad: $60\frac{1}{2}$ Meilen,

bis Leipzig (s. *Leipzig*) sind $42\frac{1}{2}$ Meilen, dann über Borna 3, Altenburg 2, Gösnitz 1, Zwickau 3, Schneeberg 2, Johanngeorgenstadt 3, Carlsbad 4 Meilen, sind $60\frac{1}{2}$ Meilen.

Carlsruhe: $68\frac{1}{2}$ Meilen,

bis Darmstadt (s. *Darmstadt*) sind 54 Meilen, dann über Heppenheim $3\frac{1}{2}$, Weinheim $1\frac{1}{2}$, Heidelberg 2, Wisloch 2, Bruchsal $2\frac{1}{2}$, Durlach 2, Carlsruhe 1 Meile, sind $68\frac{1}{2}$ Meilen.

Cassel: 34 Meilen, oder 33 Meilen.

über Haarburg 1 Meile, Welle 3, Wietzelbövel 3, Rethem 3, Nienburg 2, Leese 2, Minden 3, Rinteln 2, Pyrmont 3, Höxter 3, Beverungen 3, Carlshaven 2, Hofgeismar 2, Cassel 2 Meilen, sind 34 Meilen.

Oder über Hannover 33 Meilen.

nemlich bis Hannover (s. *Hannover*) sind
19 Meilen, dann über Thiedenwiese 2, Brüggen 2, Einbeck 3, Nordheim 2, Göttingen
5 Meilen, sind 33 Meilen.

Celle : 12 Meilen,

über Haarburg 1 Meile, Welle 3, Soltau 2½,
Bergen 3, Celle 2½ Meilen, sind 12 Meilen.

Cleve : 49 Meilen,

bis Münster s. *Münster*) sind 35½ Meilen, dann
über Burbaum 5, Wesel 3, Xanten 1½, Calcar
1½, Cleve 2½ Meilen, sind 49 Meilen.

Coblenz : 65 Meilen, oder 58½ Meilen.

bis Frankfurt (s. *Frankfurt*) sind 51 Meilen,
dann über Königsstein 2, Wirges 3, Limburg
3, Montabaur 3, Coblenz 3 M., sind 65 Meilen.
Oder über Cassel 58½ Meilen.
bis Cassel (s. *Cassel*) sind 33 Meilen; dann
über Wabern 3, Jessberg 2, Holzdorf 2, Marburg 2, Giessen 3, Wetzlar 3, Weilburg 2½,
Limburg 3, Montabaur 3, Coblenz 3 Meilen,
sind 58½ Meilen.

Coburg : 49½ Meilen,

bis Braunschweig (s. *Braunschweig*) sind 17 M.
dann über Wittmar 2, Hessen 2, Blankenburg 4, Hasselfeld 2, Nordhausen 3, Sonders-

hausen 2, Weissensee 3, Erfurt 8, Arnstadt 2½,
Ilmenau 2, Frauenwald 2, Eisfeld 2, Coburg
3 Meilen, sind 40½ Meilen.

Cölln: 56½ Meilen, oder 48½ oder 51 Meilen.

bis Braunschweig (s. *Braunschweig*) sind 17 M.
dann über Grosslafferde 2½, Hildesheim 2½,
Mehle 2, Hameln 3, Alverdissen 2, Detmold 2,
Paderborn 3, Erwitte 4, Wieri 4, Unna 2,
Gevelsberg 4½, Schwelm 2, Wermerskirchen 2,
Cölln 4 Meilen, sind 56½ Meilen.

Oder direct über Minden 48½ Meilen,
bis Minden (s. *Minden*) sind 18 Meilen, dann
über Rinteln 2, Lemgo 2, Detmold 2, Paderborn 2, Lippstadt 3, Huldren 2, Hamm 2,
Unna 2½, Schwerl 1½, Iserlohn 1½, Hagen 2,
Schwelm 2, Wermerskirchen 2, Cölln 4 M.
sind 48½ Meilen.

Oder über Münster 51 Meilen.
bis Münster (s. *Münster*) sind 35½ Meilen, dann
über Dulmen 2½, Dorsten 3, Essen 3, Düsseldorf 3, Obladen 2, Cölln 2 M. sind 51 Meilen.

Cöthen: 35½ Meilen,

bis Boitzenburg (s. *Boitzenburg*) sind 7 Meilen,
dann über Lübthen 3½, Dömitz 2½, Lenzen 1½,
Arendsee 2, Osterburg 2, Stendal 3, Burgstall 3, Magdeburg 4, Kalbe 4, Cöthen 3 M.
sind 35½ Meilen.

Cüstrin : 48¼ Meilen,

bis Berlin (s. *Berlin*) sind 36⅓ Meilen, dann über Vogelsdorf 3, Müncheberg 3¾, Cüstrin 5 Meilen, sind 48¼ Meilen.

Copenhagen (s. *Kopenhagen.*)

Danzig : 93¼ Meilen,

bis Stargard (s. *Stargard*) sind 48¼ Meilen, dann über Massow 2¼, Naugarten 3, Plate 2½, Pinnow 2, Leppin 2¾, Cörlin 1½, Cöslin 3¾, Schlave 5½, Stolpe 3½, Lupow 3½, Lauenburg 3¾, Neustadt 5, Katz 3¾, Danzig 2½ Meilen, sind 93¼ Meilen.

Darmstadt : 54 Meilen,

bis Frankfurt am Mayn (s. *Frankfurt am Mayn*) sind 51 Meilen, dann bis Darmstadt noch 3 Meilen, sind 54 Meilen.

Detmold : 27 Meilen,

bis Bückeburg (s. *Bückeburg*) sind 23 Meilen, dann bis Detmold noch 4 M. sind 27 Meilen.

Dömitz : 13 Meilen,

bis Escheburg 3, Boitzenburg 4, Lübthen 3½, Dömitz 2½ Meilen, sind 13 Meilen.

Dresden : 57 Meilen, oder 55 Meilen,

bis Dömitz (s. *Dömitz*) sind 13 Meilen, dann über Lenzen 1½, Arendsee 2, Osterburg 2,

24

Stendal 3, Burgstall 3, Magdeburg 4, Kalbe 4, Cöthen 3, Landsberg 5½, Leipzig 3½, Wurzen 3, Hubertsburg 2, Stauchitz 2, Meissen 2½, Dresden 3 Meilen, sind 57 Meilen.

Oder über Magdeburg 55 Meilen, bis Magdeburg 28¾ Meilen, dann über Zerbst 5, Dessau 2, Holzweissig 3, Leipzig 4, Wurzen 3, Hubertsburg 2, Stauchitz 2, Meissen 2½, Dresden 3 Meilen, sind 55 Meilen.

Düsseldorf : 59½ Meilen, oder 47 Meilen, bis Cassel (s. *Cassel*) 33 Meilen, dann nach Paderborn 8, Lippstadt 3, Lünen 6½, Hörde 3½, Duisburg 2½, Düsseldorf 3 Meilen, sind 59½ Meilen.

Oder über Münster: 47 Meilen, bis Münster (s. *Münster*) sind 35½ Meilen, dann über Dulmen 2⅗, Dorsten 3, Essen 3, Düsseldorf 3 Meilen, sind 47 Meilen.

Eger : 59 Meilen, bis Altenburg (s. *Altenburg*) sind 45 Meilen, dann über Gösnitz 1, Zwickau 3, Reichenbach 2, Plauen 2, Adorf 2, Eger 4 M. sind 59 M.

Eisenach : 42 Meilen, bis Gotha (s. *Gotha*) sind 39 Meilen, dann bis Eisenach 3 Meilen, sind 42 Meilen.

Eisleben: 33 Meilen,

bis Braunschweig (siehe *Braunschweig*) sind
17 Meilen, dann bis Halberstadt (s. *Halberstadt*)
7 Meilen, weiter über Quedlinburg 3, Hukke-
rode 3, Eisleben 3 Meilen, sind 33 Meilen.

Elbing: 105 Meilen,

bis Danzig (s. *Danzig*) sind 93¼ Meilen, dann
über Dirschau 4¾, Marienburg 2½, Elbing
4½ Meilen, sind 105 Meilen.

Elmshorn: 5½ Meilen,

über Altona ½ Meile, Pinneberg 2½, Elmshorn
2½ Meilen, sind 5½ Meilen.

Emden: 26 Meilen,

bis Aurich (s. *Aurich*) sind 24 Meilen, dann
bis Emden 2 Meilen, sind 26 Meilen.

Erfurt: 39 Meilen,

bis Braunschweig (s. *Braunschweig*) 17 Meilen,
dann über Wittmar 2, Hessen 2. Blankenburg
4, Hasselfeld 2, Nordhausen 3, Sondershausen
2, Weissensee 3, Erfurt 3 M., sind 39 Meilen.

Erlangen: 66 Meilen,

bis Gotha (s. *Gotha*) sind 39 Meilen, dann
über Schmalkalden 4, Meiningen 2½, Melrichsstadt 2, Minnerstadt 3, Schweinfurt 3,
Hasfurt 3, Stettfeld 2, Bamberg 2½, Forchheim
3, Erlangen 2 Meilen, sind 66 Meilen.

Flensburg : 23¼ Meilen,

bis Schleswig (s. *Schleswig*) 18¾ Meilen, dann
bis Flensburg 4½ Meilen, sind 23¼ Meilen.

Florenz: (über Augsburg) 202½ Meilen,

bis Augsburg (s. *Augsburg*) sind 95 Meilen,
dann bis Botzen (s. *Botzen*) sind 43 Meilen,
dann weiter: Brandzoll 2, Neumarkt 2, Salurn 3, Lavis 3, Trient 2, Cagliano 4½, Roveredo 2, Ala 2, Peri 2, Volargne 2, Verona 2,
Villa franca 3, Roverbella 2, Mantua 2, Sanct
Benedetti 3, La Concordia 2, Carpi 2, Modena
3, La Samogia 3, Bologna 3, Pinaoro 3, Bo-
najo 2, Le Feligare 2, Covigilago 2, Monte
Carello 2, Caffagiolo 2, Fonte buono 2, Fio-
renza 2 Meilen, sind 202½ Meilen.

Frankfurt am Mayn: 51 Meilen,

bis Cassel (s. *Cassel*) sind 33 Meilen, dann
über Wabern 3, Jessberg 2, Holzdorf 2, Marburg 2, Giessen 3, Nauheim 3, Frankfurt a. M.
3 Meilen, sind 51 Meilen.

Frankfurt an der Oder: 48¼ Meilen,

bis Berlin (s. *Berlin*) sind 36½ Meilen, dann
über Vogelsdorf 3, Münchenberg 3¾, Frankfurt
an der Oder 5 Meilen, sind 48¼ Meilen.

Fulda: 45 Meilen,

bis Cassel (s. *Cassel*) 33 Meilen, dann über
Melsungen 2, Morschen 1½, Bebra 2, Hersfeld
1½, Hünefeld 2, Fulda 3 M., sind 45 Meilen.

Genf: 114½ Meilen,

bis Lausanne (s. *Lausanne*) sind 109 Meilen,
dann über Morges 1, Role 1½, Nyon 1, Cop-
pet 1, Versoye ½, Genf ½ M., sind 114½ Meilen.

Genua: 233⅓ Meilen,

bis Mailand (s. *Mailand*) sind 202 Meilen,
dann über Binesco 2, Pavia 1½, Casatisma 3,
Voghera 2, Tortona 3, Alessandria 4, Novi 5,
Voltaggio 4, Campo marone 4, Genua 3 M.,
sind 233½ Meilen.

Gera: 48 Meilen,

bis Altenburg (s. *Altenburg*) sind 45 Meilen,
dann bis Gera 3 Meilen, sind 48 Meilen.

Glückstadt: 7½ Meilen,

bis Elmshorn (s. *Elmshorn*) 5½ Meilen, dann
bis Glückstadt noch 2 Meilen, sind 7½ Meilen.

Görlitz: 97¼ Meilen,

bis Neumark 4½ Meilen vor Breslau (s. *Breslau*) sind 78 Meilen, dann von Neumark über
Liegnitz 4¾, Haynau 2¼, Bunzlau 3¾, Waldau
3, Görlitz 3 Meilen, sind 97¼ Meilen.

Goslar : 22 Meilen,

bis Braunschweig (s. *Braunschweig*) sind 17 M.
dann nach Goslar 5, sind 22 Meilen.

Gotha : 39 Meilen,

bis Göttingen (s. *Göttingen*) sind 28 Meilen,
dann über Heiligenstadt 3, Dingolstadt 2,
Mühlhausen 2, Langensalza 2, Gotha 2 Meilen,
sind 39 Meilen.

Göttingen : 28 Meilen,

über Haarburg 1 Meile, Welle 3, Soltau 3,
Bergen 2½, Celle 2½, Schillerschlag 2½, Hannover 2½, Thiedenwiese 2, Brüggen 2, Eim-
beck 3, Nordheim 2, Göttingen 2 Meilen, sind
28 Meilen.

Gröningen : 27 Meilen,

über den Kranz 2½ Meilen, Horneburg 2, Bre-
mervörde 3, Beverstadt 3, Hagen 1½, Elsfleth
1½, Alphen 4, Leer 2½, Nienweschans 2½,
(auf Treckschuyten nach) Winschoten 1½,
Gröningen 3 Meilen, sind 27 Meilen.

Halberstadt : 24 Meilen,

bis Braunschweig (s. *Braunschweig*) sind 17 M.
dann über Blockum 3½, Halberstadt 3½ Meilen,
sind 24 Meilen.

Halle: 36 Meilen,

    bis Braunschweig (s. *Braunschweig*) sind 17 M.,
dann bis Halberstadt (s. *Halberstadt*) sind 7 M.
weiter über Quedlinburg 2, Hoym 1½, Aschersleben 2, Cönnern 3, Halle 3½ M. sind 36 Meilen.

Hameln: 27 Meilen,

    bis Braunschweig (s. *Braunschweig*) sind 17 M.
dann über Gross Lafferde 2½, Hildesheim 2½,
Mehle 2, Hameln 3 Meilen, sind 27 Meilen.

Hanau: 53 Meilen,

    bis Frankfurt am Mayn (s. *Frankfurt am Mayn*)
sind 51 Meilen, dann bis Hanau 2 Meilen,
sind 53 Meilen.

Hannover: 17 Meilen, oder 18 Meilen.

    über Haarburg 1 Meile, Welle 3, Soltau 3,
Bergen 2½, Celle 2½, Schillerschlag 2½, Hannover 2½ Meilen, sind 17 Meilen.   Oder:
über Haarburg 1 Meile, Zahrendorf 4, Witzendorf 4, Celle 4, Engesen 2½, Hannover 2½ M.
sind 18 Meilen.

Heidelberg: 61 Meilen,

    bis Darmstadt (s. *Darmstadt*) sind 54 Meilen,
dann über Heppenheim 3½, Weinheim 1½, Heidelberg 2 Meilen, sind 61 Meilen.

Heilbronn: 69 Meilen,

bis Heidelberg (s. *Heidelberg*) sind 61 Meilen,
dann über Mauer 2, Singheim 2, Fürfelden 2,
Heilbronn 2 Meilen, sind 69 Meilen.

Helmstädt: 23 Meilen,

bis Braunschweig (s. *Braunschweig*) sind 17 M.
dann über Königslutter 3, Helmstädt 3 Meilen,
sind 23 Meilen.

Helvoetsluis: 65½ Meilen,

bis Münster (s. *Münster*) sind 35½ Meilen,
dann über Arnheim 14½, Wageningen 2, Utrecht 3½, Gonda 3, Rotterdam 3, Helvoetsluis
4 Meilen, sind 65½ Meilen.

Hildesheim: 22 Meilen,

bis Braunschweig (s. *Braunschweig*) sind 17 M.
dann über Gross Lafferde 2½, Hildesheim 2½
Meilen, sind 22 Meilen.

Hirschberg: 97, oder 76¾ Meilen,

bis Breslau (s. *Breslau*) sind 81 Meilen, dann
über Geniewitz 3, Schweidnitz 4, Landshut
4¾, Schmiedeberg 2¼, Hirschberg 2 Meilen,
sind 97 Meilen.

Ueber Berlin: 76¾ Meilen,

bis Berlin (s. *Berlin*) sind 36½ Meilen, dann
über Vogelsdorf 3, Münchenberg 3¾, Frankfurt a. d. Oder 5, Ziebingen 3½, Crossen 3½,

Naumburg 4½, Sagan 3, Sprottau 2, Bunzlau
5, Löwenberg 2½, Hirschberg 4½ Meilen, sind
76¾ Meilen.

Jena: 44½ M., oder 51½, oder 41 Meilen,
bis Halle (s. *Halle*) 36 Meilen, dann über
Merseburg 2½, Naumburg 3, Jena 3 Mcilen,
sind 44½ Meilen.
   Ueber Leipzig: 51½ Meilen,
bis Leipzig (s. *Leipzig*) sind 42½ Meilen, dann
über Merseburg 3, Naumburg 3, Jena 3 M.
sind 51½ Meilen.
   Ueber Braunschweig: 41 Meilen,
bis Braunschweig (s. *Braunschweig*) sind 17 M.
dann über Wittmar 2, Hessen 2, Blankenburg
4, Hasselfeld 2, Nordhausen 3, Sondershausen
2, Weissensee 3, Weimar 4, Jena 2 Meilen,
sind 41 Meilen.

Inspruck: 119 Meilen,
bis Augsburg (s. *Augsburg*) sind 95 Meilen,
dann über Lechfeld 3, Landsberg 3, Bayer-
dissen 2, Weilheim 2, Murnau 2, Partenkirch
3, Mittelwald 2, Seefeld 3, Zierl 2, Inspruck
2 Meilen, sind 119 Meilen.

Iserlohn: 43½ Meilen,
bis Münster (s. *Münster*) sind 35½ Meilen,
dann über Hamm 4, Nuna 1½, Schwerte 1½,
Iserlohn 1 Meile, sind 43½ Meilen.

Itzehoe : **9¼ Meilen,**

bis Elmshorn (s. *Elmshorn*) sind 5⅗ Meilen,
dann bis Itzehoe noch 3¾ M., sind 9¼ Meilen.

Kempten : **106 Meilen,**

bis Augsburg (s. *Augsburg*) sind 95 Meilen,
dann über Schwabmünchen 3, Buchloe 1½,
Kaufbeuern 2½, Obergünzburg 2, Kempten
2 Meilen, sind 106 Meilen.

Kiel : **13 Meilen, oder 16 Meilen,**

über Utzberg 4, Bramstedt 2, Neumünster 2½,
Nordtorp 2, Kiel 2½ Meilen, sind 13 Meilen.

Oder den schönern Weg über Ploen : 16 Meilen.
bis Ploen (s. *Ploen*) sind 12 Meilen, dann
über Preetz 2, Kiel 2 Meilen, sind 16 Meilen.

Königsberg : **117 Meilen, oder 123 Meilen,**

bis Danzig (s. *Danzig*) sind 93¼ Meilen. dann
bis Elbing (s. *Elbing*) sind 11¾ Meilen, von
Elbing bis Königsberg über Truntz 2, Braunsberg 3½, Heiligenbeil 1½, Brandenburg 4,
Königsberg 3 Meilen, sind 117 Meilen.

Ueber Berlin : 123 Meilen,
bis Berlin (s. *Berlin*) sind 36½ Meilen, dann
über Vogelsdorf 3, Müncheberg 3¾, Cüstrin 5,
Balz 3½, Landsberg 3, Friedeberg 3¾, Driesen
3, Filehne 3¼, Schönlanke 3¾, Schneidemühl 3,

Grabionne 3, Nackel 5, Bromberg 4, (über die Weichsel bei Fordon) Ostromeczko $2\frac{3}{4}$, Culm $4\frac{1}{4}$, Graudenz $4\frac{1}{4}$, Marienwerder $4\frac{3}{4}$, Riesenburg $2\frac{3}{4}$, Pr. Mark $3\frac{1}{4}$, Pr. Holland 4, Mühlhausen 2, Braunsberg $2\frac{3}{4}$, Hoppenbruch 3, Brandenburg 3, Königsberg 3 Meilen, sind 123 Meilen.

Kopenhagen: $63\frac{3}{4}$ Meilen,

bis Itzehoe (s. *Itzehoe*) $9\frac{1}{4}$, dann über Remels 3, Rendsburg 3, Schleswig $3\frac{1}{2}$, Flensburg $4\frac{1}{2}$, Apenrade $4\frac{1}{2}$, Hadersleben $4\frac{1}{2}$, Colding $4\frac{1}{2}$, Serghoe $2\frac{1}{2}$, (über den kleinen Belt) Mittelfahrt $\frac{1}{2}$, Odensee 6, Nyburg 4, (über den grossen Belt) Corsoer 4, Slagelse 2, Ringstedt 4, Rothschild 4, Kopenhagen 4 Meilen, sind $63\frac{3}{4}$ Meilen.

Ueber Lübeck: 52 Meilen,
bis Lübeck (s. *Lübeck*) sind 8 Meilen, dann über Travemünde 2, und zu Wasser bis Kopenhagen 42 Meilen, sind 52 Meilen.

Landau: 64 Meilen,

bis Worms (s. *Worms*) sind $58\frac{1}{2}$ Meilen, dann über Oggersheim $1\frac{1}{2}$, Neustadt 2, Landau 2 Meilen, sind 64 Meilen.

Landshut: $92\frac{3}{4}$ Meilen,

bis Breslau (s. *Breslau*) sind 81 Meilen, dann über Geniewitz 3, Schweidnitz 4, Landshut $4\frac{3}{4}$ Meilen, sind $92\frac{3}{4}$ Meilen.

Lauenburg: 6 Meilen,

über Escheburg 4, bis Lauenburg noch 2 M.,
sind 6 Meilen.

Lausanne: 109 Meilen,

bis Strassburg (s. *Strassburg)* sind 75 Meilen,
dann über Kraft 2, Fiesenheim 1½, Murkols-
heim 2, Neubreisach 2, Fessenheim 1½, Ottmarsheim 1½, Kempt 1½, St. Louis 1½, Basel 1,
Lichtsal 1, Waldenburg 2, Langenbrück 1,
Ballstall 1, Solothurn 2, Fraubruun 1½, Bern
1½, Morat 3, Avanche 1, Payeren 1, Moudon
2, Lausanne 2½ Meilen, sind 109 Meilen.

Leipzig: 42½ M., oder 45½, oder 44½ Meilen.

bis Magdeburg (s. *Magdeburg)* sind 28½ Meilen, dann über Zerbst 5, Dessau 2, Holzweissig 3, Leipzig 4 Meilen, sind 42½ Meilen.

Oder über Lüneburg: 45½ Meilen.
bis Lüneburg (s. *Lüneburg)* sind 8½ Meilen,
dann über Burg 5, Bergen 2, Salzwedel 5,
Gardelegen 5, Wannefeld 1, Magdeburg 5,
Zerbst 5, Dessau 2, Holzweissig 3, Leipzig
4 Meilen, sind 45½ Meilen.

Oder folgende Route: 44½ Meilen,
bis Boitzenburg (s. *Boitzenburg)* sind 7 Meilen,
Lübthen 3½, Dömitz 2½, Lenzen 1½, Arendsee
2, Osterburg 2, Stendal 3, Burgstall 4, Magdeburg 4, Kalbe 4, Cöthen 3, Landsberg 5½,
Leipzig 3½ Meilen, sind 44½ Meilen.

Lemberg: **171 Meilen,**

bis Breslau (s. *Breslau)* sind 81 Meilen, dann über Brieg 6, Schurgast 3, Oppeln $2\frac{3}{4}$, Gross-Strelitz 5, Tost $2\frac{1}{4}$, Gleiwitz 3, Nicolai 3, Oswiencien 4, Kentz 3, Wadowisz 3, Izdebnik 3, Mogilany 2, Bodgorze 2, Gdow 3, Bognia 3, Brzeczko 2, Woynitz 2, Tarnow 2, Pilsno 3, Dembice 2, Sendeczow 3, Rzeczow 3, Lancut 2, Przeworksk 3, Jaroslaw 2, Radimno 2, Przemiszl 3, Czechinie 2, Mocziczka 2, Sandova Wiszuia 2, Grodeck 3, Bartatav 2, Lemberg 2 Meilen, sind 171 Meilen.

Liebau: **145$\frac{1}{2}$ Meilen,**

bis Königsberg (s. *Königsberg)* sind 117 Meilen, dann über Mülsen $3\frac{1}{2}$, Sarkau 3, Rositten $3\frac{1}{2}$, Schwarzroth 4, Memel 3, Nimmersatt 3, Polangen 1, Heil. Aa $1\frac{1}{2}$, Wirgen 3, Liebau 3 Meilen, sind 145$\frac{1}{2}$ Meilen.

Limburg: **53$\frac{1}{2}$ Meilen,**

bis Cassel (s. *Cassel)* sind 33 Meilen, dann über Wabern 3, Jessberg 2, Holzdorf 2, Marburg 2, Giessen 3, Wetzlar 3, Weilburg $2\frac{1}{2}$, Limburg 3 Meilen, sind 53$\frac{1}{2}$ Meilen.

Linz: **119 Meilen,**

bis München (s. *München)* sind 104 Meilen, dann über Parsdorf 2, Hohenlinden 2, Haag 2, Lambach 3, Wels 2, Klein München 2, Linz 2 Meilen, sind 119 Meilen.

Livorno : **217½ Meilen,**

bis Mantua (s. *Mantua*) sind 169½ Meilen, dann über Castellucchio 2, Bozzolo 3, Casal Maggiore 3, Parma 4, Fornuova 4, St. Terenzo 4, Bescetto 2, Pontremoli 3, Villa Franca 3, Ulla 3, Sarzana 2, Lavenza 3, Massa 2, Pietra Santa 2, Massa Rosa 2, Lucca 2, Pisa 2, Livorno 2 Meilen, sind 217½ Meilen.

London : **115½ Meilen,**

Amsterdam (s. *Amsterdam*) sind 45 Meilen, dann Harlem 2, Haag 2, Rotterdam 3, Helvoetsluys 4, (zur See nach) Harwich und London 114 engl. oder 59½ deutsche Meilen, (die man in gutem Wetter in 20 Stunden fährt) sind 115½ Meilen.

NB. Am wohlfeilsten macht man die Reise nach *London* zur See von Hamburg oder Cuxhaven nach Yarmouth. Gewöhnlich dauert die Ueberfahrt 72 Stunden, oft noch kürzere Zeit. Bei ungünstigem Winde kann man aber auch 14 und mehrere Tage auf der See umgetrieben werden. Die Reisekosten betragen, wenn man in der Cajüte seyn will, 3 Guinees. Von Yarmouth geht es dann nach Beccles 15 engl. Meilen; Bungay 5⅓, Harleston 7, Debenham 16, Ipswich 14½, Colchester 18, Witham 14, Ingatestone 14, Rumford 12, London 12 Meilen, sind 128 engl. Meilen.

Lübeck : 8 Meilen,

über Schöneberg 4, Lübeck 4, sind 8 Meilen.

Lüneburg : 8½ Meilen,

über Bergedorf 1, Zollenspiker ½, Hoopt 2,
Winsen 2, Lüneburg 3, sind 8½ Meilen.

Lüttich : 61 Meilen,

bis Aachen (s. *Aachen*) sind 56 Meilen, dann
über Battisse 3, Lüttich 2, sind 61 Meilen.

Luxemburg : 79½ Meilen,

bis Frankfurt am Mayn (s. *Frankfurt am Mayn*)
sind 51 Meilen, dann über Hattersheim 2,
Mainz 2, Bingen 5, Sahlershütten 2, Simmern
2, Kirchberg 2½, Monzelfeld 3, Elzerath 3,
Trier 2, Grevenmachern 2, Luxemburg 3 M.
sind 79½ Meilen.

Lyon : 131¼ Meilen,

bis Strassburg (s. *Strassburg)* sind 75 Meilen,
dann über Feyersheim 1½, Benfeld 1½, Schlett-
städt 2, Ostheim 1½, Colmar 1, Halsstadt 1¼,
Isenheim 2¼, Asbach 2, La Chapelle 1½, Be-
ford 2, Davey 1½, l'Isle sur le Doubs 2½,
Braune 1½, Beaume les Dames 1½, Rolans 1½,
Besançon 2¼, Bussy 1½, Quigny 1½, Mou-
chard 2, Arbois 1, Poligny 1½, Mantry 1¼,

Lons le Saulnier 1¾, Beauford 2, St. Amour 2½, St. Etienne 2, Bourg en Bresse 1½, Pont d'Ain 2½, Bublane 2½, Meximieux 1½, Monthuel 1½, Meribel 1½, Lyon 1½, sind 131¼ M.

Magdeburg: 28½ Meilen,

bis Dömitz (s. *Dömitz*) sind 13 Meilen, dann über Lenzen 1½, Arendsee 2, Osterburg 2, Stendal 3, Burgstall 3, Magdeburg 4, sind 28½ Meilen.

Mayland: 202 Meilen,

bis Mantua (s. *Mantua*) sind 169½ Meilen, dann über Castellucchio 2, Bozzolo 3, Casal Maggiore 3, Parma 4, Castel Guelvo 2, Fiorenzuolo 2, Piacenza 4, Codogno 4, Lodi 3, Melegnano 2½, Mailand 3, sind 202 Meilen.

Mainz: 55 Meilen,

bis Frankfurt a. M. (s. *Frankfurt a. M.*) sind 51 Meilen, dann über Hattersheim 2, Mainz 2, sind 55 Meilen.

Manheim: 61½ Meilen, oder 60½ Meilen,

bis Frankfurt a. M. (s. *Frankfurt a. M.*) sind 51 Meilen, dann über Hattersheim 2, Mainz 2, Oppenheim 2, Worms 2½, Manheim 2, sind 61½ Meilen.

Oder von Frankfurt a. M. (51 M.) über Grossgerau 3, Oppenheim 2, Worms 2½, Manheim 2, sind 60½ Meilen.

Mantua : 169½ Meilen,

bis Augsburg (s. *Augsburg*) sind 95 Meilen, dann über Inspruck (s. *Inspruck*) sind 24 Meilen, weiter über Schönberg 2, Steinach 2, Brenner 2, Sterzingen 2, Mittewald 2, Brixen 2, Collmann 3, Deutschen 2, Botzen 2, Brandzoll 2, Neumarkt 2, Salurn 3, Lavis 3, Trient 2, Cagliaro 2½, Roveredo 2, Ala 2, Peri 2, Volasgne 2, Verona 2, Villa franca 3, Roverbella 2, Mantua 2, sind 169½ Meilen.

Marburg : 41 Meilen,

bis Cassel (s. *Cassel*) sind 33 Meilen, dann über Wabern 2, Jessberg 2, Holzdorf 2, Marburg 2, sind 41 Meilen.

Meiningen : 45 Meilen,

bis Schmalkalden (s. *Schmalkalden*) sind 43 M. dann bis Meiningen 2, sind 45 Meilen.

Meissen : 54 Meilen,

bis Cöthen (s. *Cöthen*) sind 35½ Meilen, dann über Landsberg 5½, Leipzig 3½, Wurzen 3, Hubertsburg 2, Stauchitz 2, Meissen 2½, sind 54 Meilen.

Memel : 134 Meilen,

bis Königsberg (s. *Königsberg*) sind 117 Meilen, dann über Mülsen 3½, Sarkau 3, Rositten 3½, Schwarzroth 4, Memel 3, sind 134 Meilen.

25*

Merseburg: 38½ Meilen,

bis Halle (s. *Halle*) sind 36 Meilen, dann bis Merseburg 2½, sind 38½ Meilen.

Metz: 83½ Meilen,

bis Frankfurt a. M. (s. *Frankfurt a. M.*) sind 51 Meilen, dann über Grossgerau 3, Oppenheim 2, Worms 2½, Dürkheim 3, Dienerstein 2, Kaiserslautern 2½, Hauptstuhl 2½, Zweibrücken 2, Metz 13, sind 83½ Meilen.

Mietau: 171½ Meilen,

bis Königsberg (s. *Königsberg*) sind 117 Meilen, dann über Mülsen 3½, Sarkau 3, Rositten 3½, Schwarzroth 4, Memel 3, Nimmersatt 3, Polangen 1, Heil. Aa 1½, Wirgen 3, Liebau 3, Dürben 3, Drogen 5, Schrunden 4, Frauenburg 4, Blieden 3, Doblen 4, Mietau 3, sind 171½ Meilen.

Minden: 25 Meilen, oder 18 Meilen,

bis Hannover (s. *Hannover*) sind 17 Meilen, dann über Hagenburg 3, Leese 2, Minden 3, sind 25 Meilen.

Oder directe: 18 Meilen.

über Haarburg 1, Welle 3, Wisselhövd 4, Rethem 3, Nienburg 2, Leese 2, Minden 3, sind 18 Meilen.

Modena : 180½ Meilen,

.bis Mantua (s. *Mantua)* sind 169½ Meilen, dann
über St. Benedetto 3, La Concordia 2, Carpi
2, Modena 3, sind 180½ Meilen.

Moskwa : 380½ Meilen,

bis St. Petersburg (s. *St. Petersburg)* sind
268 Meilen, dann über Strelna 28 Werste,
Sophienstadt 22, Tosna 35, Pomeranje 32,
Tschudowa 25, Speskaja Polast 24, Podberesje
24, Nowogorod 22, Bronnitzüi 35, Saizowo 27,
Krettzüi 31, Kachino 16, Jaselobitzüi 22, Wal-
dai 23, Jädrowe 20, Chotilowo 36, Wycznei
Wololzok 35, Wydrepusk 35, Torzok 38,
Mednoje 35, Twer 30, Görodeja 25, Sowidowa
31, Klin 26, Peszki 31, Tschernaja Gräs 22,
Moskwa 28, sind 758 Werste, oder 112½ Mei-
len von Petersburg, zusammen 380½ Meilen.

Mühlhausen : 41 Meilen, oder 35 Meilen,

bis Cassel (s. *Cassel)* sind 33 Meilen, dann
über Helsa 1½, Bischhausen 2½, Wannfried 2,
Mühlhausen 2, sind 41 Meilen.

Nähere Route über Göttingen 35 Meilen,

bis Göttingen (s. *Göttingen)* sind 28 Meilen,
dann Heiligenstadt 3, Dingelstadt 2, Mühlhausen 2, sind 35 Meilen.

München : 91 Meilen,

 bis Frankfurt a. M. (s. *Frankfurt a. M.*) sind 51 Meilen, dann über Stockstadt 4, Obernburg 2, Miltenburg 2, Hundheim 2, Bischofsheim 2, Mergentheim 2, Plofelden 3, Creilsheim 3, Dünkelsbühl 2, Nördlingen 3, Donauwerth 3, Holzheim 2, Aibach 3, Schwabhausen 4, München 3, sind 91 Meilen.

Münster : 35½ Meilen, oder 36½ Meilen,

 bis Bückeburg (s. *Bückeburg*) sind 23 Meilen, Detmold 4, Paderborn 2, Rittberg 3, Warendorf 2, Münster 1½, sind 35½ Meilen.
 Oder über Bremen : 36½ Meilen,
 bis Bremen (s. *Bremen*) sind 12 Meilen, dann über Bassum 3, Bahrenburg 2, Uchte 2, Diepenau 3½, Boomte 4, Osnabrück 3, Lengerich 2, Ladberg 2, Münster 3, sind 36½ Meilen.

Naumburg : 41½ Meilen,

 bis Halle (s. *Halle*) sind 36 Meilen, dann über Merseburg 2½, Naumburg 3, sind 41½ Meilen.

Neapel : (über Augsburg) 280 Meilen.

 bis Augsburg (s. *Augsburg*) sind 95 Meilen, dann bis Rom (s. *Rom*) sind 153½ Meilen, weiter über Torre di Mezzario 3, Marino 2, Velletri 2, Cisterna 2, Maruti 2½, Terracini 2,

Fondi 2, Itri 2, Mola da Gaeta 2, Garigliano 2, S. Agatha 2, Francolesi 2, Capua 2, Aversa 2, Neapel 2, sind in allem 280 Meilen.

Neustadt : 52½ Meilen,

bis Leipzig (s. *Leipzig*) sind 42½ Meilen, dann über Pegau 3, Zeitz 2, Gera 2, Neustadt 3, sind 52½ Meilen.

Nimwegen : 51½ Meilen,

bis Münster (s. *Münster*) sind 35½ Meilen, dann über Burbaum 5, Wesel 3, Xanten 1½, Calcar 1½, Cleve 2½, Nimwegen 2½, sind 51½ M.

Nordhausen : 34 Meilen, oder 30 Meilen,

bis Hannover (s. *Hannover*) sind 17 Meilen, dann über Thiedenwiese 2, Brüggen 2, Einbeck 3, Nordheim 2, Osterode 2, Scharzfeld 2, Nordhausen 4, sind 34 Meilen.

Ueber Braunschweig : 30 Meilen, bis Braunschweig (s. *Braunschweig*) sind 17 M. dann über Wittmar 2, Hessen 2, Blankenburg 4, Hasselfeld 2, Nordhausen 3, sind 30 Meilen.

Nürnberg : 68 Meilen, oder 62½ Meilen,

bis Gotha (s. *Gotha*) sind 39 Meilen, dann über Schmalkalden 4, Meiningen 2½, Melrichsstadt 2, Minnernstadt 3, Schweinfurt 3, Hasfurt 3, Stettfeld 2, Bamberg 2½, Forchheim 3, Erlangen 2, Nürnberg 2, sind 68 Meilen.

Ueber Coburg : 62½ Meilen,

bis Coburg (s. *Coburg)* sind 49½ Meilen, dann
über Gleissen 2, Rattelsdorf 2, Bamberg 2,
Forchheim 3, Erlangen 2, Nürnberg 2, sind
62½ Meilen.

Nowogorod : 300 Meilen,

bis St. Petersburg (s. *St. Petersburg)* sind
268 Meilen, dann über Strelna 28 Werste, Sophienstadt 22, Tosna 35, Pomeranje 32, Tschudowa 25, Speskaja Polast. 24, Podberesje 24,
Nowogorod 22, sind 212 Werste oder 32 Meilen, also zusammen 300 Meilen.

Oldenburg : 16 Meilen,

bis Bremen (s. *Bremen)* sind 12 Meilen, dann
über Delmenhorst 1½, Oldenburg 2½, sind
16 Meilen.

Olmütz : 106½ Meilen,

bis Breslau (s. *Breslau)* sind 81 Meilen, dann
über Oblau 4, Grotkau 4, Neuss 3½, Zuck-
mantel 3, Würbenthal 2, Freudenthal 2, Lob-
nick 2, Sternberg 3, Olmütz 2, sind 106½ M.

Osnabrück : 29½ Meilen,

bis Bremen (s. *Bremen)* sind 12 Meilen, dann
über Bassun 3, Bahrenburg 2, Uchte 2, Diepenau 3½, Boomte 4, Osnabrück 3, sind
29½ Meilen.

Paderborn : **26 Meilen,**

bis Minden (*s. Minden*) sind 18 Meilen, dann über Rinteln 2, Lemgo 2, Detmold 2, Paderborn 2, sind 26 Meilen.

Paris : **110 Meilen,**

bis Lüttich (*s. Lüttich*) sind 61 Meilen, dann über Fraineux 3, Bonsaint 2¼, Marche 2⅔, Tellin 2½, Paliceul 2¾, Bouillon 1½, Sedan 1⅓, Mézieres 2¾, Launoy 2½, Vauxelles 1½, Rhétel 1½, Isle 2½, Rheims 2, Jonchery 2, Fismes 1¼, Braine 1½, Soissons 2, Vertefeuille 1½, Villers-Côterets 1½, Levignen 2, Nanteuil-Handouin 1½, Dammartin 1½, Mesnil 1, Bourget 2, Paris 2½, sind 110 Meilen.

Parma : (s. Route nach *Livorno*) 181½ M.

St. Petersburg : **254½ M., oder 260½ Meilen,**

bis Königsberg (*s. Königsberg*) sind 117, oder 123 Meilen, dann über Mülsen 3½, Sarkau 3, Rositten 3½, Schwarzroth 4, Memel 3, Nimmersatt 3, Polangen 1, Heil. Aa 1½, Wirgen 3, Liebau 3, Dürben 3, Drogen 5, Schrunden 4, Frauenburg 4, Blieden Mietau 3, Schulzenkrug 3, Riga 5, (sind 169 oder 175 Meilen), weiter über Neuermühlen 11 Werste, Hilschenfehr 15, Engelhardshof 19, Roop 21, Lenzenhoff 22, Wolmar 18, Stackeln 20, Gulben 20, Teilitz 18, Kuikatz 22, Uddern 24, Dorpat 25,

Igafehr 25, Torma 23, Nennal 25, Ranna-Pun-
gern 14, Klein-Pungern 24, Jewa 20, Foken-
hof oder Kudley 11, Waiwarra 17, Narwa 22,
Jamburg 24, Opolin 15, Czierkowitz 24, Kas-
kowa 21, Kiepena 19, Strelna 25, St. Petersburg 28, sind 570 Werste oder 85$\frac{1}{3}$ Meilen,
zusammen also 254$\frac{1}{2}$, oder 260$\frac{1}{3}$ Meilen.

Pisa: (s. Route nach *Livorno*) 215$\frac{1}{3}$ Meilen.

Ploen : 12 Meilen,
über Waldenhorn 2$\frac{1}{2}$, Oldesloe 3$\frac{1}{2}$, Segeberg 2,
Ploen 4, sind 12 Meilen.

Posen : 73$\frac{1}{2}$ Meilen,
bis Frankfurt a. d. Oder (s. *Frankfurt a. d. Oder*)
sind 48$\frac{1}{4}$ Meilen, dann über Drossen 3$\frac{1}{2}$, Zie-
lenzig 3$\frac{1}{2}$, Meseritz 4$\frac{1}{2}$, Schillen 2$\frac{3}{4}$, Pinne 4,
Pytye 2$\frac{1}{2}$, Posen 4$\frac{1}{2}$, sind 73$\frac{1}{2}$ Meilen.

Potsdam : 43 Meilen, oder 40$\frac{1}{3}$ Meilen.
bis Magdeburg (s. *Magdeburg*) sind 28$\frac{1}{2}$ Meilen,
dann über Nedlitz 2$\frac{3}{4}$, Hohenziag 2$\frac{1}{2}$, Ziesar 2$\frac{3}{4}$,
Brandenburg 3$\frac{1}{2}$, Grossenkreuz 3, Potsdam 2,
sind 43 Meilen.
Oder über Berlin : 40$\frac{1}{2}$ Meilen,
bis Berlin (s. *Berlin*) sind 36$\frac{1}{2}$ Meilen, dann
über Zehlendorf 2, Potsdam 2, sind 40$\frac{1}{2}$ Meilen.

Prag: **73 Meilen, oder 70½ Meilen,**

bis Dresden (s. *Dresden*) sind 55 Meilen, dann über Zehist 2, Peterswalde 2, Aussig 2, Lowositz 3, Budin 2, Schlan 3, Strzedokluk 2, Prag 2, sind 73 Meilen.

Oder über Leipzig: 70½ M. (Extrapostroute.) bis Leipzig (s. *Leipzig*) sind 42½ Meilen, dann über Borna 3, Penig 3, Chemnitz 2, Tschopa 2, Marienburg 2, Sebastianberg 2, Commothau 2, Laun 4, Schlan 4, Strzedokluk 2, Prag 2, sind 70½ Meilen.

Pyrmont: **22 Meilen,**

bis Minden (s. *Minden*) sind 18 Meilen, dann nach Rinteln 2, und 2 nach Pyrmont sind 22 Meilen.

Quedlinburg: **26 Meilen,**

bis Braunschweig (s. *Braunschweig*) sind 17 Meilen, dann über Bocklum 3½, Halberstadt 3½, Quedlinburg 2, sind 26 Meilen.

Querfurt: **41 Meilen,**

bis Halle (s. *Halle*) sind 36 Meilen, dann bis Merseburg 2, und bis Querfurt 3 Meilen, sind 41 Meilen.

Rastadt: **85½ Meilen,**

bis Stuttgard (s. *Stuttgard*) sind 74 Meilen, dann über Entzweihingen 3, Pforzheim 3, Durlach 2, Ettlingen 1½, Rastadt 2, sind 85½ Meilen.

Ratzeburg: 6 Meilen,

über Hamfelde 3½, Ratzeburg 2⅓, sind 6 Meilen.

Regensburg: 79½ Meilen,

bis Leipzig (s. *Leipzig*) sind 42½ Meilen, dann über Borna 2, Altenburg 3, Zwickau 4, Reichenbach 2, Plauen 2, Hof 3, Münchberg 2, Berneck 2, Baireuth 2, Creusen 1½, Tumbach 2, Hambach 3, Amberg 1½, Schwandorf 3, Bonholz 1½, Regensburg 2½, sind 79½ Meilen.

Rendsburg: 15¼ Meilen,

bis Itzehoe (s. *Itzehoe*) sind 9¼ Meilen, dann über Remels 3, Rendsburg 3, sind 15¼ Meilen.

Reval: 222 Meilen,

bis Riga (s. *Riga*) sind 176½ Meilen, dann über Samuelsehr 22 Werste, Peterskapelle 20, Pernigal 19, Neu-Salis 16, Alt-Salis 16, Dretmannsdorf 16, Gutmannsdorf 17, Dagerort 15, Pernau 23, Halik 25, Jeddeser 17, Painköll 22, Nunafer 26, Kuannamagi 29, Reval 20, sind 292 Werste oder 45½ M. zusammen 222 Meilen.

Rheims: 89¾ Meilen,

bis Lüttich (s. *Lüttich*) sind 61 Meilen, dann über Fraineux 3, Bonsaint 2¼, Marche 2¼, Tellin 2½, Paliceul 2¾, Bouillon 1½, Sedan 1⅓, Mézieres 2¾, Launoy 2½, Vauxelles 1½, Rhétel 1½, Isle 2½, Rheims 2, sind 89¾ Meilen.

Riga : 176½ Meilen,

bis Königsberg (s. *Königsberg*) sind 117 Meilen,
dann über Mülsen 3½, Sarkau 3, Rositten 3½,
Schwarzroth 4, Memel 3, Nimmersatt 3, Polangen 1, Heil. Aa 1½, Wirgen 3, Liebau 3,
Dürben 3, Drogen 5, Schrunden 4, Frauenburg 4, Blieden 3, Doblen 4, Mietau 3, Schulzenkrug 3, Riga 5, sind 176½ Meilen.

Rinteln : 27 Meilen,

bis Minden (s. *Minden*) sind 25 Meilen, dann
noch bis Rinteln 2, sind 27 Meilen.

Rom : 248½ Meilen,

bis Florenz (s. *Florenz*) sind 202½ Meilen, dann
über St. Cassiano 2, Tavernella 2, Poggibonsi
2, Castiglioncello 2, Siena 2, Montarone 2,
Buon Convento 2, Tornieri 2, Podarino 2,
Ricorsi 2, Radicofani 2, Ponte Centino 2, Aqua
pendente 2, St. Lorenzo 2, Bolsena 2, Monte-
fiascone 2, Viterbo 2, Montagni 2, Ronciglione
2, Monte Rosi 2, Baccano 2, La Storta 2,
Rom 2, sind 248½ Meilen.

Rostock : 20 Meilen,

über Trittau 3½, Ratzeburg 3½, Gadebusch 3,
Wismar 4, Altkarn 3, Rostock 3, sind 20 Meilen.

Rotterdam : 58½ Meilen,

bis Münster (s. *Münster*) sind 35½ Meilen, dann über Arnheim 14½, Wageringen 2, Utrecht 3½, Gönda 3, Rotterdam 3, sind 58½ Meilen.

Rudolstadt : 46 Meilen,

bis Cotha (s. *Gotha*) sind 39 Meilen, dann über Arnstadt 3, Rudolstadt 4, sind 46 Meilen.

Salfeld : 55½ Meilen,

bis Leipzig (s. *Leipzig*) sind 42½ Meilen, dann über Pegau 3, Zeiz 2, Gera 2, Neustadt 3, Salfeld 3, sind 55½ Meilen.

Salzburg : 108 Meilen,

bis Nürnberg (s. *Nürnberg*) sind 62½ Meilen, dann über Regensburg 17½, weiter über Eglofsheim 2, Buchhausen 2, Ergolsbach 2, Landshut 3, Vilsviburg 2, Neumarkt 2, Altötting 3, Burkhausen 2, Tettmonning 3, Laufen 2, Salzburg 5, sind 108 Meilen.

Salzwedel : 20½ Meilen,

bis Lüneburg (s. *Lüneburg*) sind 8½ Meilen, dann über Burg 5, Bergen 2, Salzwedel 5, sind 20½ Meilen.

Schaffhausen : 91 Meilen,

bis Stuttgard (s. *Stuttgard*) sind 74 Meilen,
dann über Waldenbuch 2, Tübingen 2, He-
chingen 2½, Bahlingen 1½, Aldingen 3, Duttlin-
gen 2, Engen 2, Schaffhausen 2, sind 91 Meilen.

Schleiz : 87 Meilen,

bis Erlangen (s. *Erlangen*) sind 66 Meilen,
dann über Eschenau 2, Hippoldstein 2, Pegnitz
2, Kreussen 2, Baireuth 2, Berneck 2, Mönch-
berg 2, Hof 3, Gefäll 2, Schleiz 2, sind 87 M.

Schleswig : 18¾ Meilen,

bis Itzehoe (s. *Itzehoe*) sind 9¼ Meilen, dann
über Remels 3, Rendsburg 3, Schleswig 3½,
sind 18¾ Meilen.

Schmalkalden : 43 Meilen,

bis Gotha (s. *Gotha*) sind 39 Meilen, dann bis
Schmalkalden 4, sind 43 Meilen.

Schmiedeberg : 94¾ Meilen,

bis Breslau (s. *Breslau*) sind 81 Meilen, dann
über Geniewitz 3, Schweidnitz 4, Landshut 4¼,
Schmiedeberg 2¼, sind 94¾ Meilen.

Schweidnitz : 88 Meilen,

bis Breslau (s. *Breslau*) sind 81 Meilen, dann
über Geniewitz 3, Schweidnitz 4, sind 88 M.

26*

Schwerin: 12 Meilen,

bis Ratzeburg (s. *Ratzeburg*) sind 6 Meilen, dann über Gadebusch 3, Schwerin 3, sind 12 Meilen.

Stargard: 48¼ Meilen,

bis Stettin (s. *Stettin*) sind 43¼ Meilen, dann bis Stargard 5, sind 48¼ Meilen.

Stendal: 21½ Meilen,

bis Boitzenburg (s. *Boitzenburg*) sind 7 Meilen, dann über Lübthen 3½, Dömitz 2½, Lenzen 1½, Arendsee 2, Osterburg 2, Stendal 3, sind 21½ Meilen.

Stettin: 43¼ Meilen,

über Escheburg 3, Boizenburg 4, Lübthen 3½, Lenzen 5, Perleberg 3¾, Pritzwalk 2, Wittstock 3, Mirow 2, Strelitz 2, Lühn 2, Templin 2, Prenzlow 4, Löchenitz 4, Stettin 3 M. sind 43¼ Meilen.

Stockholm: 66 Meilen, oder 70 Meilen,

bis Rostock (s. *Rostock*) sind 20 Meilen, dann bis Stralsund (s. *Stralsund*) sind 7½ Meilen, von da zur See 38½ Meilen, sind 66 Meilen.

Oder: 70 Meilen,

bis Wismar (s. *Wismar*) sind 14 Meilen, dann zur See 56 Meilen, sind 70 Meilen.

(Für einen Platz in der Kajüte zahlt man 2 Duc.)

Stralsund : **27½ Meilen,**

bis Rostock (s. *Rostock*) sind 20 Meilen, dann über Ribnitz 2, Damingarten 1, Stralsund 4½, sind 27½ Meilen.

Strassburg : **75 Meilen,**

bis Frankfurt a. M. (s. *Frankfurt a. M.*) sind 51 Meilen, dann über Grossgerau 3, Oppenheim 2, Worms 2½, Oggersheim 1½, Neustadt 2, Landau 2, Niederotterbach 2, Weissenburg 1, Saarburg 2, Hagenau 2½, Brumpt 1½, Strassburg 2, sind 75 Meilen.

Strelitz : **27¼ Meilen,**

über Escheburg und Boizenburg 7, Lübthen 4, Lenzen 5, Perleberg 2¼, Pritzwalk 2, Wittstock 3, Mirow 2, Strelitz 2, sind 27¼ Meilen.

Stuttgard : **74 Meilen,**

bis Heidelberg (s. *Heidelberg*) sind 61 Meilen, dann über Mauer 2, Singheim 1½, Fürfelden 2, Heilbronn 2, Ludwigsburg 3½, Stuttgard 2, sind 74 Meilen.

Tangermünde : **26¾ Meilen,**

bis Boitzenburg (s. *Boitzenburg*) sind 7 Meilen, dann über Lübthen 4, Lenzen 5, Perleberg 2¼, Wilsneek 2, Havelberg 2, Sandau ½, Arneberg 2, Tangermünde 2, sind 26¾ Meilen.

Thorn : 94 Meilen,

bis Posen (s. *Posen*) sind 73½ Meilen, dann über Pudewitz 3½, Gnesen 3, Kwieciscewo 5, Inowraclaw 4, Gniekowo 2, Thorn 3, sind 94 Meilen.

Tondern : 28 Meilen,

bis Itzehoe (s. *Itzehoe*) sind 9¼ Meilen, dann über Wilster 1, Meldorf 4, Heyde 1½, Lunden 2, Friedrichsstadt 1, Husum 1½, Tondern 7¾, sind 28 Meilen.

Töplitz : 64 Meilen,

bis Dresden (s. *Dresden*) sind 57 Meilen, dann über Zehist 2, Peterswalde 2, Töplitz 3, sind 64 Meilen.

Travemünde : 10 Meilen,

bis Lübeck (s. *Lübeck*) sind 8 Meilen, dann bis Travemünde noch 2, sind 10 Meilen.

Trier : 64½ Meilen,

bis Mainz (s. *Mainz*) sind 55 Meilen, dann über Bingen 5, Sahlershütten 2, Simmern 2, Kirchberg 2½, Monzelfeld 3, Elzerath 3, Trier 2, sind 64½ Meilen.

Tübingen : 78 Meilen,

bis Stuttgard (s. *Stuttgard*) sind 74 Meilen, dann über Waldenbruch 2, Tübingen 2, sind 78 Meilen.

Turin: 214 Meilen,

bis Mailand (s. *Mailand*) sind 202 Meilen, dann über Sedriano 1½, Butalora 1, Novara 1½, Orfengo, Vercelli 1, St. Germano 1¼, Cigliano 1¾, Chivasco 1½, Sentimo 1½, Turin 1, sind 214 Meilen.

Twer: 343½ Meilen,

bis St. Petersburg (s. *St. Petersburg*) sind 254½ Meilen, dann über Strelna 28 Werste, Sophienstadt 22, Tosma 35, Pomeranje 32, Tschudowa 25, Speskaja Polast 24, Podberesje 24, Newogorod 22, Bronnitzüi 35, Saizowo 27, Krettzüi 31, Kachino 16, Jaselobitzüi 22, Waldai 23, Jädrowe 20, Chotilowo 36, Wycznei Wololzok 35, Wydropusk 35, Torzock 38, Mednoje 35, Twer 30 Werste, sind 595 Werste, oder 89 Meilen, zusammen 343½ Meilen.

Ulm: 85 Meilen,

bis Stuttgard (s. *Stuttgard*) sind 74 Meilen, dann über Blochingen 3, Göppingen 2, Geislingen 2, Westerstädten 2, Ulm 2, sind 85 M.

Utrecht: 55½ Meilen,

bis Münster (s. *Münster*) sind 35½ Meilen, dann über Arnheim 14½, Wageningen 2, Utrecht 3½, sind 55½ Meilen.

Verden : 16 Meilen,

bis Bremen (s. *Bremen*) sind 12 Meilen , dann bis Verden 4, sind 16 Meilen.

Venedig : 168 Meilen,

bis München (s. *München*) sind 91 Meilen, dann über Boir 3, Aibling 3, Fischbachau 3, Kufstein 2, Wergl 2, Rattenberg 2, Schwatz 4, Nolders 2, Inspruck 2, Schönberg 2, Steinach 2, Brenner 2, Sterzingen 2, Mittewald 2, Brixen 2, Kollmann 3, Deutschen 2, Botzen 2, Brandzoll 2, Neumarkt 2, Salurn 2, Lavis 3, Trient 2, Pergine 2, Borgo 3, Primolano 3, Bassano 4, Castelfranco 3, Treviso 4, Mestre 3, Venedig 2, sind 168 Meilen.

Warschau : 134 Meilen,

bis Breslau (s. *Breslau*) sind 81 Meilen , dann über Oels 4, Wartenburg 4, Kempen 3, Wieruschau 2, Noramice 3, Wielki 3, Widawa 3, Labudzice 2, Rosniatowice 2, Mzurki 2, Petrikan 2, Wolborz 2, Lubochnia 3½, Rawa 4, Chezonowicz 3, Meszczanow 2½, Zabiawola 2, Roszyn 4, Warschau 2, sind 134 Meilen.

Weimar : 44½ Meilen, oder 39 Meilen,

bis Naumburg (s. *Naumburg*) sind 41½ Meilen, dann bis Jena 3, sind 44½ Meilen.

Oder bis Braunschweig (s. *Braunschweig*) sind 17 Meilen, dann über Wittmar 2, Hessen 2, Blankenburg 4, Hasselfeld 2, Nordhausen 3, Sondershausen 2, Weissensee 3, Weimar 4, sind 39 Meilen.

Weissenfels: 43½ Meilen,

bis Naumburg (s. *Naumburg*) sind 41½ Meilen, dann bis Weissenfels 2, sind 43½ Meilen.

Wetzlar: 53 Meilen,

bis Cassel (s. *Cassel*) sind 38 Meilen, dann über Wabern 3, Jessberg 2, Holzdorf 2, Marburg 2, Giessen 3, Wetzlar 3, sind 53 Meilen.

Wien: 115 Meilen,

bis Prag (s. *Prag*) sind 73 Meilen, dann über Biechowitz 2, Böhmischbrod 2, Planian 2, Collin 2, Czaslau 2, Golts Genikow 2, Steinsdorf 2, Deutschbrod 2, Stecken 2, Iglau 2, Stannern 2, Scheletau 2, Budweis 2, Freinersdorf 2, Znaim 2, Jetzelsdorf 2, Holzbrunn 2, Mallebern 2, Stockerau 2, Enzersdorf 2, Wien 2, sind 115 Meilen.

Winsen: 5½ Meilen,

über Bergedorf 1, Zollenspicker ½, Hoopt 2, Winsen 2, sind 5½ Meilen.

Wismar : 14 Meilen,

über Trittau 3½, Rotenburg 3½, Gadebusch 3, Wismar 4, sind 14 Meilen.

Wittenberg : 71 Meilen,

bis Dresden (s. *Dresden*) sind 57 Meilen, dann über Meissen 3, Strehla 3, Belgern 2, Torgau 1, Pretsch 3, Wittenberg 2, sind 71 Meilen.

Wolffenbüttel : 22 Meilen,

bis Braunschweig (s. *Braunschweig*) sind 17 Meilen, dann über Blockum 2½, Wolffenbüttel 2½, sind 22 Meilen.

Worms : 59½ Meilen, oder 58½ Meilen,

bis Mainz (s. *Mainz*) sind 55 Meilen, dann über Oppenheim 2, Worms 2½, sind 59½ Meilen.

Oder: 58½ Meilen.

bis Frankfurt a. M. (s. *Frankfurt a. M.*) sind 51 Meilen, dann über Grossgerau 3, Oppenheim 2, Worms 2½, sind 58½ Meilen.

Würzburg : 57 Meilen,

bis Fulda (s. *Fulda*) sind 45 Meilen, dann über Brückenau 3, Hammelburg 3, Carlsstadt 3, Würzburg 3, sind 57 Meilen.

Zeitz : 48 Meilen,

bis Leipzig (s. *Leipzig*) sind 41 Meilen, dann über Pegau 5, Zeitz 2, sind 48 Meilen.

Zürich : 95¼ Meilen,

bis Schaffhausen (s. *Schaffhausen*) sind 91 M.,
dann über Jestetten ¼, Lottstetten ½, Eglisau
1, Zürich 2½, sind 95¼ Meilen.

Zütphen : 52 Meilen,

bis Münster (s. *Münster*) sind 35½ Meilen, dann
über Coesfeld 4, Borken 2½, Bochhold 2, Does-
burg 4, Arnheim 2, Zütphen 2½, sind 52 Meilen.

Zweibrücken : 70½ Meilen,

bis Worms (s. *Worms*) sind 58½ Meilen, dann
über Dürkheim 3, Diemerstein 2, Kaiserslautern 2½, Hauptstuhl 2½, Zweibrücken 2,
sind 70½ Meilen.

Zwickau : 49 Meilen,

bis Altenburg (s. *Altenburg*) sind 45 Meilen,
dann bis Zwickau 4, sind 49 Meilen.

Zwoll : 54½ Meilen,

bis Münster (s. *Münster*) sind 35½ Meilen,
dann über Rheine 4, Linzen 4, Nienhus 4,
Hardenberg 3, Zwoll 4, sind 54½ Meilen.

ANHANG.

---

1) *Ordnung sämmtlicher Posten*

die

von Hamburg abgehen.

---

a. *Reitende Posten.*

Die Stadt-Post.

1) Die *Holländische* - und *Bremer*-Post geht nach *Bremen*, dem Herzogthum *Oldenburg*, dem *Butjadinger-Lande*, der Herrschaft *Jever*, den vereinigten *Niederlanden*, nach *Brabant*, *Flandern*, ganz *Belgien*, *Frankreich* u. s. w. geht jeden *Dienstag*, *Mittwoch*, *Freytag* und *Sonnabend* ab. — Briefe werden bis 8 *Uhr* Abends angenommen.

2) Die *Englische* Post nach *Ritzebüttel* oder *Cuxhaven*, von da nach ganz *England*, *Schottland* und *Irland*, geht jeden *Dienstag* und *Freytag* ab. — Briefe werden bis Abends 9½ *Uhr* angenommen.

3) Die *Pommersche*-Post durch *Mecklenburg* nach ganz *Pommern*, über *Wismar*, *Rostock*, *Greifs-*

walde, *Wolgast*, Insel *Rügen*, *Stralsund*, *Demmin*, *Anclam*, *Stettin* u. s. w. geht *Dienstags* und *Freytags* ab. — Briefe werden bis 9½ *Uhr* Abends angenommen.

4) Die *Lübecker* - Post über *Wandsbeck*, *Hinschenfelde*, *Rahlstädt* u. s. w. nach *Lübeck* geht täglich ab. — Briefe werden bis 7 *Uhr* Abends angenommen.

(Das Posthaus ist gegenwärtig im *Grimm*.)

Die Königl. Preussische Post.

1) über *Lenzen*, *Perleberg*, *Wittstock*, *Strelitz*, *Prenzlau*, *Demmin*, *Anclam*, *Stralsund* u. s. w. *Stettin*, *Mecklenburg* - *Strelitz* nnd ganz *Neu-Pommern*.

2) über *Arendsee*, *Stendal* nach der ganzen *Altmark*, *Magdeburg*, *Halle*, *Merseburg*, *Naumburg*, dem *Weimarschen* und *Erfurtischen*, ganz *Thüringen*, *Franken*, *Bayern*, *Leipzig*, ganz *Sachsen*, *Böhmen* und dem *Vogtlande*, über *Halberstadt* nach dem *Hohensteinischen* und dem *Eichsfelde*, *Minden*, nach *Westphalen*, dem *Bergischen*, *Wesel*, den Gegenden jenseit des *Rheins*, über *Aachen* nach *Frankreich*.

3) über *Berlin*, *Schwedt*, *Stargard*, ganz *Pommern*, *Danzig*, *Elbing*, *Königsberg*, ganz *Ostpreussen*, *Lithauen*; über *Memel* und *Curland*, *Livland*, *Finnland* und ganz *Russland*.

4) über *Berlin*, *Frankfurt a. O.*, nach *Posen*, *Warschau*, ganz *Pohlen*, dem *Russ. Lithauen*,

über *Cüstrin* nach *Westpreussen*, *Königsberg*, *Cur-land* und *Russland*; *Breslau*, ganz *Schlesien*, *Wien*, wohin auch über *Leipzig* mit 10 Schillingen „franco Grenze" auf geschwindere Art von Hamburg befördert werden kann; nach *Oester-reich*, *Böhmen*, *Hungarn*, *Tyrol*, *Cracau*, *Galli-cien*, geht jeden *Dienstag* und *Freytag* ab. — Briefe werden bis Abends 9 *Uhr* angenommen.

NB. Briefe nach den unter 4) bezeichneten Gegenden werden auch *Mittwochs* und *Sonnabends* bis Morgens 10 Uhr angenommen; ohne dass dadurch der Abgang dieser Post von Berlin versäumt wird.

Die Fürstl. Thurn- und Taxische Post,

geht 1) über *Bergedorf* nach *Braunschweig*, *Wolffen-büttel*, dem *Harz*, *Holzmünden*, *Mühlhausen*, *Er-furt*, ganz *Thüringen*; *Cassel* und ganz *Hessen*; *Frankfurt a. M.*, und dem *Rheingau*; nach *Fran-ken*, *Schwaben*, *Baiern*, *Wien*, und den sämmtlichen *österreichischen Staaten*; dem *Elsass*, *Loth-ringen*, der *Schweiz* und *Italien*.

2) nach *Leipzig*, ganz *Sachsen*, der *Lausitz*, *Oesterreich*, *Schlesien*, *Böhmen* und *Mähren*.

3) über *Bremen* (*Bückeburg*, *Detmold*, *Lemgo*, *Rinteln*, *Bielefeld*, *Minden*, *Paderborn*), *Münster*, *Essen*, *Düsseldorf*, u. s. w., nach ganz *Westphalen*, dem *Niederrhein*, den Herzogthümern *Cleve*, *Jülich* und *Berg*, u. s. w., nach *Aachen*, *Lüttich*, *Luxem-burg*, ganz *Frankreich*, *Spanien* und *Portugal*, geht

jeden *Dienstag*, *Mittwoch*, *Freytag* und *Sonnabend* ab. Briefe werden bis 8 *Uhr Abends* angenommen. (Das Posthaus ist gegenwärtig *am Berge*.)

Die Königlich Dänische Post.

1) über *Wandsbeck*, *Arensburg*, und *Oldesloe* nach *Lübeck*, geht jeden *Mondtag* und *Donnerstag* ab. Briefe werden bis 8 *Uhr* Abends angenommen.

2) über *Pinneberg*, *Itzehoe*, *Remmels*, *Rendsburg*, *(Kiel) Schleswig* und *Holstein*, ganz *Jütland* und *Dänemark*, *Norwegen* und *Schweden*.

NB. Briefe nach *Norwegen* und *Schweden* müssen bis *Helsingburg* frankirt werden, geht jeden *Dienstag* und *Freytag* ab. — Briefe werden bis 7 Uhr Abends angenommen. (Das Posthaus ist gegenwärtig in der *ABC-Strasse*.)

Die Königl. Schwedische Post,

durch *Dünemark* nach ganz *Schweden*, *Norwegen* und *Finnland*, geht jeden *Dienstag* und *Freytag* ab. — Briefe werden bis 8 *Uhr* Abends angenommen. (Das Posthaus ist gegenwärtig am *Jungfernstieg*.)

Die Königlich Grossbrittanische Hannöverische Post,

über *Winsen*, *Lüneburg*, *Uelzen*, *Dannenberg*, *Celle*, *Hannover*, *Hameln*, *Peine*, *Hildesheim*, *Einbeck*, *Nordheim*, *Clausthal*, *Osterrode*, *Göttingen* u. s. w. auch über *Harburg*, *Verden*, *Hoya*, *Osnabrück* und

27*

ganz *Ostfriesland*, geht jeden *Dienstag, Mittwoch,* *Freytag* und *Sonnabend* ab. — Briefe werden bis 7 *Uhr* Abends angenommen.

(Das Posthaus ist gegenwärtig an der *Hohenbrücke* No. 100.)

b) *Fahrende Posten.*

Die Königl. Preussische Post,

nach all den Orten wie oben die reitende Post, geht *Mondtags, Dienstags, Mittwochs, Freytags* und *Sonnabends,* Morgens um 10 *Uhr* ab.

Die Königl. Danische - Post,

nach all den Orten wie oben die reitende Post, geht *Dienstags* und *Freytags* Nachmittags um 2 *Uhr,* auch *Mittwochs* und *Sonnabends* Morgens um 10 *Uhr* ab.

Die Königl. Schwedische - Post,

existirt nicht mehr. Packete nach Schweden gehen mit der Königl. Dänischen Post und können nur bis Helsingoer zu weiterer Expedition versendet werden.

Die Königlich Grossbrittannische- Hannöverische Post,

nach all den Orten wie oben die reitende Post, geht jeden *Dienstag* und *Freytag* Mittags um 1 *Uhr,* auch *Mittwoch* und *Sonnabends* Morgens um 11 *Uhr* ab.

Die Grossherzogl. Mecklenburgische - Post,

die sowohl Briefe als Packete befördert, geht über *Bergedorf*, *Boitzenburg*, *Lübthen*, *Ludwigslust*, *Neustadt*, *Güstrow*, *Rostock*, ganz *Strelitz*, *Schwerin*, ganz *Mecklenburg* und *Pommern*, jeden Mittwoch Morgens um 11½ *Uhr* und jeden *Sonnabend* Nachmittags um 4 *Uhr* ab.

(Das Posthaus ist gegenwärtig *hohe Bleichen* No. 223.)

Das Amerikanische Posthaus,

durch welches Briefe nach den vereinigten Nordamerica mit erster Schiffsgelegenheit befördert werden, befindet sich auf der *Herrlichkeit* No. 106.

Die Altonaer Fusspost,

geht täglich dreimal nach *Altona* um Briefe zu bestellen. (Das Posthaus ist in der *ABC - Strasse* No. 74.)

Die Hamburger Fusspost,

besorgt Briefe und kleine Packete in Stadt und Vorstädten und zwar täglich viermal. (Das Posthaus ist im *Dornbusch* No. 78.)

Bemerkungen wegen der fahrenden Posten.

Die zu versendenden Päckereyen und Gelder, besonders durch die Königl. Preussischen, als auch durch die Königl. Grossbrittannisch - Hannöverschen fahrenden Posten, müssen 1) in Leinen oder Wachstuch (nicht in Papier), Sachen von bedeutendem Gewicht und Umfang, jedoch nicht anders als in Kisten, gut verpackt. 2) mit dem Zeichen der Addresse und dem Bestimmungsorte, deutlich und mit dauerhafter Farbe gemarkt. 3) mit demselben Pettschafte, wie auf der Addresse befindlich, besiegelt. 4) der auf dem Frachtbriefe angegebene Werth auch auf den Päckereyen selbst deutlich angezeigt. 5) alle Kisten und Päckereyen (nicht über 150 Pfund schwer) mit starken Tauen oder Stricken beschnürt seyn. 6) Geld in Beuteln, (höchstens 50 Pfund schwer) muss in doppelten starken Leinen, so wie Geldfässer (nicht über 150 Pfund schwer) gut verwahrt und versiegelt eingeliefert werden. 7) Bey Päckereyen nach den Kayserl. Oesterreichischen Staaten, dem Königreiche Würtemberg, Bayern und dem Grossherzogthum Baden, dem ganzen Elsass, und in die Schweiz, muss neben dem Frachtbriefe auch noch ein offener Mauthschein mit eingeliefert werden, welcher enthält: Die genaue Anzeige vom Inhalt, Werth, Gewicht oder Maass, der Ellenzahl und Qualität, wie der Nummer. Bey Leinen, so auch bey wollenen, baumwollenen und leinenen Zeugen, wird auch noch die Farbe bemerkt. 8) Zu den Päckereyen nach Belgien, den Niederlanden und nach Frankreich, ist eine gleiche Declaration in französischer Sprache nothwendig. 9) Alle Sachen nach Frankreich, welche durch die Königl. Grossbrittannisch-Hannöverschen Posten abgesandt werden, müssen an ein Haus zu Wesel oder Düsseldorf zu weiterer Beförderung addressirt seyn. Gold und Silber muss jedes besonders verpackt werden. Alle über Frankfurt am Mayn zu befördernde Geldbriefe nach Bayern, Baden, Würtemberg u. s. w. müssen mit einem Kreuz-Couverte und vier Pettschaften versehen seyn.

Reglement

wegen

der Hamburgischen Thorsperre.

Die folgenden Hamburgischen Thore werden zum Ein - und Auspassiren gegen Erlegung des unten bestimmten Sperrgeldes von der Zeit des gewöhnlichen Thorschlusses, nach Maassgabe der Thorschliessungstabelle an, bis um 12 Uhr Nachts offen gehalten, mit dem Schlage 12 aber gänzlich bis zur Thoröffnungszeit am folgenden Morgen geschlossen; nemlich:

das Millernthor,
das Dammthor,
das Steinthor,
das Thor No. 1. im Neuenwerke,
das Deichthor und
das Brookthor.

Während der obgedachten Thorsperrezeit werden weder beladene Wagen oder Karren, noch auch Personen mit Packen, Körben oder Bündeln, so wie auch kein Schlachtvieh durch die Thore gelassen; Handwerker passiren mit ihren Handwerksgeräthschaften, sofern sie solche unbedeckt durchtragen, und sind die Officianten bei den Thorsperren angewiesen, keine Contravention gegen diese Vorschrift zu dulden.

Der Tarif des während der Sperrzeit an den Thoren beim jedesmaligen Ein - und Auspassiren zu entrichtenden Sperrgeldes ist folgendermaassen vestgesetzt:

Für ein jedes mit einer oder mehreren Personen ausser dem Fuhrmann besetztes Fuhrwerk, ohne

Unterschied, ob solches ein - oder
mehrspännig, bedeckt oder unbedeckt ist,

bis 10 Uhr . . . . — ℳ	12 ß
von 10 bis 11 Uhr . . . . 1 "	8 "
von 11 bis 12 Uhr . . . . 2 "	— "

Für jedes Fuhrwerk, auf dem ausser
dem Kutscher oder Fuhrmann
niemand befindlich ist, respective
die Hälfte der obigen Ansätze.

Ein jeder Reitender hat zu entrichten:

bis 10 Uhr . . . . — ℳ	8 ß
von 10 bis 12 Uhr . . . . 1 "	— "

Für jedes Handpferd respective die
Hälfte der obigen Ansätze.

Jeder Fussgänger hat zu entrichten:

bis 10 Uhr . . . . — ℳ	4 ß
von 10 bis 11 Uhr . . . . — "	8 "
von 11 bis 12 Uhr . . . . — "	12 "

Im Steinthore und im Thore No. 1. des Neuenwerks ist an jedem dieser Thore nur die Hälfte der
obenbemerkten Ansätze zu entrichten.

Im Steinthore und im Deichthore passiren bis
9 Uhr alle Fussgänger, welche von der Stadt hinaus
gehen, ohne Erlegung von Sperrgeld.

Im Deichthore wird während der Sperrzeit
nur allein das Ein - und Auspassiren von Fussgän-
gern gestattet, und haben die dort ein - und aus-
passirenden Fussgänger, wie im Steinthore und im
Thore No. 1. des Neuenwerks, nur die Hälfte des
in Betreff der Fussgänger obenbemerkten Sperrgeldes zu entrichten.

Im Thore No. 1. des Neuenwerks nimmt die
Sperre jederzeit eine halbe Stunde später als in den
übrigen Thoren den Anfang.

Tabelle
des hamburgischen Thorschlusses.

							Morg. auf		Abends zu	
Januar	vom	1	bis	zum	12		8	Uhr.	4½	Uhr.
〃	〃	13	〃	〃	22		7¾	〃	4½	〃
〃	〃	22	〃	〃	31		7½	〃	4¾	〃
Februar	〃	1	〃	〃	8		7¼	〃	5	〃
〃	〃	9	〃	〃	16		7	〃	5¼	〃
〃	〃	17	〃	〃	23		6¾	〃	5½	〃
〃	〃	24	〃	〃	3	*März*	6½	〃	5¾	〃
März	〃	4	〃	〃	10		6¼	〃	6	〃
〃	〃	11	〃	〃	17		6	〃	6¼	〃
〃	〃	18	〃	〃	24		5¾	〃	6½	〃
〃	〃	25	〃	〃	31		5½	〃	6¾	〃
April	〃	1	〃	〃	7		5¼	〃	7	〃
〃	〃	8	〃	〃	14		5	〃	7¼	〃
〃	〃	15	〃	〃	20		4¾	〃	7½	〃
〃	〃	21	〃	〃	26		4½	〃	7¾	〃
〃	〃	27	〃	〃	4	*May*	4½	〃	8	〃
May	〃	5	〃	〃	15		4½	〃	8½	〃
〃	〃	16	〃	〃	31		4½	〃	9	〃
Juny	〃	1	〃	〃	30		4½	〃	9½	〃
July	〃	1	〃	〃	13		4½	〃	9½	〃
〃	〃	14	〃	〃	28		4½	〃	9	〃
〃	〃	29	〃	〃	10	*Aug.*	4½	〃	8½	〃
August	〃	11	〃	〃	20		4½	〃	8	〃
〃		21	〃	〃	27		4½	〃	7¾	〃
〃	〃	28	〃	〃	3	*Sept.*	4¾	〃	7½	〃
Sept.	〃	4	〃	〃	9		5	〃	7¼	〃
〃	〃	10	〃	〃	15		5¼	〃	7	〃
〃	〃	16	〃	〃	21		5½	〃	6¾	〃
〃	〃	22	〃	〃	28		5¾	〃	6½	〃
〃	〃	29	〃	〃	5	*Oct.*	6	〃	6¼	〃

							Morg. auf		Abends zu	
October	vom	6	bis	zum	12		6¼	Uhr.	6	Uhr.
"	"	13	"	"	20		6½	"	5¾	"
"	"	21	"	"	28		6¾	"	5½	"
"	"	29	"	"	5	*Nov.*	7	"	5¼	"
Novemb.	"	6	"	"	14		7¼	"	5	"
"	"	15	"	"	23		7½	"	4¾	"
"	"	24	"	"	30		7¾	"	4½	"
Decemb.	"	1	"	"	9		8	"	4¼	"
"	"	10	"	"	31		8	"	4	"

In den Monaten November, December und Januar wird das Steinthor eine halbe Stunde früher, als die übrigen Thore, geöffnet.

Inhaltsverzeichniss.

ERSTER ABSCHNITT.
Topographische Skizze der Stadt.

ZWEITER ABSCHNITT.

Hamburgs Regierungsverfassung.

DRITTER ABSCHNITT.

Hamburgs öffentliche Gebäude
und
Merkwürdigkeiten.

Straf- und Gefängniss-Gebäude der Stadt.

Oeffentliche Institute und Gesellschaften, die verschiedene wohlthätige Zwecke haben.

Gebäude die zu öffentlichen Versammlungen dienen.

Oeffentliche Schulen.

Oeffentliche Bibliotheken.

Magazine, Zeughäuser &c.

Mühlenwerke, Brunnen, Wasserleitungen &c.

Oeffentliche Gebäude zu verschiedenen Zwecken.

Oeffentliche Belustigungs- und Erholungs-örter innerhalb der Stadt.

VIERTER ABSCHNITT.

Vermischte Merkwürdigkeiten Hamburgs.

(Erst nach Abdruck dieses Werkchens ward dieses Ge-
dächtnissbild auf dem vormaligen Marien - Magdalenen
kirchhof, jetzigen Adolph - Schauenburgsplatze aufgestellt, und zwar geschah dies mit Tages-Anbruch des
18. Octobers 1821. — Das Denkmaal hier zu beschreiben
würde überflüssig seyn, da es vor Jedermanns Blicken
offen dasteht. Die kunstfertig gearbeitete, in ächt
gothischem Styl gedachte und ausgeführte domartige
Halle die es deckt abgerechnet, ist es mehr *Grabmaal*
als *Denkmaal.* Ungern vermisst der geschichtskundige
sinnige Beschauer dieses Denkmaals die Attribute des
Mönchsstandes auf dem Denksteine. War Adolph IV.
minder Mönch als Held, oder mehr Held als Mönch?
Er machte dem einen wie dem andern Stande gleiche
Ehre! Man lese seine Biographie, die sorgfältig und
nach den besten Quellen ausgearbeitet in meiner, bei
Nestler erschienenen Chronik von Hamburg (1r Theil,
Seite 68 ff., 2te verb. Aufl. 1822) vorhanden ist und man
wird die Mangelhaftigkeit der Attribute auf dem
Denkstein eingestehen müssen. Nicht minder wäre
eine Anfrage und Bemerkung über das auf der Rück-
seite des Steines befindliche Datum hier am Orte?
Warum der 13. August 1439? Es war diess der Tag wo
Adolph IV. als Laienbruder ins Marien Magdalenen
kloster ging. Eben kein Tag, so merkwürdig er auch
für den frommen Helden gewesen seyn mag, der in
Beziehung auf Hamburg von sonderlicher Wichtigkeit
gewesen wäre; wenn auch von diesem Tage an der
gottergebene Krieger gleichsam aufhörte für Hamburg

zu leben. Ja, von dieser Seite das Datum betrachtet, läge in dessen Aufzeichnung an den Denkstein ein gewisser Egoismus der die *dankbare Republik* eben nicht zum vortheilhaftesten characterisirt. Besser stünde auf dem Denkstein der Jahrstag der Bornhövder Schlacht der 22. July 1227 auf den sich die Erbauung des Marien- und Johannisklosters gründet; Stiftungen die noch jetzt durch ihres frommen Begründers weise Einrichtung sich herrlicher Vorrechte und reichen Zuflusses zeitlicher Güter erfreuen; oder noch zweckmässiger stünde vielleicht auf jener Steinplatte der Todestag des Ruhmvollen der 8. July 1261. So vortrefflich das ganze Standbild in Stein und Eisen gearbeitet ist, so wäre doch demjenigen der die Idee dazu angab, etwas mehr Tiefblick in die Geschichte *Adolphs IV. von Schauenburg aus dem Hause Sandersleben* zu wünschen gewesen.)

FUNFTER ABSCHNITT.

Hamburgs Umgegend.

SECHSTER ABSCHNITT.

Besondere Adressen und Notizen für Fremde.

SIEBENTER ABSCHNITT.

ACHTER ABSCHNITT.

ANHANG.

Der Elbe-Fluss

von seinem Ursprung bis zum Ausfluss ins Meer, topographisch - merkantilisch beschrieben. *)

Die *Elbe* entspringt in Böhmen im Biczower Kreise auf dem Riesengebirge, am westlichen Fusse der Schneekuppe, aus Vereinigung zweyer starken Bäche, des sogenannten *Weisswasserbaches*, und des *Elbbachs*, deren einzelne Quellen fast eine deutsche Meile von einander entfernt sind. Die erste, als die Hauptquelle, entspringt zwischen steilen Felsen, *auf der Mehdel* genannt, fliesst anfangs gegen Norden und dann gegen Süden zwischen hohen Klippen durch den Elbgrund. In diesem Thale nimmt sie mehrere Bäche zu sich, von denen die vorzüglichsten folgende sind: der *grosse Seifen*, der *Goldseifen* oder das *Goldwasser*, der *grüne Seifen*, der *krumme Seifen*, der *Jehrseifen*, der *welsche Seifen*, der *Hirschbrunnen*, der *rothe Brunnen*, der *Sperberseifen*, der *Quarzseifen* u. a. m. Indessen bleibt die Elbe doch noch sehr klein, und erst nachdem

---

*) Diese, bey der gegenwärtigen freyen Elb-Schiffahrt, für Manchen gewiss sehr interessante Notiz, ist dem Verfasser nachdem bereits das Werkchen geschlossen und der Inhalt abgedruckt war, mitgetheilt worden.

sie grössere Flüsse aufgenommen hat, wird sie beträchtlich, wie aus dem Folgenden erhellen wird.

Sie fliesst folgende namhafte Orte theils durch, theils vorbey: I. *In Böhmen*: 1) *Hohenelbe*, 2) *Arnau*, 3) das Schloss *Neuschloss*, 4) das Städtchen *Königinhof*, 5) den Flecken *Schurz*, 6) den Flecken und das berühmte *Kukuksbad*, 7) die Stadt *Jaromircz*, 8) die Vestung *Josephsstadt*, 9) den Flecken *Smirzitz*, 10) die Stadt *Königingrätz*, die sie umfliesst, 11) den Flecken *Sezenicz*, wo sie sich nach Südwesten wendet; 12) nach der Stadt *Pardubicz*, 13) *Elb-Teinitz*, 14) *Przelautsch*, 15) *Kolin*, 16) *Bechowitz*, 17) *Cladta*, 18) *Podiebrad*, 19) *Nimburg*, 20) *Czelakowicz*, 21) zwischen *Alt-Bunzlau* und *Brandeis* nach 22) *Kosteletz*, das sie zu einer Insel macht, 23) *Lobkowitz*, 24) *Melnik*, 25) *Randnitz*, 26) *Leitmeritz*, 27) *Lobositz*, 28) *Aussig* und 29) *Tetschen*, und geht bey dem Dorfe *Hernskrütschen* nach — II. *Obersachsen*. Hier berührt sie 1) das Städtchen *Schandau*, 2) die Vestung *Königstein*, 3) *Pirna*, 4) das Schloss *Pillnitz*, 5) *Dresden*, das sie in zwei Theile theilt, 6) das Schloss *Uebigau*, 7) *Gävernitz* und 8) *Scharfenberg*, 9) *Meissen*, 10) *Riessa*, 11) *Strehla*, 12) *Mühlberg*, 13) *Belgern*, 14) *Torgau*, 15) das Schloss *Lichtenberg*, 16) den Flecken *Elster*, 17) *Wittenberg*, 18) *Coswigk*, 19) *Wörlitz*, 20) *Rosslau*; nach einem kurzen Laufe nach Südwesten kömmt sie nach III. *Niedersachsen*, aber auch noch durch manchen Theil Obersachsens.

Sie geht auf folgende beträchtliche Orte: 1) *Aaken,* 2) *Barby,* 3) *Schönebeck,* 4) *Kloster Bergen,* 5) *Magdeburg,* 6) *Jerichow,* 7) *Tanger-münde,* 8) *Arneburg,* 9) *Sandau,* 10) *Werbek,* 11) *Wittenberge,* 12) *Gartow,* 13) *Sehnakenburg,* 14) *Dömitz,* 15) *Hitzacker,* 16) *Blehede,* 17) *Boitzen-burg,* 18) *Lauenburg,* 19) *Haarburg,* 20) *Ham-burg,* 21) *Altona,* 22) *Wedel,* 23) *Glückstadt,* 24) *Freyburg,* 25) *Bruunsbüttel.* Hier theilt sich die *Elbe* in die *Norder-* und *Süder-Elbe;* erstere ergiesst sich zwischen *Marneplaten* und *Rügesand* in die Nordsee; die *Süder-Elbe* bewässert erst noch das Land *Hadeln* und das *Amt Ritzebüttel,* und geht dann ebenfalls durch die Sandbänke in die Nordsee.

Die *Elbe,* die einen so ansehnlichen Theil von Deutschland durchläuft, nimmt eine grosse Menge von Flüssen auf, von denen selbst mehrere schiffbar sind. Wir wollen sie, der leichten Uebersicht wegen, ebenfalls, so wie den Lauf nach den ver-schiedenen Ländern anführen. I. *In Böhmen:* 1) Die *Aupa,* die am Fusse der Schneekuppe ent-springt, fliesst bey Jaromircz, auf der linken Seite in die *Elbe;* 2) die *Metau* links bey Josephsstadt, 3) die *Adler l.* bey Königingrätz, 4) die *Chru-dimka l.* bey Parduwitz; 5) die *Drobawa l.* nicht weit von Elb-Teinitz, 6) die *Czidlina rechts* bey dem Dorfe Libitz, unweit Podiebrad, 7) die *Mer-lina r.* unterhalb Nimburg. 8) die *Iser r.* unterhalb Alt-Bunzlau, 9) die *Mulde l.* der Stadt Melnick gegenüber, 10) die *Bschowka r.* bey Schopka, ober-

vortheilhaften Handel auf derselben, allein weit beträchtlicher ist er doch in Ober - und Niedersachsen, weil sich daselbst die Schiffahrt auf andern Flüssen, die in die Elbe fliessen, mit der Elbschiffahrt verbindet. Die merkwürdigsten Handelsörter an derselben sind in Böhmen: Leitmeritz und Aussig; in Obersachsen: Pirna, Dresden, Meissen, Torgau; in Niedersachsen: Magdeburg, Tangermünde (das noch zu Obersachsen gehört), Boitzenburg, Lauenburg, Haarburg, Hamburg, Altona und Glückstadt. — Die Elbe ist sehr fischreich; zu den vorzüglichsten Fischen gehören Störe, Lachse, Lampreten, Neunaugen, Schollen (pleuronectes Platessa L.), doch nur zu gewissen Zeiten, Steinbeisser, Forellen, Aeschen, Aalraupen (Gadus lota L.), Ellritzen (Cyprinus Phoxinus L.), Stichlinge u. a. m.; ferner Hechte, Karpfen, Barben, Butten, Aale u. s. w. mehrere Arten von Muscheln und Schnecken, Fischottern, selbst Biber. Auch findet man in der Elbe Goldkörner, besonders in der Gegend von Pirna, Dresden und Torgau; Carneole, Granaten, Amethyste, Goldsteine u. dgl. m.

Proben

einiger

Schrift - Sorten

aus der Offizin

von

Friedrich Hermann Nestler,

in Hamburg.

(Die ganz groben Schriftsorten sind weggelassen.)

Englische lateinische Lettern.

Missale Antiqua.

ABC

Canon Antiqua.

GOTT
mit uns!

Canon Cursiv.

GOTT
mit uns!

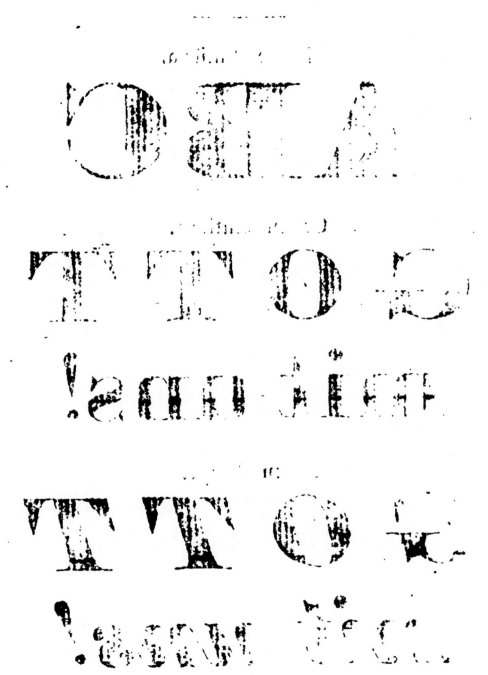

HAMBURG
ist meine liebe
Vaterstadt.

HAMBURG'S
Glück ist meine
Freude.

Freundschaft ist der
May der Herzen.

Freude reift nur in
der Liebe Scheine.

Tertia Antiqua.

Der Zug des Herzens ist des Schicksals Stimme.

Tertia Cursiv.

Die Freiheit herrscht, wo gute Menschen wohnen.

Mittel Antiqua.

Ernste Thätigkeit söhnt zuletzt immer mit dem Leben aus.

Mittel Cursiv.

Der beste Mann hat auch immer die beste Religion.

Cicero Antiqua.

In's Innre der Natur dringt kein erschaffner Geist.

Cicero Cursiv.

Der wird niemals gross, der noch, was klein ist, ehrt.

Corpus Antiqua.

Wenn man beim Stiche der Biene oder des Schicksals nicht still hält, so reisst der Stachel ab, und bleibt zurück.

Corpus Cursiv.

Der ernste Wille ist allmächtig, er ist der Gott in unsrer Brust.

Borgis Antiqua.

Auch die Hoffnung ist das Morgenroth der Freude, und die Erinnerung ihr Abendroth; aber dieses tropfet so gern in entfärbtem grauen Thau oder Regen nieder, und der blaue Tag, den das Roth verspricht, bricht freilich an, aber in einer andern Erde, mit einer andern Sonne.

Borgis Cursiv.

Baumstämme mögen sich behauen und beschneiden lassen, um zu dem Ganzen eines Gebäudes in einander gefügt zu werden. — Der Mensch soll keinen Gran von den Vorzügen seines Wesens verlieren, um in irgend ein Ganzes, das ausser ihm ist, gepasst zu werden, da er selbst für sich das edelste Ganze ausmacht.

Mignon Antiqua.

Allen immer gefallen, ist ein Glücksspiel; Wenigen gefallen ein Werk der Tugend, wenn's die Bessern sind. Niemand gefallen schmerzet und kränket. Soll ich wählen? Ich wählte gern die Mitte: Wenigen gefallen, und nur den Besten. Aber unter Beyden, ob Allen oder Keinem? — O Keinem!

Mignon Cursiv.

Es ist überall gut wohnen, so weit sich Gottes schöner Himmel wölbt, und wo ein frohes Herz im reinen Busen schlägt, da ist des Erdbewohners Eden.

Nonpareil Antiqua.

Was vermag nicht der Mensch! Er, dem die Erde ihre tiefen Adern aufschliessen muss, der die Lüfte durchschifft, der den Brandungen des Weltmeers Dämme entgegenwirft, der selbst das fressende Gift des Feuers gezähmt, und hingehaucht auf die friedliche Kerze, zum stillen Freunde seiner Nächte gemacht hat! — Wohl! Aber, mein Freund, wirf einmal in der heitern Nacht einen einzigen tiefen Blick in den Abgrund der Schöpfung, und sage dann jenes noch einmal! Siehe, ob der Mensch noch gross bleibt, wie vorhin?

Nonpareil Cursiv.

Vier Priester stehen im weiten Dom der Natur und beten an Gottes Altären, den Bergen — der eisgraue Winter, mit dem schneeweissen Chorhemd, — der sammelnde Herbst, mit Erndten unter dem Arm, die er Gott auf den Altar legt, und die der Mensch nehmen darf, — der feurige Jüngling, der Sommer, der bis zu Nacht arbeitet um zu opfern, und endlich der kindliche Frühling mit seinem weissen Kirchenschmuck von Lilien und Blüthen, der, wie ein Kind, Blumen und Blüthenkelche um den erhabenen Geist herumlegt, und an dessen Gebete alles mitbetet, was ihn beten hört. — Und für Menschenkinder ist ja der Frühling der schönste Priester.

Englische Titel=Schriften.

HAMBURG.

DRESDEN.

PETERSBURG.

AUGSBURG. *ACHEN.*

BERLIN. *STETTIN.*

BREMEN.
1234567890

STRASSBURG.
1234567890.

LÜBECK.

STOCKHOLM.

CONSTANTINOPEL.

WITTENBERG. WEIMAR.

FRANKFURT.

Englische Black=Lettern.

Text Black.
Im Grabe schläft ein neues Morgen=roth.

Tertia Black.
Musik ist der Schlüssel zum weiblichen Herzen.

Grobe Mittel Black.
Die Erde ist ein Himmel, wenn man Frieden sucht, recht thut und wenig wünscht.

Kleine Mittel Black.
Die Wahrheit finden wollen ist Verdienst, wenn man auch auf dem Wege irrt.

Corpus Black.
Es geht in der Kunst wie in der Liebe; — und es ist mit den Talenten wie mit der Tugend: man muss sie um ihrer selbst willen lieben, oder sie ganz aufgeben.

Gothische = Lettern.

Glück ist ohne Frieden nicht.

Demuth sey die Tugend des Weisen, damit er erscheine gleich dem obstbeladenen Zweige, gebeugt von der Schwere der eignen herrlichen Früchte.

Schreib = Schrift.

Was der Mensch soll, wird er auch mit der Zeit wollen. Hätte die Gottheit ihm wohl ein Gesetz in die Seele geschrieben, wenn es ewig unfruchtbar bleiben sollte!

Glück ist ohne Frieden nicht.

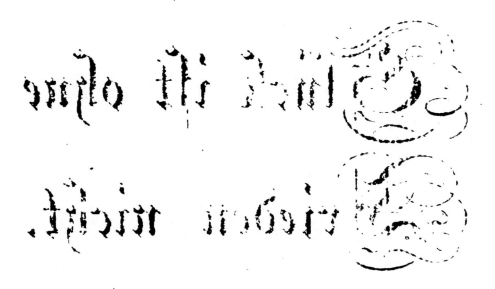

Gemäß aus der Tugend des Guten, kann er erscheine gleich dem, als ... von Sorgen gedrängt von der Schwere für eigene ... Tracht.

Schreib = Schrift.

Wie der Mensch will, wird er auch und der That machen. Wenn die Gottheit ihm nicht ein Glück in die Seele gezaubern, werden es einzig ... handelnden Thaten selbst.

Einige deutsche Lettern.

Kleine Canon Fractur.

Die Erde ist Gottes Pflanzstätte für den Himmel.

Text Fractur.

Welchen Himmel braucht wohl ein Menschenherz, dem ein zweites verliehen ist.

Tertia Fractur.

Wie glücklich ist der über alles, der, um sich mit dem Schicksal in Einigkeit zu setzen, nicht sein ganzes vorhergehendes Leben wegzuwerfen braucht.

Welchen Himmel braucht
der, um sich mit dem Schicksal

Mittel Fractur.

Das Ausstrecken einer Hand nach Zweck
und Absicht ist etwas Größeres und Er=
habneres, als das Rauschen aller Winde
und das Strömen aller Flüsse auf dem
ganzen Erdboden.

Cicero Fractur.

Der Geist gedeiht durch Weisheit und das
Herz gedeiht durch Schönheit; dieser Einklang
rauscht in Stärke, dieser Adel führt zum
Ziele dauernder Glückseligkeit.

Corpus Fractur.

Thätig zu seyn ist des Menschen erste Bestim=
mung, und alle Zwischenzeiten, in denen er aus=
zuruhen genöthigt ist, sollte er anwenden, eine
deutliche Erkenntniß der äußerlichen Dinge zu
erlangen, die ihm in der Folge abermals seine
Thätigkeit erleichtert.

Borgis Fractur.

Es ist mir weniger daran gelegen, ob ich diese
Minute Daseyn an der Fulde oder an der Aar, oder
am Altamaha oder an der Tiber, oder an der Newa
zubringe, seit ich besser bedenke, daß der Erdball
nur ein Wirthshaus zum Nachtlager ist; wer wird
denn so überzärtlich seyn?

Ungersche Borgis Fractur.

Des Lebens Sorgen sind Erquickungen, vom Himmel dazu bestimmt. Wer keine hat, muß sich welche machen, oder elend seyn. Sorgen sind Beschäftigungen und ohne Geschäfte liegt die Seele auf einer Folter, auf der Folter der Ruhe, welche Seelen am meisten zuwider ist. Bewegung ist ihre ganze Freude.

Ungersche Petit Fractur.

Die Zeit vergeht; allein gute Thaten pflanzen sich fort, und ihre Geschlechter dauern bis zum Ende der Tage! — Jede gute That hat mehr als einen Sohn, hat viel Erben! und diese Kinder, haben wieder Kinder! — Wer wollte nicht gut seyn, und ein Vater, eine Mutter von so lieben Kindern zu werden, die sich selbst erziehen!

Petit Fractur.

Unvertilgbar, wie bei den Pflanzen das Bedürfniß des Lichts, ist bei den Menschen das Bedürfniß der Geistesthätigkeit. Wenn weder äußere Gewalt noch drückende Umstände sie hindern, strebt die Seele immer nach neuen Begriffen, und nur im Sonnenlichte der Wahrheit gedeihen ihre schönsten Früchte.

Nonpareil Fractur.

Wohl dem Menschen, der einen speculativen Kopf auf seinen Schultern trägt, der nicht vor langer Weile schmachtet und gähnt, nicht um die Zeit zu tödten, schlummert und träumt, oder Karten und Würfel zu Surrogaten seiner Wirkungskraft braucht, nie begehrt sich selber zu entfliehn, und mitten im Geräusch der Unbehaglichen, oder wenn er im einsamen Thale lustwandelt, Nahrung vollauf für seinen Geist zu sammeln weiß.

————

Verschiedene Einfassungen.

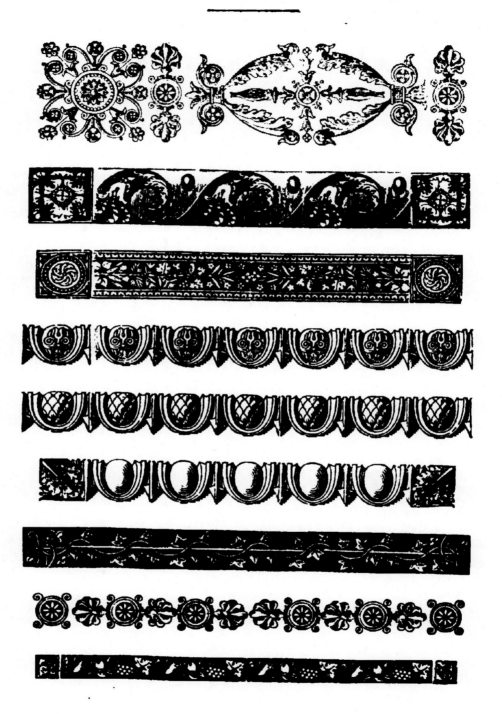

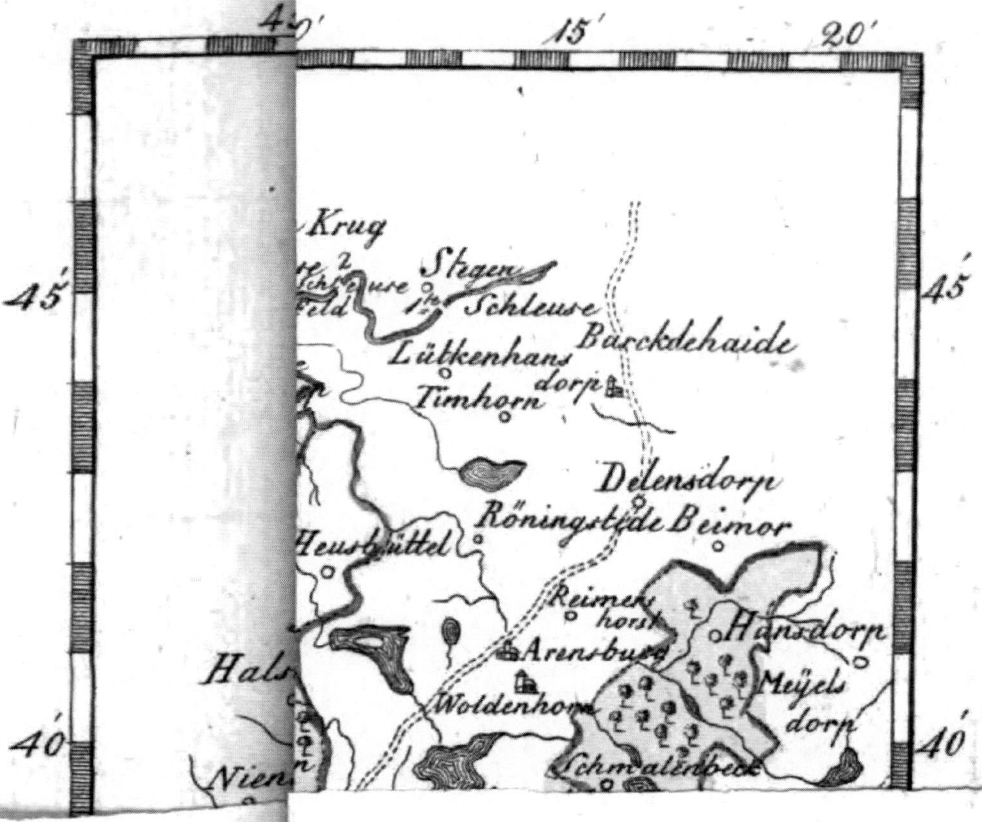
15'
20'
45'
45
40'
40'
Krug
Stegen
Schleuse
Barckdehaide
Lütkenhans
dorp
Timhorn
Delensdorp
Röningstede
Beimor
Heusbüttel
Reimers
horst
Hansdorp
Arensburg
Woldenhorn
Meyels
dorp
Schmalenbeck